编 委

郝文杰	全国民航职业教育教学指导委员会副秘书长、中国民航管理干部学院副教授
江丽容	全国民航职业教育教学指导委员会委员、国际金钥匙学院福州分院院长
林增学	桂林旅游学院旅游管理学院党委书记
丁永玲	武汉商学院旅游管理学院教授
史金鑫	中国民航大学乘务学院民航空保系主任
刘元超	西南航空职业技术学院空保学院院长
杨文立	上海民航职业技术学院安全员培训中心主任
范月圆	江苏航空职业技术学院航空飞行学院副院长
定 琦	郑州旅游职业学院现代服务学院副院长
黄 华	浙江育英职业技术学院航空学院副院长
王姣蓉	武汉商贸职业学院现代管理技术学院院长
毛颖善	珠海城市职业技术学院旅游管理学院副院长
黄华勇	毕节职业技术学院航空学院副院长
魏 日	江苏旅游职业学院旅游学院副院长
吴 云	上海旅游高等专科学校外语学院院长
穆广宇	三亚航空旅游职业学院民航空保系主任
田 文	中国民航大学乘务学院民航空保系讲师
汤 黎	武汉职业技术学院旅游与航空服务学院副教授
江 群	武汉职业技术学院旅游与航空服务学院副教授
汪迎春	浙江育英职业技术学院航空学院副教授
段莎琪	张家界航空工业职业技术学院副教授
王勤勤	江苏航空职业技术学院航空飞行学院副教授
覃玲媛	广西蓝天航空职业学院航空管理系主任
付 翠	河北工业职业技术大学空乘系主任
李 岳	青岛黄海学院空乘系主任
王观军	福州职业技术学院空乘系主任
王海燕	新疆职业大学空中乘务系主任
谷建云	湖南女子学院管理学院副教授
牛晓斐	湖南女子学院管理学院讲师

高等职业学校"十四五"规划民航服务类系列教材

民航客票销售

主 编◎邢 蕾
副主编◎吴碧霞 陈飞龙 杜 嘉

华中科技大学出版社
http://press.hust.edu.cn
中国·武汉

内 容 提 要

本教材主要内容有民航运输基础知识、国内旅客运价知识、国内客票销售业务、特殊旅客运输、订座系统知识、不正常航班情况、国际客票销售基础知识、国际客票运价计算和国际客票的使用等。重点内容包括国内国际客票销售的基础知识和销售规则，以及客票销售工作中特殊情况的处理方法。

本书适用于高职院校民航运输服务专业、机场运行管理专业、空中乘务专业的学生。本书的创新点在于校企人员合作开发教材，融入民航企业的最新客票销售业务知识，不仅包含严谨的理论知识和行业规范性要求，同时具有较强的实践性和操作性，知识链接、教学案例、任务、练习题丰富多样。本书编写内容与民航行业要求相融合，实操项目源于客票销售实际岗位任务，知识技能循序渐进，适应高职院校学生的学习特点。

图书在版编目（CIP）数据

民航客票销售/邢蕾主编．--武汉：华中科技大学出版社，2024.6.--ISBN 978-7-5772-0968-5

Ⅰ．F562.5

中国国家版本馆 CIP 数据核字第 2024K3J617 号

民航客票销售   邢蕾 主编
Minhang Kepiao Xiaoshou

策划编辑：胡弘扬
责任编辑：洪美员
封面设计：廖亚萍
责任校对：王亚钦
责任监印：周治超

出版发行：华中科技大学出版社（中国·武汉）   电话：(027)81321913
          武汉市东湖新技术开发区华工科技园   邮编：430223

录　　排：孙雅丽
印　　刷：武汉科源印刷设计有限公司
开　　本：787mm×1092mm　1/16
印　　张：19
字　　数：444千字
版　　次：2024年6月第1版第1次印刷
定　　价：59.80元

本书若有印装质量问题，请向出版社营销中心调换
全国免费服务热线：400-6679-118　竭诚为您服务
版权所有　侵权必究

INTRODUCTION
出版说明

民航业是推动我国经济社会发展的重要战略产业之一。"十四五"时期,我国民航业将进入发展阶段转换期、发展质量提升期、发展格局拓展期。2021年1月在京召开的全国民航工作会议指出,"十四五"期末,我国民航运输规模将再上一个新台阶,通用航空市场需求将被进一步激活。这预示着我国民航业将进入更好、更快的发展通道。而我国民航业的快速发展模式,也对我国民航教育和人才培养提出了更高的要求。

2021年3月,中国民用航空局印发《关于"十四五"期间深化民航改革工作的意见》,明确了科教创新体系的改革任务,要做到既面向生产一线又面向世界一流。在人才培养过程中,教材建设是重要环节。因此,出版一套把握新时代发展趋势的高水平、高质量的规划教材,是我国民航教育和民航人才建设的重要目标。

基于此,华中科技大学出版社作为教育部直属的重点大学出版社,为深入贯彻习近平总书记对职业教育工作作出的重要指示,助力民航强国战略的实施与推进,特汇聚一大批全国高水平民航院校学科带头人、一线骨干"双师型"教师以及民航领域行业专家等,合力编著高等职业学校"十四五"规划民航服务类系列教材。

本套教材以引领和服务专业发展为宗旨,系统总结民航业实践经验和教学成果,在教材内容和形式上积极创新,具有以下特点:

一、强化课程思政,坚持立德树人

本套教材引入"课程思政"元素,树立素质教育理念,践行当代民航精神,将忠诚担当的政治品格、严谨科学的专业精神等内容贯穿于整个教材,使学生在学习知识的"获得感"中,获得个人前途与国家命运紧密相连的认知,旨在培养德才兼备的民航人才。

二、校企合作编写,理论贯穿实践

本套教材由国内众多民航院校的骨干教师、资深专家学者联合多年从事乘务工作的一线专家共同编写,将最新的企业实践经验和学校教科研理念融入教材,把必要的服务理论和专业能力放在同等重要的位置,以期培养具备行业知识、职业道德、服务理论和服务思想的高层次、高质量人才。

三、内容形式多元化,配套资源立体化

本套教材在内容上强调案例导向、图表教学,将知识系统化、直观化,注重可操作性。华中科技大学出版社同时为本套教材建设了内容全面的线上教材课程资源服务平台,为师生们提供全系列教学计划方案、教学课件、习题库、案例库、教学视频和音频等配套教学资源,从而打造线上线下、课内课外的新形态立体化教材。

我国民航业发展前景广阔,民航教育任重道远,为民航事业的发展培养高质量的人才是社会各界的共识与责任。本套教材汇集了来自全国的骨干教师和一线专家的智慧与心血,相信其能够为我国民航人才队伍建设、民航高等教育体系优化起到一定的推动作用。

本套教材在编写过程中难免存在疏漏、不足之处,恳请各位专家、学者以及广大师生在使用过程中批评指正,以利于教材质量的进一步提高,也希望并诚挚邀请全国民航院校及行业的专家学者加入我们这套教材的编写队伍,共同推动我国民航高等教育事业不断向前发展。

华中科技大学出版社
2021 年 11 月

PREFACE 前言

近年来，我国民航运输市场迅速发展，2022年，我国民航新建、迁建8个机场，运输机场总数达到254个，通用机场399个。截至2022年底，我国民航拥有运输飞机4165架、通用航空器3177架，机场总设计容量达15亿人次。京津冀、长三角、粤港澳大湾区和成渝四大世界级机场群建设初具雏形，与100个"一带一路"共建国家签署双边航空运输协定。

随着国民经济的快速发展，航空运输业已从单纯提供运输服务转变为以运输业为基础、现代服务业为导向的现代化综合性行业。同时，随着航空运输行业全面竞争的展开和深化，行业内企业提供的服务亦日益呈现出差异化、个性化的特点，通过航空运输服务的过程体验、技术手段、创新意识创造更高的附加值。因此，行业发展对于民航专业人才的培养提出了更高的要求。民航客票销售工作是民航旅客运输工作的先导，是民航企业的重要经济指标，民航客票销售的专业知识是民航运输各岗位人员的必备知识。

教材是人才培养的主要依据，是课堂教学之本，高职院校积极推进教材改革。当前民航客票销售工作中的信息技术发展迅速，部分教材中没有加入新技术、新规范，不能适应产业转型升级的需要。因此，我们在教材编写过程中调动了社会力量参与教材建设，将教学专家、一线教师、民航企业技术人才等不同类型人员纳入教材编写团队，依托民航客票销售工作的特点、技术发展趋势等，及时做出内容调整，保障教材的科学性、前瞻性和适应性，提高教材内容与民航客票销售实际工作的契合度。

本书目标读者为高职院校民航运输类专业学生，内容范围涵盖民航运输基础知识、国内旅客运价知识、国内客票销售业务、特殊旅客运输、订座系统知识、不正常航班情况、国际客票销售基础知识、国际客票运价计算和国际客票的使用等。本书的创新点在于校企人员合作开发教材，融入民航企业的最新客票销售业务知识，不仅包含严谨的理论知识和行业规范性要求，同时具有较强的实践性和操作性，教学案例、任务、练习题丰富多样。本书将编写内容与民航行业要求相融合，实操项目源于客票销售实际岗位任务，知识技能循序渐进，适应高职院校学生的学习特点。

本书由邢蕾担任主编，由吴碧霞、陈飞龙、杜嘉担任副主编。具体编写分工如下：项目二、项目七、项目九由邢蕾编写，项目三、项目四、项目六由吴碧霞编写，项目八由陈飞龙编写，项目一由杜嘉编写，项目五由邢蕾、吴碧霞共同编写。邢蕾负责全书的统稿工作。参编人员还有许夏鑫、曹浩，作为企业专家对教材内容进行了指导与补充。

本书在编写的过程中，得到了海南工商职业学院、三亚航空旅游职业学院、海南康途商旅服务有限公司、厦门航空有限公司三亚营业部的大力支持和帮助，在此表示衷心感谢！由于教材编写时间紧，在撰写过程中难免出现疏漏，不足之处在所难免，恳请各位专家学者和广大读者不吝赐教，提出宝贵意见，在此致以诚挚的谢意！

编者

2024 年 1 月

CONTENTS
目录

项目一 民航运输基础知识 ··· 1
　　任务一　民用航空概述 ··· 2
　　任务二　航空公司和机场 ··· 10
　　任务三　民航运输业务知识 ··· 25

项目二 国内旅客运价知识 ··· 35
　　任务一　民航国内旅客运价的发展 ······························ 36
　　任务二　民航国内旅客运价的成本分析 ······················· 41
　　任务三　民航国内旅客运价的分类 ······························ 47
　　任务四　民航国内旅客运价的使用 ······························ 56

项目三 国内客票销售业务 ··· 64
　　任务一　客票 ·· 65
　　任务二　旅客购票证件 ··· 73
　　任务三　客票销售渠道 ··· 75
　　任务四　客票退改签业务 ·· 79

项目四 特殊旅客运输 ·· 89
　　任务一　特殊旅客一般规定 ··· 90
　　任务二　特殊旅客类型 ··· 92

项目五 订座系统知识 ·· 101
　　任务一　订座系统概述 ··· 103
　　任务二　常用指令介绍 ··· 104
　　任务三　旅客订座记录 ··· 116
　　任务四　电子客票出票 ··· 129

项目六	不正常航班情况	146
	任务一 不正常航班的类型	147
	任务二 不正常航班的服务	151
	任务三 旅客运输不正常情况	154
	任务四 航班超售	156

项目七	国际客票销售基础知识	159
	任务一 国际航空区域划分	161
	任务二 国际航程的类型	167
	任务三 国际运输方向性代号	172
	任务四 世界时区和时差	175
	任务五 国际客运资料查阅	181
	任务六 货币转换规则	194

项目八	国际客票运价计算	202
	任务一 运价的选择	204
	任务二 两点之间运价计算	209
	任务三 指定航程运价计算	213
	任务四 里程制运价计算	220
	任务五 中间较高点运价计算	230
	任务六 来回程与环程运价计算	237
	任务七 特殊运价的应用	243

项目九	国际客票的使用	257
	任务一 国际客票的识别	258
	任务二 国际客票销售的规定	266
	任务三 国际客票的税费	271
	任务四 国际客票的BSP销售模式	274
	任务五 低成本航空公司的发展	281

参考文献	289
附录	290

项目一　民航运输基础知识

项目目标

○ 职业知识目标

1. 了解航空组织与航空联盟概况。
2. 了解我国航线的构成形式和民航运输的飞行方式。
3. 了解民航发展史与民航发展现状。
4. 了解机场的定义。
5. 掌握中国民航管理体系。
6. 掌握航线的定义及分类、机型的分类。
7. 掌握航班号的构成和航班号的编排方式。
8. 掌握民用航空器的定义、分类、特点,以及不同交通运输方式的优劣。

○ 职业能力目标

1. 能够说出我国大型民航企业的名称、二字代码、识别该企业的Logo。
2. 掌握机型的分类及代码、飞机座舱布局代码。
3. 能够识读、查阅班期时刻表。
4. 能够写出国内千万级机场的三字代码。

○ 职业素质目标

1. 学习民航发展历史,培养学生的爱国精神和人文情怀。
2. 学习航线和机型的知识,培养学生的职业认同感。

知识框架

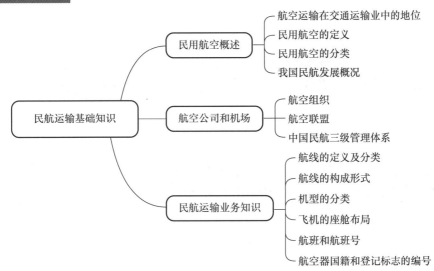

 **项目引入**

民航发展现状与规划

"十三五"以来,我国民航全行业在党中央、国务院的正确领导下,坚持新时期民航总体工作思路,基本实现了由运输大国向运输强国的历史性跨越,主要表现在以下几个方面。

(1)航空安全创造最高纪录,持续安全飞行5270万小时,安全运送旅客27.3亿人次,未发生重大航空地面事故,安全水平国际领先。

(2)服务品质大幅提升,航班正常率连续3年超过80%,服务质量专项行动持续深入开展。

(3)保障能力显著增强,颁证运输机场241个,地级市覆盖率达到91.7%,在册通用机场339个,民航机队6795架。

(4)质量效率持续提高,民航旅客周转量在综合交通占比提升至33%,国际航线895条,通航国家62个,国产ARJ21顺利投运,C919成功首飞。

"十四五"期间,民航强国建设进入新阶段,民航面临着新发展形势,肩负着新的历史使命。在百年未有之大变局下,民航发展外部环境的复杂性和不确定性增加;人民出行新需求要求民航全方位优化提升服务水平;民航强国建设新阶段要求民航加快向高质量发展转型。

总体来说,"十四五"时期,支撑我国民航持续较快增长的基本面没有改变,民航发展不平衡不充分与人民群众不断增长的美好航空需求的主要矛盾没有变,航空市场增长潜力巨大,仍处于重要的战略机遇期,但机遇和挑战都有新的发展变化。

 ## 任务一 民用航空概述

一、航空运输在交通运输业中的地位

根据交通工具的不同,现代运输业分为铁路运输、公路运输、航空运输、水路运输和管道运输五种运输方式,共同组成了现代综合运输体系,如表1-1所示。

表1-1 各种交通方式及其特点

交通运输方式	特点
铁路运输	（1）运行速度快。随着高铁的发展，时速从160 km/h提升至300 km/h，未来可能达到500 km/h，对民航业产生了很大的冲击。 （2）载运量大，适合于大批量长距离铁路运输；重载铁路发展、专业化运输能力不断提高。 （3）铁路运输受气候和自然条件限制较小，连续性强，准点率高。 （4）铁路运输单位成本较低，能耗较低。 （5）铁路线路投资较大，建设周期较长。 （6）铁路运输的灵活性不高
公路运输	（1）公路运输机动灵活，适应性强。 （2）在中、短途运输中占优势。 （3）运量较小，单位运输成本较高。 （4）安全性较低，环境污染较高
航空运输	（1）速度快、时间短。现代喷气式客机巡航速度为800—1 000 km/h，是目前普及的运输最快的交通方式。 （2）机动性强。 （3）安全舒适。根据统计，民航客机安全性高于其他运输方式，旅客乘坐的舒适度较高。 （4）适宜于距离长、要求时间短的运输，不宜短途运输。 （5）单位运营成本较高、能耗大、受气候条件影响大
水路运输	（1）水运运输成本低、运量大，单位运输成本低。 （2）时间长，适宜于运输距离长、运量大、时间性不太强的各种大宗物资运输。 （3）受自然气候影响大。 （4）运输的连续性和灵活性方面稍差，所以水运要与其他运输方式配合，实行联运
管道运输	（1）管道运输是为运送某些特殊产品，如石油、天然气、煤等建立起来的特殊运输系统，是一种地下运输方式。 （2）运量大、能耗小、运价低廉、专用性强

二、民用航空的定义

民用航空是指使用航空器从事除了国防、警察和海关等国家航空活动以外的航空活动。民用航空活动是航空活动的一部分，同时以"使用"航空器界定了它和航空制造业的界限，用"非军事等性质"表明了它和军事航空等国家航空活动不同。

微课

各种交通方式及其特点

三、民用航空的分类

民用航空可以分为两大部分：商业航空和通用航空。

（一）商业航空

商业航空是指以营利为目的，进行经营性的客货运输的航空活动。在国内和国际航线上,为获取报酬而使用各类航空器从事定期和不定期的运送旅客、行李、货物、邮件的运输都属于商业航空运输。

(二)通用航空

通用航空是指使用民用航空器从事公共航空运输以外的民用航空活动,包括从事工业、农业、林业、渔业和建筑业的作业飞行,以及医疗卫生、抢险救灾、气象探测、海洋监测、科学实验、教育训练、文化体育等方面的飞行活动。

四、我国民航发展概况

(一)清朝及中华民国时期(1909—1949年)

1909年,旅美华侨冯如研制中国历史上第一架飞机并成功试飞。1910年,清政府在北京南苑修建了中国第一个机场,即北京南苑机场,开创了我国航空事业的篇章。北京南苑机场距离天安门广场13千米,拥有一座年处理120万人次的航站楼,机场飞行区等级为4C。

1918年,北洋政府设立航空事务处,这是我国第一个主管民航事务的正式管理机构。1920年4月,中国第一条民用航线——京沪航线京津段试飞成功。作为第一条民用航空运输线,它已载入中国航空的史册。1928年,南京国民政府交通部开始筹办民用航空;1929年5月,成立沪蓉航空管理处,开通了上海—南京航线。1929年4月,根据国民政府同美国航空开拓公司签订的《航空运输及航空邮务合同》,在上海成立了中国航空公司。1930年8月,沪蓉航线管理处撤销,被中国航空公司兼并。1930—1937年,中国航空公司以上海为中心,先后开辟了沪蜀、沪平、沪粤、渝昆四条主要航线,邮运、客运、货运业务全面展开,营业收入由初期的亏损严重到逐渐扭亏为盈。全面抗战爆发后,中国航空公司全面停航。

1931年,国民政府与德国汉莎航空公司组建了欧亚航空公司(1943年改组为中央航空公司)。1936年,开通了广州到河内的航线,这是我国的第一条国际航线。1941年,中德断交,中国政府接管了欧亚航空公司。1943年,国民政府改组欧亚航空公司为中央航空公司。

(二)中华人民共和国成立后至改革开放(1949—1978年)

1949年10月1日,中华人民共和国成立,开启了中国历史新篇章。同年11月9日,中国航空公司和中央航空公司率领12架飞机从香港飞回祖国大陆,史称"两航起义"。20世纪50—70年代末,由于当时社会经济发展水平和社会环境的限制,中国民航集政府当局、航空公司和机场于一身,实行高度集中的政企合一的管理体制。1950年,新中国民航初创时,仅有30多架小型飞机,年旅客运输量仅1万人,运输总周转量仅157万吨公里。1978年,航空旅客运输量达到231万人,运输总周转量3亿吨公里。1949—1978年是新中国民航事业发展的第一个时期。1949年11月,中央军委民航局成立,统管全国的民航事务。1954年,民航局归国务院领导,并更名为中国民用航空局。民用航空作为政府的一个部门,对民航的机场、飞机、空管、航路等各方面进行统一的垂直领导。在业务上,民航局仍然

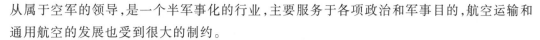

从属于空军的领导,是一个半军事化的行业,主要服务于各项政治和军事目的,航空运输和通用航空的发展也受到很大的制约。

从1949—1965年,随着国家经济建设的发展,我国的民航事业也取得了一些进展,购进了新飞机,扩建和新建了一批机场,开辟了新航线,建立了以北京为辐射中心的单线式航空网络。鉴于当时的国内国际形势,这一时期,国内航空业发展的重点是航空制造业和空军,民用航空仍然是军事航空的从属单位,它的首要任务是保障政府和军事人员的交通与国际交往的需要,而客货运输任务则放在第二位。

(三) 改革开放前期(1978—1997年)

1980年,在党的十一届三中全会召开两年后,民航正式从军队领导下转变为由政府领导,成为一个从事经济发展的业务部门,民航管理开始走上现代化的道路。

第一阶段(1978—1987年),改革军事化的集中指挥体系,开始进行经济核算,工作重点放在发展生产上,使得我国民航业有了巨大的发展。1978年10月9日,邓小平同志指示民航要用经济观点管理。1980年2月14日,邓小平同志指出:"民航一定要企业化。"同年3月5日,中国政府决定民航脱离军队建制,把中国民航局从隶属于空军改为国务院直属机构,实行企业化管理。这一时期,中国民航局政企合一,既是主管民航事务的政府部门,又是以中国民航(CAAC)名义直接经营航空运输、通用航空业务的全国性企业,下设北京、上海、广州、成都、兰州(后迁至西安)、沈阳6个地区管理局。1980年,我国民航只有140架运输飞机,且多数是20世纪四五十年代生产制造的苏式伊尔-14型飞机,载客量仅32人,载客量100人以上的中大型飞机只有17架,机场只有79个。1980年,我国民航全年旅客运输量仅343万人,全年运输总周转量4.29亿吨公里,居新加坡、印度菲律宾、印度尼西亚等国之后,列世界民航第35位。在这10年间,民航运输的总周转量由1978年的2.9亿吨公里增加到1987年的20亿吨公里,在世界上的排名由第37位上升到第17位,年平均增长率为22%。

第二阶段(1987—1997年),从1987年起,民航局决定把航空公司、机场和行政管理当局按照其自身性质分离,分别进行经营和管理。航空公司作为企业,按照营利的目的进行独立经营。主要内容是将原民航北京、上海、广州、西安、成都、沈阳6个地区管理局的航空运输和通用航空相关业务、资产和人员分离出来,组建了6个国家骨干航空公司,实行自主经营、自负盈亏、平等竞争。这6个国家骨干航空公司是中国国际航空公司、中国东方航空公司、中国南方航空公司、中国西南航空公司、中国西北航空公司、中国北方航空公司。此外,以经营通用航空业务为主,并兼营航空运输业务的中国通用航空公司也于1989年7月成立。机场逐步下放到地方,进行带有公众服务性质的半企业化管理。民航主管单位作为政府的主管机构集中力量制定法规,加强对整个行业的管理。

1987年,中国政府决定对民航业进行以航空公司与机场分设为特征的体制改革,在组建骨干航空公司的同时,在民航北京管理局、上海管理局、广州管理局、西安管理局、成都管理局和沈阳管理局所在地的机场部分基础上,组建了民航华北、华东、中南、西南、西北、东北及新疆7个地区管理局,以及北京首都机场、上海虹桥机场、广州白云机场、西安西关机场(现已迁至咸阳,改为西安咸阳机场)、成都双流机场和沈阳桃仙机场。7个地区管理局既是管理地区民航事务的政府部门,又是企业,领导管理各民航省(区、市)局和机场。此外,航空运输服务保障系统也按专业化分工的要求相应进行了改革。1990年,在民航各级供油部门的基础上组建了专门从事航空油料供应保障业务的中国航空油料总公司,该公司通过设在各机场的分支机构为航空公司提供油料供应。属于这类性质的单位还有从事航空器材(飞机、发动机等)进出口业务的中国航空器材公司、从事全国计算机订票销售系统管理与开发的计算机信息中心、为各航空公司提供航空运输国际结算服务的航空结算中心,以及飞机维修公司、航空食品公司等。

1993年4月19日,中国民用航空局改称中国民用航空总局,属国务院直属机构。同年12月20日,中国民用航空总局的机构规格由副部级调整为正部级。2008年,中国民用航空总局改为国家民用航空局。

几十年中,我国民航运输总周转量、旅客运输量和货物运输量年均增长分别达18%、16%和16%,高出世界平均水平2倍多。2002年,民航行业完成运输总周转量165亿吨公里、旅客运输量8594万人、货邮运输量202万吨,国际排位进一步上升,成为令人瞩目的民航大国。

(四)经济高速发展时期(2002年至今)

1996年,《中华人民共和国民用航空法》实施,标志着我国民航正式迈向依法治理的阶段。在随后的几年里,我国又制定了一系列的民航法规和条例,初步建立了民航的基本法律体系,并在体制上,把不适应市场的机构和企业进一步改造,以适应市场经济。首先是行政机构的精简,把民航局的管理机构由"总局—地区局—省市区局"改为"总局—地区局"两级,精简了大量机构和人员;航空运输企业与政府机关脱钩,成为按市场规律独立经营的企业;机场实行属地管理,按照政企分开、属地管理的原则,对90个机场进行属地化管理改革,民航总局直接管理的机场下放所在省(区、市)管理,相关资产、负债和人员一并划转;民航总局与地方政府联合管理的民用机场和军民合用机场,属民航总局管理的资产、负债及相关人员一并划转所在省(区、市)管理。首都机场、西藏自治区区内的民用机场继续由民航总局管理。

2002年3月,中国政府对中国民航业再次进行重组。民航总局直属航空公司及服务保障企业合并重组后,于2002年10月11日正式挂牌成立,组成为六大集团公司,分别是中国航空集团公司、中国东方航空集团公司、中国南方航空集团公司、中国民航信息集团公司、中国航空油料集团公司、中国航空器材进出口集团公司。成立后的集团公司与民航总局脱钩,交由中央管理。

民航政府监管机构改革民航总局下设7个地区管理局,负责对所辖地区的民用航空事务实施行业管理和监督。7个民航地区管理局为:中国民用航空华北地区管理局、中国民用航空东北地区管理局、中国民用航空华东地区管理局、中国民用航空中南地区管理局、中国民用航空西南地区管理局、中国民用航空西北地区管理局、中国民用航空新疆管理局。各地区管理局管辖区域如下。

中国民用航空华北地区管理局:北京、天津、河北、山西、内蒙古。

中国民用航空西北地区管理局:陕西、甘肃、宁夏、青海。

中国民用航空中南地区管理局:河南、湖北、湖南、海南、广西、广东。

中国民用航空西南地区管理局：重庆市、四川、贵州、云南、西藏。

中国民用航空华东地区管理局：上海、江苏、浙江、山东、安徽、福建、江西。

中国民用航空东北地区管理局：辽宁、吉林、黑龙江。

中国民用航空新疆地区管理局：新疆。

民航地区管理局共设置26个民航安全监督管理办公室，代表民航地区管理局，负责所辖地域航空公司、机场等民航企事业单位的安全监督和市场管理。其中，中国民用航空内蒙古、黑龙江、江苏、浙江、山东、湖北、海南、云南、甘肃9个安全监督管理办公室为副司局级机构，中国民用航空天津、河北、山西、吉林、大连、安徽、福建、江西、厦门、河南、湖南、广西、深圳、重庆、贵州、宁夏、青海17个安全监督管理办公室为正处级机构。

到2002年，我国的民航运输总周转量达到165亿吨公里，上升到世界第5位，成为一个航空大国，但是距离航空强国仍有相当距离。为此，2002年，中国民航总局确定了用20年时间把我国由一个航空大国转变为航空强国，以适应我国全面小康社会的目标，具体措施包括：在国内进一步开放市场；允许民营资本经办航空业、航空培训机构；加大机场建设力度，加强支线航空、通用航空的建设；对外要参与国际航空开放天空的自由化、全球化竞争，使机场密度大幅提高，建设数个世界排名靠前的大机场，建成现代化空中交通管理系统，大幅度提高航空运输企业的国际竞争力。

（五）我国民航发展现状

1 运输航空

经过多年深入的研究和探索，我国民航的体制改革已经取得了一定成就，中国成为全球增长较快、较重要的民航市场。2022年，疫情对民航运输生产影响的深度和持续性远超预期。《2022年民航行业发展统计公报》显示，2022年，全行业完成运输总周转量599.28亿吨公里，比2021年下降30.1%。国内航线完成运输总周转量387.86亿吨公里，比2021年下降39.5%。其中，港澳台航线完成2.30亿吨公里，比2021年下降23.6%；国际航线完成运输总周转量211.42亿吨公里，比2021年下降1.9%。图1-1为2018—2022年民航运输总周转量。

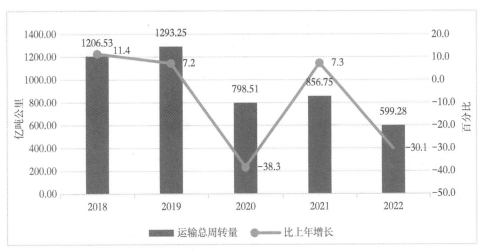

图1-1　2018—2022年民航运输总周转量

2022年,全行业完成旅客周转量3913.87亿人公里,比2021年下降40.1%。国内航线完成旅客周转量3805.01亿人公里,比2021年下降40.9%。其中,港澳台航线完成6.51亿人公里,比2021年下降20.5%;国际航线完成旅客周转量108.87亿人公里,比2021年增长20.2%。图1-2为2018—2022年民航旅客周转量。

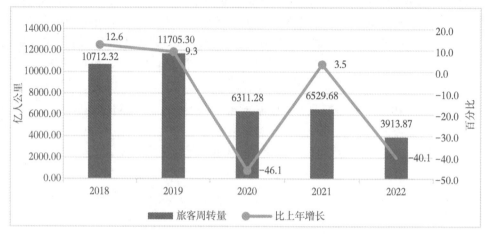

图1-2　2018—2022年民航旅客周转量

全行业完成货邮周转量254.10亿吨公里,比2021年下降8.7%。国内航线完成货邮周转量52.30亿吨公里,比2021年下降25.9%。其中,港澳台航线完成1.73亿吨公里,比2021年下降24.6%;国际航线完成货邮周转量201.79亿吨公里,比2021年下降2.8%。图1-3为2018—2022年民航货邮周转量。

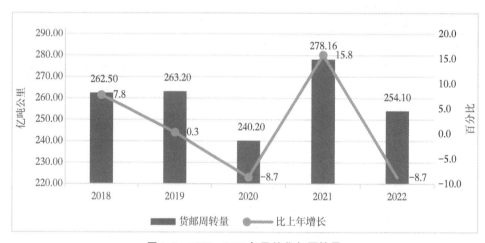

图1-3　2018—2022年民航货邮周转量

2 通用航空

1) 通用航空企业数量

截至2022年底,获得通用航空经营许可证的传统通用航空企业661家,比2021年底净增62家。其中,华北地区130家,东北地区48家,华东地区179家,中南地区150家,西南地区93家,西北地区37家,新疆地区24家。

2) 机队规模

截至2022年底,通用航空在册航空器总数达到3186架。其中,教学训练用飞机1157架。

3) 通用机场

2022年,比2021年底净增通用机场29个,全国在册管理的通用机场数量达到399个。

4) 飞行小时

2022年,全国通用航空共完成飞行121.9万小时,比2021年增长3.5%。其中,载客类完成1.8万小时,比2021年下降10.0%,载人类完成10.8万小时,比2021年增长0.8%,其他类完成64.3万小时,比2021年增长8.8%;非经营性作业完成45.1万小时,比2021年下降2.1%。

3 航空安全与服务质量

1) 航空安全

2022年,民航安全运行平稳可控,运输航空百万架次重大事故率十年滚动值为0.011。通用航空事故万架次率为0.0367。

2022年,全年共发生运输航空征候291起,其中,运输航空严重征候3起,人为责任原因征候3起。人为责任原因征候万时率为0.005,同比下降70.3%,各项指标均较好控制在年度安全目标范围内。

2022年,全行业共有56家运输航空公司未发生人为责任征候。

2) 空防安全

截至2022年底,全行业共有安检员、监护护卫员73137名,比2021年减少1201名。

2022年,全国民航安检部门共检查旅客2.48亿人次,检查旅客托运行李1.22亿件次,检查航空货物(不含邮件、快件)4.91亿件次,检查邮件、快件2.79亿件次,处置故意传播危害民航安全、运营秩序虚假信息事件82起,查处各类安保事件7638起,确保了民航空防持续安全,实现了247个空防安全月。

3) 航班正常率

2022年,全国客运航空公司共执行航班239.38万班次,其中,正常航班227.35万班次,平均航班正常率为94.98%。

2022年,主要航空公司共执行航班190.20万班次,其中,正常航班180.82万班次,平均航班正常率为95.07%。

任务二 航空公司和机场

一、航空组织

（一）国际民航组织（ICAO）

国际民用航空组织（International Civil Aviation Organization，ICAO）简称国际民航组织，是一个联合国机构，其成立的目的是帮助各国共享天空，互利互惠。国际民航组织的徽标如图1-4所示。

国际民航组织协助加入《国际民用航空公约》（通称《芝加哥公约》）的缔约国制定和采用国际民用飞行的标准、措施和政策。国际民航组织秘书处由各国资助和指导，为各国的航空运输合作提供技术、法律和行政支持。它制定方案、指导材料和紧密整合的审计、培训和实施支持举措，帮助各国通过改善对全球规范的合规而获益和繁荣发展。

我国是国际民航组织的创始国之一，南京国民政府于1944年签署了《国际民用航空公约》，并于1946年正式成为会员国。1971年，国际民航组织承认中华人民共和国政府为中国唯一合法代表。

图1-4　国际民航组织的徽标

国际民航组织的现行使命是支持和建立一个全球航空运输网络，以满足乃至超越社会和经济发展以及全球业界和旅客更广泛的互联互通的需要。到2030年，全球航空运输运力预计将翻一番，国际民航组织承认需要清楚地预见这一点并进行管理，以免对系统的安全、效率、便利性或环境绩效带来不必要的负面影响。

■ 知识链接

国际民航组织的五个综合战略目标

安全：加强全球民用航空安全。这项战略目标的重点集中在国家监管能力。全球航空安全计划（GASP）概述了三年期的主要活动。

空中航行的能力和效率：增强全球民用航空体系的能力并提高效率。这项战略目标虽然在功能和组织上与安全相互依存，但主要集中在空中航行和机场基础设施升级和开发新的程序,以优化航空系统的性能。全球空中航行计划(GANP)概述了三年期的主要活动。

保安与简化手续:加强全球民用航空保安与简化手续。这项战略目标反映了国际民航组织在航空保安、简化手续及相关边境保安事项领导作用的必要性。

航空运输的经济发展:促进发展一个健全的、有经济活力的民用航空体系。这项战略目标反映了国际民航组织在侧重于经济政策和配套活动协调统一航空运输框架方面领导作用的必要性。

环境保护:将民航活动的不利环境影响减至最小。这项战略目标促进国际民航组织在所有与航空有关的环境活动方面的领导作用,并与国际民航组织和联合国系统的环境保护政策和做法保持一致。

资料来源:https://www.icao.int/Pages/default.aspx

(二)国际航空运输协会(IATA)

国际航空运输协会(International Air Transport Association,IATA)是世界航空公司的贸易协会,约有300家成员航空公司,占航空总流量的83%。支持航空活动的许多领域,并帮助制定有关航空问题的行业政策。国际航空运输协会的徽标如图1-5所示。

国际航空运输协会是一个由世界各国航空公司所组成的大型国际组织,其前身是1919年在海牙成立并在二战时解体的国际航空业务协会,总部设在加拿大的蒙特利尔,执行机构设在日内瓦。和监管航空安全和航行规则的国际民航组织相比,它更像是一个由承运人(航空公司)组成的国际协调组织,管理在民航运输中出现的诸如票价、危险品运输等问题,主要作用是通过航空运输企业来协调和沟通政府间的政策,并解决实际运作的问题。

图1-5 国际航空运输协会的徽标

(三)中国航空运输协会(CATA)

图1-6 中国航空运输协会的徽标

中国航空运输协会(China Air Transport Association,CATA)简称中国航协,成立于2005年9月26日,是依据我国有关法律规定,经中华人民共和国民政部核准登记注册,以民用航空公司为主体,由企、事业法人和社团法人自愿参加组成的、行业性的、不以营利为目的的全国性社团法人。中国航空运输协会的徽标如图1-6所示。

中国航协的党建领导机关是中央和国家机关工作委员会,接受行业管理部门中国民用航空局的业务指导和监督管理。截至2024年1月,协会会员单位966家。2009、2015和2022年三次被民政部评为全国5A级社团组织(每次有效期为5年)。中国航协第五届理事会有理事34名,设理事长、副理事长、监事长、秘书长、总法律顾问等领导职务,常务副理事长为法人代表。下设综合事务部(理事会办公室)、党群工作部、计划财务部、运输业务部、通航业务部、团标环保部、科技培训部、交流会展部、发展研究部(研究咨询中心)9个部门;分支机构有航空安全工作委员会、通用航空工作委员会、航空运输销售代理分会、航空食品分会、航空油料分会、教育培训和文化分会、客舱乘务工作委员会、法律工作委员会、财务金融审计工作委员会、收入会计工作委员会、航空环境保护工作委员会、民航科技和信息化工作委员会、航空物流工作委员会、客运商务工作委员会、无人机工作委员会、海峡两岸航空运输交流工作委员会、航空物流发展专项基金管理委员会。

图1-7为中国航空运输协会组织机构。

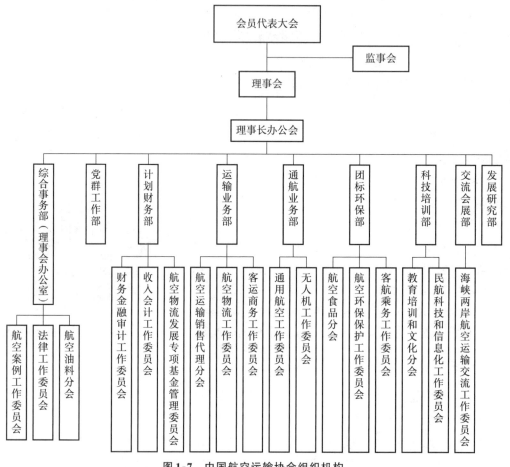

图1-7 中国航空运输协会组织机构

"十四五"时期,中国航空运输协会发展基本思路:坚持以习近平新时代中国特色社会主义思想为指导,深入学习贯彻习近平总书记对民航工作的重要指示批示精神,认真落实民航总体工作部署,坚持"打基础、上台阶、创一流"的工作方针,以推动协会高质量发展为主题,以加强参与行业治理能力建设为抓手,以服务会员、服务行业、服务社会为导向,促进高质量发展、促进持续安全,维护会员权益,维护市场秩序,强化科教文化、强化合作交流,充分发挥助力支撑、引导协调、支持保障和桥梁纽带作用,积极打造引领型、创新型、服务型、协同型社会组织,朝着法治化、数字化、国际化方向,扎实推进能力建设、制度建设、队伍建设、品牌建设和文化建设,弘扬"讲政治、讲学习、讲团结、讲奉献、讲廉洁"作风,建设成政府信得过、企业离不开、社会反响好、自身过得硬的一流社会组织,为实现建成民航强国目标贡献力量。

二、航空联盟

微课

航空联盟

航空联盟是由多个航空公司组成的联盟。这些公司通过签署协议共享运营、销售等业务,旨在提高效率和提供更好的服务。全球共有三大航空联盟,分别是星空联盟、天合联盟和寰宇一家。

(一) 星空联盟(Star Alliance)

1997年,来自美洲、欧洲和亚洲的五家航空公司成立了星空联盟(Star Alliance),成为第一个全球航空联盟,总部设在德国法兰克福。星空联盟致力于国际旅行创新,为客户提供无缝的旅行。目前,星空联盟由26成员航空公司组成。星空联盟的项目和活动包括机场合署办公、数字基础设施、飞行常客整合、联合商务休息室项目,以及其他改善旅行体验的服务。图1-8为星空联盟的徽标。

图1-8 星空联盟的徽标

星空联盟成员中,包括许多世界顶级航空公司,也有较小的地区性航空公司。成员航空公司的航班相互连接,共同为去往世界几乎任何角落的乘客提供便利转机。

■ 知识链接

星空联盟简介

总部设在德国法兰克福的星空联盟服务有限公司成立于千禧年之际,代表其成员管理星空联盟的网络、产品和服务。2021年,在新加坡成立了一个附属管理公司。在这两个地方,大约有40人在星空联盟管理公司工作,他们是国际员工队伍的一部分,反映了联盟的影响力和多元文化。

在内部,星空联盟的业务就是连接、协作和协调——创造和管理连接联盟的产品和服务,使成员航空公司的客户的飞行体验尽可能简单和无缝。诸如在枢纽机场设置成员航空公司和标志牌,提供特殊的航班连接产品以促进更顺畅的转机,识别高端客户的方法,以确保他们在整个全球旅程中得到所有成员航空公司的适当认可,再加上创新的技术和营销知识来帮助实现这一目标等。直接服务客户和运营航班的地面和空中业务是星空联盟的成员航空公司的领域。我国加入星空联盟的航空公司有中国国际航空、深圳航空、长荣航空。

资料来源:https://www.staralliance.com/zh/about

(二)天合联盟(Skyteam)

天合联盟(Skyteam)是航空公司所形成的国际航空服务网络。2000年,由法国航空公司、美国达美航空公司、墨西哥航空公司和韩国大韩航空公司联合成立天合联盟,其成员携手合作,通过广泛的全球网络连接数百万乘客。天合联盟提供最全面的优先服务和轻松高效的转机,以及在所有成员航空公司间赚取和兑换里数的机会。天合联盟成员航空公司通过广泛的全球网络合作,每年接待4.37亿旅客,他们每天搭乘10770多架次航班,去往166个国家的1050个目的地。图1-9为天合联盟的徽标。

图1-9 天合联盟的徽标

天合联盟的成员公司包括阿根廷航空公司、墨西哥航空公司、西班牙欧洲航空公司、法国航空公司、中华航空公司、捷克航空公司、达美航空公司、印度尼西亚鹰航空公司、ITA航空公司、肯尼亚航空公司、荷兰皇家航空公司、大韩航空公司、中东航空公司、沙特阿拉伯航空公司、罗马尼亚航空公司、越南国家航空公司、维珍航空等。我国加入天合联盟的航空公司有中国东方航空、厦门航空公司、中华航空股份有限公司等。

(三)寰宇一家(Oneworld)

寰宇一家(Oneworld)是1999年正式成立的国际性航空公司联盟。其成员航空公司及其附属航空公司亦在航班时间、票务、代码共享、乘客转机、飞行常客计划、机场贵宾室以及降低支出等多方面进行合作。图1-10为寰宇一家的徽标。

航空联盟的优势体现在以下几个方面。

(1)代码共享。航空联盟可提供更大的航空网络。很多航空联盟的开始都是来自几个航空公司之间的代码共享网络发展而成。

图1-10 寰宇一家的徽标

(2)资源共用。共用维修设施、运作设备、职员,相互支援地勤与空厨作业以降低成本。

(3)降低成本。由于成本减少,乘客可以以更低廉价格购买机票。

(4)调配灵活。航班开出时间更灵活、有弹性。

(5)减少转机。转机次数减少,乘客可以更方便地抵达目的地。

(6)积分互通。乘客在旅游奖励计划(如亚洲万里通)使用同一户口乘搭不同航空公司均可赚取飞行里数。

■ 知识链接

代码共享

1.什么是代码共享航班?

代码共享航班是由一家航空公司营销而由另一家航空公司运营的航班。航空公司与其他几家航空公司签订了协议,允许这些航空公司为客户提供他们的航班,以便为旅客提供飞往多个城市的航班和多个航班的选择。代码共享航班的旅客能够享受客票签转、变更、退票及值机手续等服务。

2.航空公司为什么要提供代码共享航班?

从用户角度来说,代码共享航班的好处有以下几点。

(1) 基于联合的航线网络,可以飞往更多的地点。

(2) 协调有序的航班计划,可以使航班合理衔接。

(3) 通过常旅客管理制度,旅客能够在营销公司获取里程积分。

(4) 在衔接的机场减少中转时间。

(5) 代码共享双方的联合网络,可以有更大的费用选择。

(6) 无缝衔接的航班就像一个航空公司一样,方便旅客的出行管理。

(7) 在一些机场,共享双方的运送旅客和行李的设备可以共享。

3.代码共享航班是如何形成的?

参与双边协议的航空公司假定两个可能的角色,一个是承运方,一个是营销方。

承运方:用实体飞机执行航班的航空公司。

营销方:用自己的航班号销售航班,但不是由自己执行实际航班。

三、中国民航三级管理体系

中国民航管理体系分为三级,分别是政府部门、民航企业、民航机场。

(一) 政府部门

民用航空对安全的要求非常高,涉及国家主权事务较多,因此每个国家都设有独立的政府机构来管理本国的民航事务。中国民用航空局(Civil Aviation Administration of China,CAAC)简称中国民航局或民航局,是中华人民共和国国务院主管民用航空事业的部委管理的国家局,归交通运输部管理。中国民用航空管理职责如下。

(1) 提出民航行业发展战略和中长期规划、与综合运输体系相关的专项规划建议,按规定拟订民航有关规划和年度计划并组织实施和监督检查。起草相关法律法规草案、规章草案、政策和标准,推进民航行业体制改革工作。

(2) 承担民航飞行安全和地面安全监管责任。负责民用航空器运营人、航空人员训练机构、民用航空产品及维修单位的审定和监督检查,负责危险品航空运输监管、民用航空器国籍登记和运行评审工作,负责机场飞行程序和运行最低标准监督管理工作,承担民航航空人员资格和民用航空卫生监督管理工作。

(3) 负责民航空中交通管理工作。编制民航空域规划,负责民航航路的建设和管理,负责民航通信导航监视、航行情报、航空气象的监督管理。

(4) 承担民航空防安全监管责任。负责民航安全保卫的监督管理,承担处置劫机、炸机及其他非法干扰民航事件相关工作,负责民航安全检查、机场公安及消防救援的监督管理。

(5) 拟订民用航空器事故及事故征候标准,按规定调查处理民用航空器事故。组织协调民航突发事件应急处置,组织协调重大航空运输和通用航空任务,承担国防动员有关工作。

(6) 负责民航机场建设和安全运行的监督管理。负责民用机场的场址、总体规划、工程设计审批和使用许可管理工作,承担民用机场的环境保护、土地使用、净空保护有关管理工作,负责民航专业工程质量的监督管理。

(7) 承担航空运输和通用航空市场监管责任。监督检查民航运输服务标准及质量,维护航空消费者权益,负责航空运输和通用航空活动有关许可管理工作。

(8) 拟订民航行业价格、收费政策并监督实施,提出民航行业财税等政策建议。按规定权限负责民航建设项目的投资和管理,审核(审批)购租民用航空器的申请。监测民航行业经济效益和运行情况,负责民航行业统计工作。

(9) 组织民航重大科技项目开发与应用,推进信息化建设。指导民航行业人力资源开发、科技、教育培训和节能减排工作。

(10) 负责民航国际合作与外事工作,维护国家航空权益,开展与港澳台的交流与合作。

(11) 管理民航地区行政机构、直属公安机构和空中警察队伍。

(12) 承办国务院及交通运输部交办的其他事项。

民航政府监管机构改革民航总局下属7个地区管理局(分别为华北地区管理局、东北地区管理局、华东地区管理局、中南地区管理局、西南地区管理局、西北地区管理局、新疆管理局),以及40个省级安全监督管理办公室(包括天津、河北、山西、内蒙古、吉林、黑龙江、江苏、浙江、安徽、福建、江西、山东、河南、湖北、湖南、海南、广西、深圳、重庆、贵州、云南、甘肃、青海、宁夏等),对民航事务实施监管,分别管理辖区内的机场和民航企业。

(二)民航企业

民航企业是指从事和民航业有关的各类企业,其中最主要的是航空运输企业,它们掌握航空器从事生产运输,是民航业生产收入的主要来源。其他类型的航空企业,如中国民航信息集团有限公司、中国航空油料集团公司、中国航空器材进出口集团公司,都是围绕着运输企业正常运营开展相关活动的。航空公司的业务主要分为两个部分:一是航空器的运营、维修和管理,二是公司的经营和销售。

以下分别介绍国内主要航空公司。

1 中国国际航空股份有限公司

中国国际航空股份有限公司(简称国航),其前身中国国际航空公司成立于1988年,是我国国内主要航空公司之一。根据国务院批准通过的《民航体制改革方案》，2002年10月，中国国际航空公司联合中国航空总公司和中国西南航空公司，成立了中国航空集团公司，并以联合三方的航空运输资源为基础，组建新的中国国际航空公司。2004年9月，经国务院国有资产监督管理委员会批准，作为中国航空集团控股的航空运输主业公司，中国国际航空股份有限公司在北京正式成立。

国航承担着中国国家领导人出国访问的专机任务，也承担许多外国元首和政府首脑在国内的专包机任务，这是国航独有的国家载旗航的尊贵地位。国航总部设在北京，辖有西南、浙江、重庆、天津、上海、湖北、新疆、广东、贵州、西藏和温州分公司。国航主要控股子公司有深圳航空有限责任公司（含昆明航空有限公司）、山东航空集团有限公司、北京航空有限责任公司、大连航空有限责任公司、中国国际航空内蒙古有限公司、澳门航空股份有限公司等。

截至2023年6月30日，国航（含控股公司）共拥有以波音、空中客车为主的各型飞机902架，平均机龄9.05年，通过与星空联盟成员等航空公司的合作，将服务进一步拓展到180多个国家（地区）的1200多个目的地。

国航具备专业高效的地面服务保障能力，可以为国内外航空公司提供包括旅客进出港、中转服务、特殊旅客服务、高端旅客服务、"两舱"休息室服务、行李运输、载重平衡、站坪运行、客舱清洁及各种特殊运输任务保障等多项地面服务内容。国航在国内外100多个航站开通了中心配载业务，是国内第一家采用中心配载工作模式的航空公司，同时是国内首家推出旅客自助办理乘机服务、旅客自助办理托运行李服务及自主分配航站楼部分机位的航空公司。

■ 知识链接

中国国际航空股份有限公司的企业文化及愿景

国航的企业标识由一只艺术化的凤凰和中国改革开放的总设计师邓小平同志书写的"中国国际航空公司"以及英文"Air China"构成。"凤凰"是中华民族远古传说中的祥瑞之鸟，为百鸟之王。国航的标志是凤凰，集中体现在"中国红 凤凰体 VIP"上。标志颜色为中国传统的大红，造型以简洁舞动的线条展现凤凰姿态，同时又是英文"VIP"（尊贵客人）的艺术变形。"凤凰者，仁鸟也"，"见则天下宁"，凤凰"出于东方君子之国，翱翔四海之外"，撷英咀华，志存高远。国航推崇的凤凰精神的核心内涵是"传递吉祥，引领群伦，超越自我"。国航愿景是"全球领先的航空公司"，使命是"安全第一，四心服务，稳健发展，成就员工，履行责任"，价值观是"人本，担当，进取，乐享飞行"，品牌定位是"专业信赖，国际品质，中国风范"。

国航致力于为旅客提供放心、顺心、舒心、动心的"四心"服务，拥有中国历史最长的常旅客计划——"国航知音"，又通过整合控股、参股公司多品牌常旅客会员，统一纳入"凤凰知音"品牌。国航坚持以客户为导向，持续提升服务品质，创新服务产品，满足旅客多元化、个性化的需求。国航具有很强的国内国际联程运输能力和销售网络，拥有广泛的高品质客户群体,已经成为众多中国政府机构及商务客户首选的航空公司。

资料来源:http://www.airchina.com.cn/cn/about_us/company.shtml

❷ 中国东方航空股份有限公司

中国东方航空股份有限公司(简称东航)总部位于上海,是中国三大国有骨干航空运输集团之一。作为集团核心主业的中国东方航空股份有限公司,是首家在纽约、香港、上海三地上市的中国航企。

截至2024年,东航运营近800架飞机组成的现代化机队,是全球规模航企中较年轻的机队,拥有中国规模最大、商业和技术模式领先的互联网宽体机队,在中国民航首家开放手机等便携式设备使用。"东方万里行"常旅客可享受联盟多家航空公司的会员权益及全球超过750间机场贵宾室。每年能为1.5亿人次提供航空出行服务,位居全球前十。目前,东航构建起以上海和北京为主的"两市四场"双核心枢纽和西安、昆明等区域枢纽,借助天合联盟,通达全球184个国家和地区的1088个目的地,每年为全球超过1.3亿旅客提供服务,旅客运输量位列全球前十。

❸ 中国南方航空股份有限公司

中国南方航空股份有限公司(简称南方航空、南航),总部设在广州,以蓝色垂直尾翼镶红色木棉花为公司标志,是中国机队规模最大、航线网络最发达、年客运量最大的航空公司。南方航空直接或间接控股厦门航空有限公司、重庆航空有限责任公司、中国南方航空河南航空有限公司、贵州航空有限公司、珠海航空有限公司、汕头航空有限公司、河北航空有限公司、江西航空有限公司、中国南方航空货运有限公司9家客、货运输航空公司,参股四川航空股份有限公司;拥有新疆、北方、北京、深圳、上海等18家分公司及南阳、佛山2家基地;设有杭州、南京、西宁等21家境内营业部,洛杉矶、纽约、伦敦、巴黎等52家境外营业部。

南方航空运营包括波音787、777、737系列,以及空客A330、A320系列和商飞ARJ-21等型号客货运输飞机。航线数量、航班频率、市场份额均在国内航空公司中居于首位,旅客运输量连续45年居国内各航空公司之首。截至2023年,南航拥有客机、货机908架,连续保证290个月的飞行安全和355个月的空防安全。

南方航空致力建设广州、北京两大综合性国际航空枢纽。在广州,持续稳步建设"广州之路"(Canton Route),推动广州成为中国大陆至大洋洲、东南亚的第一门户,服务粤港澳大湾区和"一带一路"。在北京,作为北京大兴国际机场最大的主基地航空公司,运营着亚洲跨度最大的机库、亚洲最大的运行控制中心和航空食品生产基地。

■ 知识链接

中国南方航空股份有限公司的企业文化

南航以"阳光南航"为文化品格,以"连通世界各地 创造美好生活"为企业使命,以"顾客至上、尊重人才、追求卓越、持续创新、爱心回报"为核心价值观,大力弘扬"勤奋、务实、包容、创新"的南航精神,致力于建设具有全球竞争力的世界一流航空运输企业。

近年来,南航全力打造广州—北京"双枢纽",通过新开和优化航线网络,致力建设两大综合性国际航空枢纽。在广州,南航持续10年稳步建设"广州之路"(Canton Route),服务"一带一路"和粤港澳大湾区。南航广州枢纽已成为中国大陆至大洋洲、东南亚的第一门户。广州与国内、东南亚主要城市形成"4小时航空交通圈",与全球主要城市形成"12小时航空交通圈"。

南航积极响应国家倡议,为推动"一带一路"建设提供有力支撑。在"一带一路"重点涉及的南亚、东南亚、南太平洋、中西亚等区域,南航已经建立起完善的航线网络,航线数量、航班频率、市场份额均在国内航空公司中居于首位,已成为中国与周边国家和地区航空互联互通的主力军。

资料来源:https://www．csair．com/cn/about/gongsijianjie/

4 海南航空控股股份有限公司

海南航空控股股份有限公司(简称海南航空)于1993年1月成立,起步于中国最大的经济特区和自由贸易港——海南省,致力于为旅客提供全方位无缝隙的航空服务,打造安全舒适的旅行体验。

1993年至今,海南航空连续安全运行31年。2023年,海南航空及旗下控股子公司共运营国内外航线近1800条,其中国内航线近1600条,涉及内陆所有省、自治区、直辖市,国际航线逾100条,包括定期客运、旅客包机和客改货等航班,航线覆盖亚洲、欧洲、非洲、北美洲和大洋洲,通航境外37个城市。海南航空积极响应国家倡议,融入"一带一路"建设,专注打造国际国内高效互动的、品质型、规模化的卓越型世界级航线网络;积极落实"民航强国"发展战略,在北京、海口、深圳、广州等24个城市建立航空营运基地/分公司。

海南航空作为中国内地第一家也是唯一一家SKYTRAX五星航空公司,以高品质的服务及优质的产品获得"SKYTRAX五星航空公司"称号,这是海南航空自2011年起第十二次蝉联该荣誉。该荣誉是对海南航空杰出服务的最高水平认可,也代表了广大旅客对海南航空优质服务品质的褒奖。海航旗下成员航空公司包括首都航空、天津航空、香港航空、祥鹏航空、西部航空、福州航空、北部湾航空、乌鲁木齐航空、长安航空、桂林航空、金鹏航空等。

(三)民航机场

1 机场的定义

机场属于地区的公众服务设施。因此,机场既带有营利的企业性质,同时也带有为地区公众服务的事业性质。世界上大多数机场是地方政府管辖下的半企业性质的机构机场,也称空港,是专供航空器起飞、降落、滑行、停放及进行其他活动使用的划定区域,包括附属建筑物、装置和设施。除了跑道,机场通常还设有塔台、停机坪、航空客运站、维修厂等设施,并提供机场管制、空中交通管制等服务。

民用航空是一个庞大复杂的系统,其中有事业性的政府机构,有企业性质的航空公司,还有半企业性质的空港,各个部分协调运行才能保证民用航空事业的迅速发展与前进。

2 机场的分类

1) 按机场用途划分

按用途划分,机场分为军用机场和民用机场两大类。民用机场按其功能,又可以分为定期航班机场(又称航空港)和通用航空机场。定期航班机场是指用于商业性航空运输,亦即具有定期客货运输航班服务机场;通用航空机场则指主要用于农业、林业、地质、搜救、医疗等特定航空运输服务的机场,也包括用于飞行学习、企业或私人自用的机场。

(1) 军用机场:用于军事目的,有时也部分用于民用航空或军民合用。

(2) 航空港:是指从事民航运输的各类机场。

(3) 通用航空机场:主要用于通用航空,为专业航空的小型飞机或直升机服务。

(4) 单位或私人机场:是指除民航和军用机场外,属单位和部门所有的机场,如飞机制造厂的试飞机场、体育运动的专用机场和飞行学校的训练机场等。国外还有大量的机场,服务于私人飞机或企业的公务飞机,这种机场一般只有简易的跑道和起降设备,规模普遍很小,但数量很大。

2) 按航线性质划分

按航线性质,可以将机场划分为国际航线机场和国内航线机场。

(1) 国际航线机场:有国际航班进出,并设有海关、边防检查(移民检查)、卫生检疫和动植物检疫等政府联检机构。

(2) 国内航线机场:是专供国内航班使用的机场。我国的国内航线机场包括了地区航线机场。

3) 按服务航线和规模划分

按服务航线和规模,可以将机场划分为枢纽机场、干线机场、支线机场。

(1) 枢纽机场:往往是连接国际国内航线密集的大型机场,如北京首都机场、上海浦东机场、上海虹桥机场、广州白云机场等国际机场。

(2) 干线机场:是以国内航线为主、空运量较为集中的大中型机场,主要是各省会或自治区首府、重要工业及旅游开放城市的机场。

(3) 支线机场:一般是规模较小的地方机场,以地方航线或短途支线为主,如比较偏远地区的城市机场。

4) 按飞机的起降状况划分

按旅客乘机目的地,可以将机场划分为始发/终点机场、经停机场、中转机场及备降机场。

(1) 始发/终点机场:是指运行航线的始发机场和目的地机场,如海口至北京航线上的海口美兰机场(始发机场)和北京大兴机场(终点机场)。

(2) 经停机场:是指某航线航班中间经停的机场,如广州经停武汉至哈尔滨的航线,武汉天河机场为经停机场,在这里航班降落,供在武汉的旅客登机前往广州。

(3) 中转机场:是指旅客乘坐飞机抵达此处时需要下机换乘另一航班前往目的地的机

场,如从南京乘机飞往乌鲁木齐,必须在兰州中川机场中转,转乘兰州至乌鲁木齐航班。此时,兰州中川机场为中转机场。

(4)备降机场:如遇天气情况或机上发生紧急情况,飞机会选择最近的机场降落,此类机场称为备降机场。备降场包括起飞备降场、航路备降场、目的地备降场。

3 国内主要机场介绍

旅客吞吐量是指报告期内经由水路、航空等乘船(飞机)进、出港区范围的旅客数量,是港口行业重要统计指标,本书中指航空港的旅客吞吐量。表1-2为2022年全国民用运输机场吞吐量排名(部分)。

相关知识

国内主要机场介绍

表1-2 2022年全国民用运输机场吞吐量排名(部分)

机场	旅客吞吐量			
	名次	本期完成	2021年同期	比2021年同期增减百分比/(%)
广州/白云	1	26104989	40249679	-35.1
重庆/江北	2	21673547	35766284	-39.4
深圳/宝安	3	21563437	36358185	-40.7
昆明/长水	4	21237520	32221295	-34.1
杭州/萧山	5	20038078	28163820	-28.9
成都/双流	6	17817424	40117496	-55.6
上海/虹桥	7	14711588	33207337	-55.7
上海/浦东	8	14178386	32206814	-56.0
西安/咸阳	9	13558364	30173312	-55.1
成都/天府	10	13275946	4354758	204.9
北京/首都	11	12703342	32639013	-61.1
长沙/黄花	12	12508779	19983064	-37.4
南京/禄口	13	12140530	17606886	-31.0
武汉/天河	14	11606393	19796618	-41.4
海口/美兰	15	11162161	17519708	-36.3
北京/大兴	16	10277623	25051012	-59.0
厦门/高崎	17	10125604	14952064	-32.3
乌鲁木齐/地窝堡	18	10035368	16880507	-40.6
贵阳/龙洞堡	19	9797755	16964158	-42.2
青岛/胶东	20	9720090	16031973	-39.4
三亚/凤凰	21	9514348	16629950	-42.8
哈尔滨/太平	22	9496490	13502030	-29.7
沈阳/桃仙	23	9387281	13923884	-32.6

续表

机场	名次	旅客吞吐量		
		本期完成	2021年同期	比2021年同期增减百分比/(%)
郑州/新郑	24	9221674	18954907	−51.3
济南/遥墙	25	8242323	13616212	−39.5
长春/龙嘉	26	7213077	11289686	−36.1
南宁/吴圩	27	6659516	10851498	−38.6
大连/周水子	28	6368458	10365478	−38.6
宁波/栎社	29	6165596	9462501	−34.8
兰州/中川	30	5942431	12171160	−51.2
天津/滨海	31	5841680	15127110	−61.4
福州/长乐	32	5739444	9037195	−36.5
合肥/新桥	33	5712698	8795391	−35.0
温州/龙湾	34	5607918	9231409	−39.3
石家庄/正定	35	5562763	6451083	−13.8
太原/武宿	36	5526997	9995334	−44.7
南昌/昌北	37	4724634	9795967	−51.8
呼和浩特/白塔	38	4539904	9006388	−49.6
珠海/金湾	39	4005732	8020230	−50.1
银川/河东	40	3785776	6998424	−45.9
无锡/硕放	41	3768868	7126411	−47.1
泉州/晋江	42	3708328	5984109	−38.0
揭阳/潮汕	43	3550722	5734175	−38.1
烟台/蓬莱	44	3102435	5955936	−47.9
丽江/三义	45	2878817	4220618	−31.8
西宁/曹家堡	46	2609436	5864258	−55.5
拉萨/贡嘎	47	2583646	4779386	−45.9
西双版纳/嘎洒	48	2397548	4267978	−43.8
常州/奔牛	49	1947335	2923644	−33.4
桂林/两江	50	1736191	4531212	−61.7
南通/兴东	51	1718561	2525426	−31.9
合计		520032909	907482935	−42.7

1)广州白云国际机场

广州白云国际机场简称白云机场,始建于20世纪30年代,位于广州市北部,白云区人和镇和花都区新华镇交界处,占地约18平方千米。机场距离广州市中心约28千米,是国家"一带一路"倡议和"空中丝绸之路"的重要国际航空枢纽之一、粤港澳大湾区核心枢纽机场。白云机场是中国南方航空公司、海南航空、中国东方航空公司、深圳航空公司、九元航空公司、中原龙浩航空公司和浙江长龙航空公司等基地机场;与近80家中外航空公司建立了业务往来,航线通达国内外230多个通航点,其中国际及地区航点超过90个,航线网络覆盖全球五大洲。2019年5月1日起,白云机场正式实施144小时过境免签政策。

白云机场现有2座航站楼、3条跑道,飞行区等级为4F标准,可满足A380等大型宽体客机起降及停放需要,标准机位271个(含FBO)。T1航站楼建筑面积50余万平方米,T2航站楼及综合交通中心建筑面积80余万平方米,目前T1、T2两座航站楼设计容量可满足年旅客吞吐量8000万人次。

2020年9月,广州白云国际机场三期扩建工程正式开工,建成后,白云机场将实现3座航站楼、5条跑道运行。白云机场三期扩建工程是广东机场集团落实《粤港澳大湾区发展规划纲要》和广东省委、省政府提出的"1+1+9"工作部署,助力构建广东"一核一带一区"区域发展格局的一项重点工程。

2)上海浦东国际机场

上海浦东国际机场简称浦东机场,位于中国上海市浦东新区,距上海市中心约30千米,为4F级民用机场,是中国三大门户复合枢纽之一、长三角地区国际航空货运枢纽群成员、华东机场群成、华东区域第一大枢纽机场、门户机场。

浦东机场有2座航站楼及一座卫星厅,总面积145.6万平方米,有340个停机位;拥有跑道4条,分别为3800米2条、3400米1条、4000米1条。

截至2022年,上海浦东国际机场旅客吞吐量1417.84万人次,同比下降56.0%;货邮吞吐量311.72万吨,同比下降21.7%;起降架次20.44万架次,同比下降41.5%,分别位居中国第8位、第1位、第4位。

3)北京首都国际机场

北京首都国际机场简称首都机场,位于北京市朝阳区,西南距北京市中心25千米,南距北京大兴国际机场67千米,为4F级国际机场,是中国三大门户复合枢纽之一、环渤海地区国际航空货运枢纽群成员、世界超大型机。至2023年,北京首都国际机场拥有3座航站楼,分别为T1(2004年重新投入使用)、T2(中国国内及国际港澳台)、T3(中国国内及国际港澳台)共141万平方米;共有3条跑,跑道长宽分别为3800米×60米、3200米×50米、3800米×60米;停机位共314个;共开通国内外航线252条。

作为欧洲、亚洲及北美洲的核心节点,北京首都国际机场凭借得天独厚的地理位置、方便快捷的中转流程、紧密高效的协同合作,成为连接亚、欧、美三大航空市场最为便捷的航空枢纽。

2018年,首都机场旅客吞吐量首次破亿,达到1.01亿人次。2019年,北京大兴国际机场正式投运,北京正式步入"一市两场"新时代,首都机场当年旅客吞吐量再次破亿,连续10年位列全球第二名。

截至2023年10月,首都机场驻场航司共计49家,其中外航28家,内航及地区航司21家。2023年10月,首都机场共通航47个国家和地区的208个航点,其中国内航点131个(含地区3个),国际航点77个;通航客运航点204个,其中国内航点130个(含地区3个),国际74个。

■ **知识链接**

成都天府国际机场

成都天府国际机场(Chengdu Tianfu International Airport,IATA:TFU,ICAO:ZUTF),位于四川省成都市简阳市芦葭镇空港大道(属成都东部新区建设范围),北距成都市中心50千米、西北距成都双流国际机场50千米、东北距简阳市中心约14.5千米,为4F级国际机场、国际航空枢纽、成都国际航空枢纽的主枢纽。

2015年9月28日,中国民用航空局批准同意成都新机场命名为"成都天府国际机场";2016年5月7日,成都天府国际机场正式开工;2020年12月6日,成都天府国际机场校飞完成;2021年3月25日,成都天府国际机场试飞完成;2021年6月27日,成都天府国际机场正式通航。

截至2021年6月,成都天府国际机场有2座航站楼,建筑面积共71.96万平方米;民航站坪设210个机位,其中C类机位113个、D类机位7个、E类机位82个、F类机位8个;跑道共3条,规格分别为4000米长、60米宽,3800米长、45米宽,3200米长、45米宽;可满足年旅客吞吐量6000万人次、货邮吞吐量130万吨的使用需求。

2022年,成都天府国际机场共完成旅客吞吐量1327.5946万人次。成都天府国际机场是"十四五"开局之年投用的最大民用机场,定位为成都国际航空枢纽主枢纽机场,一期建成"两纵一横"3条跑道、71万平方米的航站楼以及相应的配套设施,可满足年旅客吞吐量6000万人次、货邮吞吐量130万吨的需求。远期规划建设"四纵两横"6条跑道,140万平方米的航站楼,可满足年旅客吞吐量1.2亿人次、货邮吞吐量280万吨的需求。

资料来源:https://baike.baidu.com/item

■ **知识链接**

北京大兴国际机场

1.机场定位

北京大兴国际机场的定位是大型国际枢纽机场,它是国家发展一个新的动力源,支撑雄安新区建设的京津冀区域综合交通枢纽。

2.场址及位置

机场位于永定河北岸,地跨北京市大兴区礼贤镇、榆垡镇,以及河北省廊坊市广阳区。距首都机场约67千米,距天津机场约85千米,距河北雄安新区55千米,距北京城市副中心54千米,距天津市中心82千米。

3. 机场总体规划

北京大兴国际机场本着可持续发展的原则,采用滚动发展、分期建设的模式。

本期:按2025年旅客吞吐量7200万人次、货邮吞吐量200万吨、飞机起降量62万架次的目标设计;建设"三纵一横"4条跑道、建筑面积70万平方米航站楼等设施;本期用地面积27平方千米,其中北京15.6平方千米,河北11.4平方千米。

远期:年旅客吞吐量1亿人次以上,年货邮吞吐量400万吨,飞机起降88万架次;规划用地面积45平方千米。

资料来源:https://enterprise.bdia.com.cn/#/airIntroduct

■ **知识链接**

青岛胶东国际机场

胶东国际机场一期工程投资360.39亿元,于2015年11月26日开工建设,2021年8月12日正式投运,飞行区等级为4F级,可起降包括空客A380在内的大型客机,航站楼面积47.8万平方米,拥有2条独立运行的平行远距跑道,跑道长度3600米,机位总数178个,可满足年旅客吞吐量3500万人次、货邮吞吐量50万吨、飞机起降30万架次的保障需求。

青岛国际机场集团坚持以创造美好价值、成为值得信赖的机场管理机构为使命,以创建"世界一流、国内领先"的东北亚国际枢纽机场为愿景,认真践行客户为先、奋斗为本、共建共享、守正创新的核心价值观,通过打造日韩门户、中转枢纽、辐射带动胶东半岛一体化发展等,助力青岛更高水平对外开放,"一带一路"国际合作新平台等战略实施,为青岛经济社会高质量发展做出新的更大贡献!

资料来源:https://www.qdairport.com/cms/front/articlePage/157

 任务三　民航运输业务知识

 一、航线的定义及分类

飞机飞行的路线叫作空中交通线,简称航线。飞机的航线不仅确定了飞机飞行的具体方向、起讫地和经停地,而且还根据空中交通管制的需要,规定了航线的宽度和飞行高度,以维护空中交通秩序,保证飞行安全。

航线按照起讫地、经停地的不同,可以分为国内航线、国际航线、地区航线。

（一）国内航线

国内航线是指飞机飞行的线路起飞地点、经停地、目的地均在本国国境以内的航线。国内航线又分为干线和支线等。

❶ 干线

干线是指连接首都北京和各省会、直辖市或自治区首府的航线，以及连接两个或两个以上的省会、直辖市、自治区首府或各省、自治区所属的城市之间的航线。例如，广州—北京。

❷ 支线

支线是指在一个省（区）以内的城市之间的航线或短距离、中小城市之间的非主干航线。例如，乌鲁木齐—喀什。

（二）国际航线

国际航线是指飞行路线连接两个或两个以上国家的航线。例如，北京—芝加哥。在国际航线上进行的运输是国际运输，如果一个航班的始发地、中转地、目的地是外国领土，则被称为国际运输。

（三）地区航线

地区航线是指根据国家的特殊情况，在一国境内与特定地区之间飞行的航线。在我国，连接香港、澳门、台湾与内地城市之间的航线，它是特殊管理的国内航线，其运输适用于国际运输规则。例如，北京—香港。

二、航线的构成形式

（一）城市对式

城市对式航线网络，又称为点对点式航线网络，是指各组成航线都是从各城市自身的需求出发，建立的城市与城市两点之间的直达航线。城市对式航线是在起讫点城市之间空运市场需求的客观基础上自然形成的，即有需求就开通的航线。

城市对式航线网络实际上并不存在网络内航线资源的有机配置，它实际上是由若干独立的直达航线组成的，并不能称为严格意义上的网络，它的缺陷如下。

首先，城市对式航线网络主要是根据两地需求或政治因素开辟航线，可以说只是简单的运送系统，而不具有吸引、开发需求的功能。由于两城市市场需求有限，从根本上限制了航班的频率、客座率或载运率，造成航线资源的浪费。

其次，由于城市对式航线网络中客流量小、航班密度低的航线比例较大，而航班密度低，旅客的计划延误时间较长，地面等待时间相对于空中飞行时间太长，对于出行时间紧迫的旅客,航空运输不能发挥快速的特点。航空运输不能体现快捷的特点,必然对旅客的吸引力降低,使旅客转向其他交通方式,航空的客流量随之下降。航空公司也由于客流量少、飞机客座率低,不能获得理想的效益,因而不得不进一步降低航班密度。

最后,城市对式航线网络使得航空公司出现大量重复性飞行,一方面造成航空公司间的恶性竞争,另一方面造成运力的严重浪费。

(二)轴心辐射式

轴心辐射式是指以大城市为中心,大城市之间建立干线航线,同时以支线航线形式由大城市辐射至附近各大小城市。

轴心辐射式航线网络可以将各市场需求融为一体,使航空公司在枢纽机场提供高密度航班服务成为可能,大量分散的市场通过支线飞机汇聚至枢纽,这些旅客在枢纽机场进行重组,换乘下一航班继续旅行。

轴心辐射式航线网络可以给旅客带来更多出行选择。对于旅客而言,可以搭乘该航空公司航班飞往更多的城市,完成更多城市之间的旅行。航班频率的增加也使旅客的出行时间有了更多的选择,同时也可以促进枢纽机场自身的发展。

轴心辐射式航线网络结构也有其不足:首先,对于乘客而言,轴心辐射航线网络使旅客要接受更长的旅行时间,以及中转带来的种种不便;其次,对航空公司而言,航班时刻的安排运力的调配和人力的安排都变得更加复杂,使运营管理成本有所增加;再次,对机场而言,密集航班带来客货流量的高峰极易造成枢纽机场和航路上的拥堵,增加枢纽机场运营压力;最后,由于航班编排紧凑,当一个航班遇到突发事件(如天气原因)导致航班不正常时,会对其他航班造成很大的后续影响。

三、机型的分类

(一)根据飞机的用途划分

根据飞机的用途,可以分为国家航空飞机和民用航空飞机。

国家航空飞机是指军队、警察和海关等使用的飞机。

民用航空飞机是指民用的客机、货机、客货两用机和通用航空。

(二)根据飞机的座位数划分

根据飞机的座位数,可以分为小型机、中型机和大型机。

小型机是指100座以下的飞机。

中型机是指100—200座的飞机。

大型机是指200座以上的飞机。

(三)根据飞机的航程划分

根据飞机的航程,可以分为短程飞机、中程飞机和远程飞机。

短程飞机是指航程在2400千米以下的飞机。

中程飞机是指航程在2400—4800千米的飞机。

远程飞机是指航程在4800千米以上的飞机。

(四)根据飞机的飞行速度划分

根据飞机的飞行速度,可以分为亚音速飞机、超音速飞机。

亚音速飞机是指飞机速度800—1000千米/小时。

超音速飞机是指飞机速度超过音速的飞机,达1224千米/小时以上。

(五)根据飞机的发动机数量划分

根据飞机的发动机数量,可以分为单发飞机、双发飞机、三发飞机、四发飞机。

(六)根据飞机发动机的类型划分

根据飞机发动机的类型,可以分为螺旋桨式飞机和喷气式飞机。

螺旋桨式飞机是指飞机利用螺旋桨的转动将空气向后推动,借其反作用力推动飞机前进。

喷气式飞机是指飞机发动机使空气与燃料混合燃烧后产生大量气体以推动涡轮,然后以高速度将气体排出体外,借其反作用力使飞机前进。

在民航领域,最常见的分类方式是按照飞机客舱的过道数来分类,宽体飞机是有两条过道的飞机,窄体飞机是只有一条过道的飞机。

按照宽体客机和窄体客机分类的主要机型表如表1-3所示。

表1-3 主要机型表

宽体客机	200座以上	B747-8、B777、B787-8、B787-9、B787-10、A330-200、A330-300、A330-900、A330-800、A350
窄体客机	100—200座	B737-700、B737-800、B737-900、B737MAX、A321XLR、A320、A319、C919

四、飞机的座舱布局

飞机客舱内各种舱位的安排以及每种舱位具体设置的座位数目,称为飞机的客舱布局。飞机订购时,飞机制造厂商可以按照航空公司的需求定制客舱布局。经济舱(Economic Class)用字母"Y"表示,头等舱(First Class)用字母"F"表示,公务舱(Business Class)用字母"C"表示。

B737机型,F8Y162座舱布局如图1-11所示。B787机型,C30Y259座舱布局如图1-12所示。

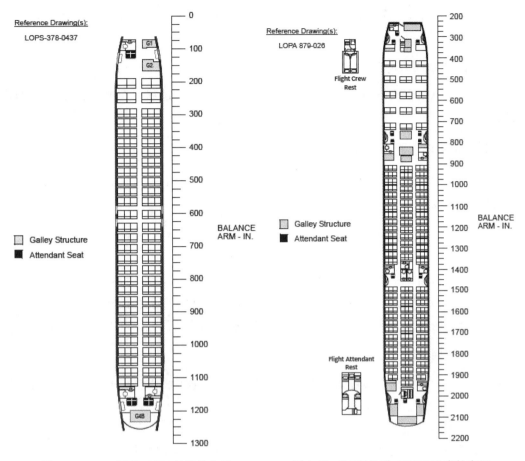

图 1-11　B737机型，F8Y162座舱布局　　　图 1-12　B787机型，C30Y259座舱布局

五、航班和航班号

（一）航班的定义

航班是指以航空器从事乘客、邮件或货物的公共运输的任何定期航班。航班会以班期时刻表的形式编排出来。

航班分去程航班和回程航班。去程航班一般是指飞机从基地站出发的航班；返回基地站的运输飞行为回程航班。

（二）航班号的定义

为便于组织运输生产，每个航班都按照一定的规律编有不同的号码以便区别和管理，这种号码称为航班号。

（三）航班号的编排

1　国内航班

国内航班号使用航空公司二字代码加上4位数字组成。航班号的前两位数字与航空公司的基地位置、目的地位置有关,第3、第4位表示航班序号。第4位数字单数表示去程航班,双数表示回程航班。

2 国际与地区航班

国际与地区航班由航空公司代码加3位数字组成。第1位数字表示航空公司,后两位是航班序号,单数为去程,双数为回程。

(四)民航运输的飞行方式

民航的运输飞行主要有两种形式:定期飞行和不定期飞行。

1 定期飞行

定期飞行是指根据班期时刻表公布的日期、时刻、航线、机型实行飞行、对公众开放销售的收费航班;定期飞行包括正班飞行、补班飞行和加班飞行。

补班飞行是指由于天气等原因,正班飞行取消,第二天或以后加补的飞行。根据临时性的需要,在正班飞行以外增加的飞行叫加班飞行。加班飞行是在正班飞行的航线上,解决航班客货运输拥挤的问题,并对外公布航班时刻的临时飞行,是正班飞行的补充。

2 不定期飞行

不定期飞行的类别主要包括自用包机飞行、学生或学习团体包机飞行、综合旅游包机飞行、社团包机飞行、货物包机飞行、专机飞行等。

包机飞行是指包机单位提出申请,经承运人同意并签订包机合同,包用航空公司的飞机,在固定和非固定的航线上,按约定的起飞时间、航程、载运旅客及货物等的飞行。

专机飞行是指运送我国党政领导人和外国国家元首或重要外宾的包机。

(五)班期时刻表

为了适应航空市场的季节变化,根据往期不同季节的飞行客货数据、客观规律,我国各航空公司的有关业务部门每年制订两次航班计划,并将航线、航班及其班期和时刻汇编成册,称为班期时刻表。班期时刻表是航空运输企业组织日常运输生产的依据,也是航空公司向社会各界和世界各地用户介绍航班飞行情况的一种业务宣传资料。

国内航班的时刻表一年发布两次,分别为冬春季和夏秋季。夏秋季时刻表从每年的3月最后一个星期日到10月最后一个星期六;冬春季时刻从每年的10月最后一个星期日到次年3月最后一个星期六。

班期时刻表一般包括始发城市、始发时间、抵达城市、抵达时间、航班号、班期等,如表1-4所示。

表1-4 班期时刻表

Ⅰ	Ⅱ	Ⅲ	Ⅳ	Ⅴ	Ⅵ	Ⅶ	Ⅷ
班期	离站	到达	航班号	机型	经停	等级	备注
HAIKOU TO BEIJING 海口至北京							
X4,6	0830	1130	HU7871	320	0	FY	23APR

续表

Ⅰ	Ⅱ	Ⅲ	Ⅳ	Ⅴ	Ⅵ	Ⅶ	Ⅷ
1234567	1010	1310	CA4679	738	1	FY	—
246	1740	2020	FM5380	788	0	FCYK	20MAR-25JUL

以下对表1-4中的信息进行说明。

Ⅰ/班期：指航班每周执行的情况。"X4,6"表示除了周四、周六以外每天都有航班；"1234567"表示每周天天有航班，也可以用"DAILY"或"DLY"表示；"246"表示每周周二、周四、周六有航班。

Ⅱ/离站：指航班的离站时间。航班离站时间为当地时间。国内航班时间采用24小时制，用4位数字表示。离站时间定为航班关闭舱门时间，航班按时刻表规定离站时间关闭舱门，称为航班准点起飞。

Ⅲ/到达：到达是指航班到达时间。航班到达时间为预计到达目的地机场的当地时间。

Ⅳ/航班号：本次航班的编号。

Ⅴ/机型：执行该航班的飞机机型代号。我国常用的机型代号如表1-5所示。

表1-5 我国常用的机型代号

代号	机型
319	空中客车A319
320	空中客车A320
321	空中客车A321
340	空中客车A340
343	空中客车A340-300
332	空中客车A330-200
333	空中客车A330-300
359	空中客车A350-900
732	波音737-200
733	波音737-300
734	波音737-400
735	波音737-500
736	波音737-600
737	波音737-700
738	波音737-800
747	波音747全系列
757	波音757全系列
763	波音767-300
767	波音767-200

续表

代号	机型
788	波音787-8
789	波音787-9

Ⅵ/经停:指航班飞行计划中该航班的停站次数。"0"表示没有经停站;"1"表示有一个经停站。

Ⅶ/舱位等级:"F"表示头等舱(First Class);"C"表示公务舱(Business Class);"Y"表示经济舱(Economy Class);"K"表示经济舱的折扣舱位。

Ⅷ/备注:23APR→表示该航班从4月23日开始执行;20MAR→25JUL表示该航班从3月20日开始执行至7月25日结束。

表1-6所示为月份缩写表。

表1-6 月份缩写表

1月	Jan.	7月	Jul.
2月	Feb.	8月	Aug.
3月	Mar.	9月	Sept.
4月	Apr.	10月	Oct.
5月	May.	11月	Nov.
6月	Jun.	12月	Dec.

六、航空器国籍和登记标志的编号

飞机投入营运前,每架飞机都要进行注册登记,向所在国民航管理机构注册所获发编号。飞机的注册编号由字母和数字构成,第1位或第2位字母表示飞机的国别,即国籍标志。

我国飞机使用"B"作为注册号首字母,美国的飞机使用字母"N"。世界上每个国家的民用航空器都有国籍标志,并要取得国际民航组织的认同。中国是国际民航组织的成员国,根据国际规定,凡是中国民航飞机,机身都必须涂有"B"标志和编号(见图1-13),以便在无线电联系、导航空中交通管制、通信通话中使用,尤其是在遇险失事情况下呼叫,以利于识别。

图1-13 飞机注册号

项目小结

本项目主要介绍了民用航空器的定义、分类、特点,航空组织与航空联盟概况、中国民航管理体系,机场、航线的定义及分类,机型的分类,以及航班号的构成。在掌握以上内容的同时,同学们还需要了解民航发展史与民航发展现状。

项目训练

一、选择题

1. 海南属于( )。
   A. 东北管理局　　　B. 华东管理局　　　C. 华北管理局　　　D. 中南管理局

2. 北京属于( )。
   A. 东北管理局　　　B. 华东管理局　　　C. 华北管理局　　　D. 中南管理局

3. 下列属于天合联盟成员的是( )。
   A. 中国南方航空　　B. 中国国际航空　　C. 中国东方航空　　D. 深圳航空

4. 下图中,航班时刻表上的计划起飞时间是( )。

   A. 北京时间　　　　B. UTC 时间　　　　C. 当地时间　　　　D. 夏令时

5. 航班时刻表上的 Apr. 表示( )。
   A. 1月　　　　　　 B. 3月　　　　　　 C. 12月　　　　　　D. 4月

6. 航班时刻表上的 Sep. 表示( )。
   A. 2月　　　　　　 B. 9月　　　　　　 C. 10月　　　　　　D. 5月

7. 航班时刻表上的 Jan. 表示( )。
   A. 6月　　　　　　 B. 9月　　　　　　 C. 1月　　　　　　 D. 5月

8. 航班时刻表上的 Jul. 表示( )。
   A. 7月　　　　　　 B. 8月　　　　　　 C. 6月　　　　　　 D. 11月

9. 航班时刻表上的 Nov. 表示( )。
   A. 3月　　　　　　 B. 8月　　　　　　 C. 12月　　　　　　D. 11月

10. F8Y156 的座舱布局表示的是( )。

A. 公务舱座位8个,经济舱座位156个

B. 头等舱座位8个,经济舱座位156个

C. 乘务员座位8个,经济舱座位156个

D. 头等舱座位8个,站票156个

11. 机型代码332表示(　　)。

A. 波音公司737-800客机

B. 空中客车公司A330-200

C. 波音公司767-200/300客机

D. 空中客车公司A330-300

二、简答题

1. 三大航空联盟指的是哪三个组织?

2. 航线的定义是什么?

3. 国内航班号的编排方式是什么?

4. 什么是非定期航班,能举些例子吗?

三、案例分析题

根据下面南京到广州的航班时刻表,回答以下问题。

南京到广州的航班时刻表

班期	离站	到达	航班号	机型	等级	备注
DAILY	0930	1040	FM9378	767	FCY	—
147	1325	1550	MU5310	320	FY	—
X24	1950	2055	CZ3570	320	FCY	—
35	2045	2250	HU7814	737	Y	Or 321
DAILY	0740	0950	MU5355	320	FY	01DEC→
X1	1330	1540	CZ3504	320	FCY	—

(1) 列出只提供经济舱的航班号。

(2) 列出周四飞行的航班号。

(3) 列出24OCT周二飞行的航班号。

(4) 为旅客找出10月8日星期五最早到达的航班号。

(5) 写出DAILY和X1表示的含义。

项目二　国内旅客运价知识

项目目标

○ **职业知识目标**

1. 了解民航国内旅客运价的发展历史。
2. 掌握国内航空公司价格成本的构成。
3. 掌握国内旅客运价的分类和特点。

○ **职业能力目标**

1. 能够区分国内旅客运价的类别和特点。
2. 能够根据规则计算国内旅客机票价格。

○ **职业素质目标**

1. 学习民航国内旅客运价的发展与改革历程,树立行业自信。
2. 学习航空公司客规,培养严谨细致的工作作风。

知识框架

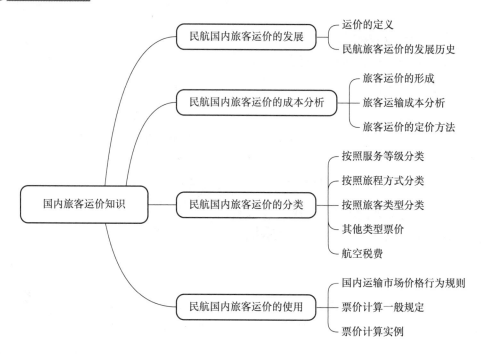

项目引入

近日,记者在多家订票平台上搜索发现,相较"五一"假期,2023年端午节平均机票价格有所下降。以6月21日武汉出发为例:武汉至三亚有3.8折机票,票价最低830元,相比"五一"最低1360元的机票也低了不少。武汉至厦门机票折扣为5折,票价最低590元,而"五一"期间机票票价最低仅977元。武汉飞九寨沟转机成都的航班价格为1200元,而"五一"期间该目的地机票最高达到了4020元。

不仅是武汉,全国范围内,端午期间的票价明显比"五一"假期更便宜。去哪儿数据显示,目前国内端午假期平均机票价格较"五一"假期下降了两成。此外,自6月5日起,国内航空公司燃油附加费迎来年内第三次下调,调整后的标准为:成人旅客,800千米(含)以下航段每位旅客收取20元,800千米以上航段每位旅客收取30元。算上机场建设费,800千米以上的远程航线附加成本为80元。

业内人士分析,2023年以来,旅游业持续复苏向好,而从2023年起,国内机票燃油附加费已连续多次下调,这将为用户出行节省部分成本,也为处于复苏期的国内旅游业带来新利好。随着机票支出更便宜,一定程度上能进一步刺激端午假期的出行需求。

思考:

国内航空公司销售的机票价格是依据什么来制定的?影响机票价格的因素有哪些呢?

任务一　民航国内旅客运价的发展

一、运价的定义

民航运价是指民航运输产品的价格,即民航运输的对象产生空间位移的价格。它是一个广义的概念,包括旅客运价、货物运价、行李运价、邮件运价、包机运价等。

民航旅客运价是指单位旅客由始发机场至目的地机场的航空运输价格,不包括机场与市区之间的地面运输费用,也不包括民航发展基金和燃油附加费。它是民航运输劳务价值的货币表现,通过旅客购买机票的价格体现出来,也可称为客票价。

二、民航旅客运价的发展历史

微课

民航运价的发展

(一)初始发展阶段

航空国内运价的制定主要是依据航空运输的成本、航空运输市场的客货运输量的流向、国际上的汇率变化,以及国家政治、经济发展的需求等诸多因素综合平衡后来确定的。

中国民航自1950年以来,航空运输价格进行过多次调整,既有调升,也有调降。其演变受到国家政治、经济的调控,也经历行业自身发展、生存的冲击。1949年中华人民共和国成立以来,航空的客货运价由国家民用航空主管部门等有关部门统一制定管理,由国务

院审批后公布,各地民航单位严格遵照执行。随着民航事业的发展、民航体制的变化、运输机型更新和航空运输成本变化等原因,航空运价进行了多次调整。

1950年8月1日,国内定期航班正式开航。我国最早的一条国内航线天津—(北京)—汉口—广州通航,航线距离为1810千米,旅客票价为388元,每客公里为0.214元。

旅客票价一般依据两个原则制定:一是根据原始积累的运价资料,参考当时的水陆交通运输以及各地的经济状况确定旅客运价,如汉口—重庆;二是政府按照每客公里的成本核算,并参考当时的水陆交通运输状况确定旅客票价,每客公里0.24元。

(二)改革调整阶段

20世纪90年代,随着国家经济体制的改革,中国民航也开展了一系列的运价体系改革,逐渐实现了由政府定价向政府指导定价的转变,逐渐放松对民航运价的管制,有力地促进了民航市场化改革的推进和行业的健康发展。

1990年3月,依据人民币汇率调整的情况,中国民用航空总局和国家物价局决定,适当提高民航国内航线公布票价。外籍旅客(包括外籍华人)乘坐民航国内航班的票价,平均每客公里由人民币0.28元提高为0.32元;货、邮、行李运价相应提高。华侨、港澳台同胞乘坐民航国内航班的票价,与外国旅客相同。国内旅客票价一律不变。71条主要旅游航线,平均每客公里仍为0.28元,其他航线平均每客公里仍为0.2元。

1994年7月,中国民用航空总局根据国内航空运输企业的经营成本和客运市场情况,调整国内航线的折扣票价,超重行李、货物运价相应调整,各航空公司可视本公司承运航班的客座情况,下浮20%作为最低保护价,制定各种优惠票价。各航空公司在下浮票价执行前的10天,必须报中国民用航空总局监审。航空货运的价格由承运的航空公司自定,下浮幅度不限。1994年底,中国民用航空总局决定,1995年春运期间从各地往返部分沿海城市,即广州、深圳、汕头、湛江、北海、三亚、海口、厦门、福州、温州、杭州、宁波和上海等13个城市,票价在折扣票价上可上浮20%,但对现役军人在此期间乘坐飞机不再上浮20%。

1995年3月,为缩小国内航线公布运价与国际航空运价的差距,中国民用航空总局和国家计划委员会,经国务院批准,从是年7月1日起调整国内航线公布票价,即平均提高20%,对个别短程热线可以适当多调,逾重行李、货物运价相应调整。同时明确规定:航空公司的公布票价,由国家计划委员会会同中国民用航空总局管理,折扣票价由中国民用航空总局管理,向国家计划委员会和省级价格主管部门备案。

1996年3月,《中国民用航空旅客、行李国内运输规则》修订后正式实施,依此,中国民用航空总局对逾重行李费率进行调整;同年7月1日,取消国内航线折扣票价,但海南、云南、新疆和陕西四省区内的国内航线折扣票价可由运营的航空公司在公布票价基础上自行决定,报中国民用航空总局备案;同月18日,调整国内部分航线折扣票价,逾重行李、货物运价相应调整。调整后的折扣票价为统一票价,各航空公司不得擅自调高或降低,货物运价取消下浮不限的政策,改为最低可下浮30%。所公布的国内航线折扣票价是成人正常普通舱(Y)票价,头等舱(F)、公务舱(C)票价分别按普通舱票价的150%、130%计算。婴儿(未满2周岁)、儿童(未满12周岁)、革命伤残军人票价分别按照适用成人正常舱位票价的10%、50%、80%计算。鉴于部分航线季节性、单向性明显,各航空公司根据航线市场情况可在15%幅度内制定10人以上团体优惠票价,寒暑假期间可在35%幅度以内制定教师学生优惠票价。同年,中国民用航空总局和地区民航管理局建立运价监督检查制度,设立运价监督检查员。

1997年,中国民用航空总局进行运价改革,将折扣价与公布价并轨并加以理顺,制定了境内购票运价和境外购票运价,并在此基础上提出建立多等级舱位和相应运价的方案。同年7月1日,根据购票人的身份,分为国内和国外两套不同票价,YA价适用于国外旅客,YB价适用于国内旅客。7月1日之后,根据出票地的不同,分为境内购票和境外购票两套不同票价,YA价适用于在境外购买,YB价适用于在境内购买。同年,中国各航空公司在国内航线上试行多等级舱位管理和特种票价,形成了多舱位布局,实行票价幅度管理。

20世纪90年代中期,航空运力供大于求,航空运输市场竞争激烈,机票销售出现了违反国家公布的运价标准,降价竞销的现象。有的票价低于国家定价的30%—40%,有的甚至降至50%以下。如1998年,按公布的票价,一张海口—北京的成人普通客票为1800元,有的售票点降至900元,有的甚至更低。一张海口—广州的客票,公布价为550元,最低降至140元。价格战导致1998年中国民用航空运输全行业亏损。为此,国家发展计划委员会、中国民用航空总局颁布《关于加强民航国内航线票价管理,制止低价竞销行为的通知》,要求各航空公司销售国内航线客票,除国家特殊规定外,都必须按《国内航段旅客票价、逾重行李运费表》中公布的价格销售。同时,中国民用航空总局推广厦门航空公司和其他航空公司开展航线联营的经验,决定在多家经营的国内航线上实行联营,形成企业自律机制,减少内耗,降低成本,维护经营国内航线航空公司的共同利益,促进行业的健康发展。

2000年4月起,中国民用航空总局组织航空公司先选择客运量大的108条国内航线,协商签订联营协议。2002年3月,22家航空公司在长沙续签第五次联营协议,联营航线增至113条。113条联营航线约占国内航线数的11.2%,旅客运输约占国内旅客运输量的50%,航班约占42%,投入座位数约占53%,收入约占48%,涉及34个通航城市、22个航空公司。中国实行航线联营政策[①]后,市场形势比较平稳。所谓航线联营,就是将同飞一条航线的航空公司联合起来,签订收入联营协议,按照中国民用航空总局统一公布的票价售票,然后再按各参运公司投入的座位数和机型,确定其收入比例。通过联营各方共同限制运力无效投入,减少成本支出,稳定市场价格,增加航线收益。

2002年11月,中国民用航空总局宣布,决定不再实行航线联营,同时取消联营航线的结算及清算,改为按照现行国内航线票证结算规则及程序执行。取消联营是中国民用航空总局鉴于三大航空运输集团公司(2002年10月成立的中国航空集团有限公司、中国东方航空集团有限公司和中国南方航空集团有限公司)已经成立,并与中国民用航空总局脱钩,市场秩序经过以中国民用航空总局牵头的中国国家五部委的联合治理,混乱局面已初步得到遏制,中国民用航空总局由管理职能过渡到监管职能。

(三)深化改革阶段

2004年3月,《民航国内航空运输价格改革方案》(以下简称《方案》)经国务院批准公布实行,明确提出"民航运价改革是体制改革的重要内容之一,必须与体制改革同步进行,以适应航空运输市场发展的需要。"《方案》首次确立了民航价格体制改革的大方向,正式开启了航空票价市场化改革大幕。

《方案》指导思想:从我国国情出发,在总结、借鉴国内外民航价格改革经验教训的基础上,积极稳妥地推进民航价格体制改革,逐步建立适应社会主义市场经济体制和民航体制要求的民航客货运输价格形成机制。

《方案》基本原则如下。

(1) 在政府宏观调控下,逐步扩大民航运输企业定价自主权,通过合理价格竞争,优化资源配置。

(2) 建立通过市场竞争形成价格的机制,鼓励航空运输企业降低成本,拓展航空运输市场。

(3) 规范企业经营行为,提高民航价格透明度,保护消费者合法权益。

(4) 加强政府对价格活动的监督和调控,维护正常的价格秩序。

(5) 适应现阶段经济发展水平,根据民航体制和企业制度改革进展情况,积极稳妥,分步推进价格形成机制改革。

民航价格体制改革有了突破性的进展。《方案》规定,国内航空运价以政府指导价为主,政府价格主管部门由核定航线具体票价的直接管理改为对航空运输基准价和浮动幅度的间接管理。国内航空旅客运输票价以现行航空运输企业在境内销售执行的各航线公布票价为基准价(平均每客公里0.75元),票价上浮幅度最高不得超过基准价的25%,下浮幅度最大不得超过基准价的45%。

2010年4月,民航局和国家发展改革委联合下发《关于民航国内航线头等舱、公务舱票价有关问题的通知》。其中提到,自2010年6月1日起,民航国内航线头等舱、公务舱票价实行市场调节价,具体价格由各运输航空公司自行确定。

自2004年确立民航价格体制改革大方向以来,直至2010年,票价市场化再次向前推进。票价市场化不仅仅是自上而下制定的改革目标,更重要的是日益凸显的供需矛盾提供了强烈的内生需求。2010年,中国航空业客座率首次升至80%以上,国内航线客座率更突破81%。

2013年,民航局、国家发改委在发布《关于完善民航国内航空旅客运输价格政策有关问题的通知》中明确要求,对旅客运输票价实行政府指导价的国内航线,均取消票价下浮幅度限制,航空公司可以基准价为基础,在上浮不超过25%、下浮不限的浮动范围内自主确定票价水平。对部分与地面主要交通运输方式形成竞争,且由两家(含)以上航空公司共同经营的国内航线,旅客运输票价由实行政府指导价改为市场调节价。

2016年,民航局、国家发改委出台《关于深化民航国内航空旅客运输票价改革有关问题的通知》,将市场调价航线的范围进一步扩大,规定"800公里以下航线、800公里以上与高铁动车组列车形成竞争航线旅客运输票价交由航空公司依法自主制定。"同时还要求"航空公司上调市场调节价航线无折扣的公布票价,原则上每航季不得超过10条航线,每条航线每航季票价上调幅度累计不得超过10%。上述航季分为夏秋航季和冬春航季。"

2017年,民航局、国家发改委下发《关于进一步推进民航国内航空旅客运输价格改革有关问题的通知》,将可进行市场调价的范围规定为:5家以上(含5家)航空运输企业参与运营的国内航线;每家航空运输企业每航季上调实行市场调节价的经济舱旅客无折扣公布运价的航线条数,原则上不得超过本企业上航季运营实行市场调节价航线总数的15%(不足10条航线的最多可以调整10条);每条航线每航季无折扣公布运价上调幅度累计不得超过10%。

2020年11月,民航局关于国内航线运输价格改革政策调整是在2017年的基础上扩大了市场调价航线范围,要求"3家以上(含3家)航空运输企业参与运营的国内航线,国内运价实行市场调节价。"至于国内运价的调整范围、频次和幅度,与2017年保持一致。

目前,国内不少航线由3家及以上航空公司共同运营,实行市场调节价的航线共计1698条,基本覆盖干线市场,此次运价改革意味着航空公司将掌握更大定价话语权。未来随着市场化程度的加深,企业之间的竞争也会加剧,热点旅游和商务航线的价格可能上涨,其他航线可能下降,市场调节票价的效果更加明显。改革赋予了航空企业更大的自主权,能够帮助企业增强经营活力,扩大市场空间,而对于公众而言,由于实行浮动运价以及低成本航空公司存在,许多旅客是以低于平均运价水平购买机票的,也意味着航空运输更加大众化。

■ 知识链接

中国民用航空局 国家发展和改革委员会关于进一步深化民航国内航线运输价格改革有关问题的通知

民航函[2020]887号

民航各地区管理局,各省(自治区、直辖市)发展改革委,各运输航空公司:

为贯彻落实党中央、国务院决策部署,扎实做好"六稳"工作,全面落实"六保"任务,有效扩大国内航空运输市场需求,按照《中共中央 国务院关于推进价格机制改革的若干意见》(中发[2015]28号)有关要求,进一步深化民航国内航线运输价格(以下简称国内运价)市场化改革,扩大市场调节价航线范围。现就有关事项通知如下:

一、3家以上(含3家)航空运输企业参与运营的国内航线,国内运价实行市场调节价,由航空运输企业依法自主制定。新增的3家以上(含3家)共飞航线目录附后。

二、航空运输企业应按照《民用航空国内运输市场价格行为规则》的有关规定,合理确定实行市场调节价的国内运价的调整范围、频次和幅度,确保航空运输市场平稳运行。

三、航空运输企业和销售代理企业应严格遵守《价格法》《民用航空法》的有关规定,及时、准确、全面地向社会公布实际执行的各种运价种类、水平和适用条件,并同时通过航空价格信息系统抄报中国民用航空局。

四、民用航空主管部门要进一步加强对国内运价的监督,将价格违法违规行为记入信用记录,并依据《民航行业信用管理办法(试行)》实施惩戒。

本通知自2020年12月1日起实行。

中国民用航空局 国家发展和改革委员会
2020年11月23日

资料来源:https://www.gov.cn/zhengce/zhengceku/2020-11/28/content_5565610.htm

■ **行业资讯**

2023年6月4日,多家航空公司宣布,自6月5日(出票日期)起,国内航班燃油附加费征收标准迎来2023年第三次下调,征收标准如下。

成人旅客:800公里(含)以下航线每位旅客收取20元燃油附加费,800公里以上航线每位旅客收取30元燃油附加费。相较于调整前分别降低了10元和30元。

婴儿旅客免收:儿童、革命伤残军人、因公致残人民警察按实际收费标准减半收取,即航线距离800公里(含)以下每航段收费标准为10元/人,航线距离800公里以上每航段收费标准为10元/人。

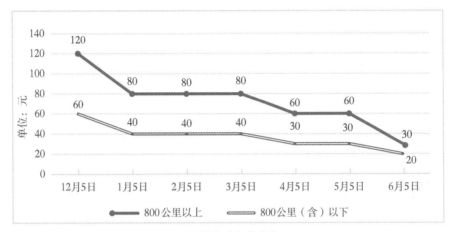

机票燃油附加费变化

■ **行动指南**

1. 请同学们上网查找资料,国内各大航空公司的运价体系是怎样的?
2. 请同学们根据所收集的资料,汇总分析并撰写分析报告。

任务二 民航国内旅客运价的成本分析

一、旅客运价的形成

价格形成是价格在一定社会条件下按一定的规律和方式确定。价格形成的一般基础是商品价值,它决定商品价格基础的高低。

民航旅客运输的核心产品是旅客的位移,它的价值要素有两部分:一部分是所消耗的原料、能源、设备折旧以及劳动力费用等,即生产成本;另一部分则是劳动者为社会所创造的价值,即利润。这两部分加起来就构成了民航旅客运输的价值基础。因此,旅客运价等于旅客运输过程中产生的民航运输企业的成本加上民航运输企业的利润。

价格还受到商品的供求状况的直接影响。虽然供给与需求的关系并非价格的决定因素,但供求关系的确会对商品价格产生重要影响。当供给大于需求时,商品价格会下降;当供给小于需求时,商品价格会上涨。因此,民航运输企业会参考航线产品的供求状况来确定机票的市场价格。

除此以外,还要考虑商品的竞争状况。生产经营者根据商品的生产成本、利润和市场供求状况拟定的价格,只是自己主观的价格,现实的市场价格必须通过市场竞争才能形成。竞争者的多少和强弱,都会对商品价格产生重要影响。例如,某航空公司是依据自己的利益来制定某航线旅客运价的,但同一航线的竞争对手则会根据自身的利益对这种价格作出反应,从而采取相应的价格决策。同时,消费者也会对价格作出反应,并采取相应的行为对策。因此,民航运输企业在制定旅客运价时,还需要考虑当时的市场竞争环境和条件。

二、旅客运输成本分析

相比其他运输行业,航空运输有着更快的运输速度,而且不受地形的影响,但同时航空运输的载运量较少,费用较高,运输成本相对高。

民航运输企业的成本是指民用航空企业为完成运输生产任务而支出的各项费用,费用构成项目繁多复杂,一般可分为直接运营成本和间接运营成本两部分。直接运营成本和间接运营成本构成了企业的总运营成本。

(一)直接运营成本

直接运营成本是指与飞机飞行直接相关的费用,主要包括燃油费、飞机的引进与折旧费用、空勤人员薪酬、机场起降费、餐食及机上供应品费用、地面服务费、飞机保险费等直接费用。

1 燃油费

燃油成本是航空公司主要的运营成本之一,国内大型航空公司燃油成本能够占到成本结构的25%—30%。国际油价水平大幅波动对燃油价格水平和航空公司的燃油附加费收入产生较大影响,进而影响航空公司经营业绩。

2 飞机的引进与折旧费用

飞机的引进与折旧费用主要包括航材消耗件摊销、高价周转件摊销、飞机发动机折旧、飞机发动机大修理的分摊,这也是国内航空公司的成本核算占据比例较高的项目。

微课

廉价航空成本

3 空勤人员薪酬

空勤人员薪酬主要包括飞行员、乘务员、机务等相关人员的工资以及福利成本。

4 机场起降费

机场起降费是指飞机在机场起落时机场企业所收取的起降服务费用。

5 餐食及机上供应品费用

餐食及机上供应品费用包括飞机上餐食、饮料、报纸等机供品的费用。

6 地面服务费

地面服务费是指航空公司委托机场或者第三方为过站或进出港飞机提供地面服务而收取的费用。

7 飞机保险费

飞机保险费是指航空公司向保险公司投保航空险,包括机身险、战争险、法定责任险、第三者责任险等产生的费用。

(二)间接运营成本

间接运营成本是指与飞机飞行无直接关系的费用,主要包括航空公司的管理费用、财务费用、营销宣传费、办公室租赁费、人员培训费、差旅费等。

1 管理费用

管理费用涉及的范围比较广泛,为保证航空公司正常运行的所涉及的所有费用都可以归到这一费用中来,例如管理人员的工资和福利费用、制服费、工会费、水电费、办公费、会议费等。

2 财务费用

财务费用主要指航空公司与银行或航空公司进行飞机融资租赁时产生的利息费用。

3 营销宣传费

营销宣传费指航空公司为推广产品、扩大销售所做的各种广告、营销手段而产生的费用。

4 办公室租赁费

办公室租赁费指航空公司在各地租赁办公场所而产生的费用。

5 人员培训费

人员培训费指航空公司员工进行业务培训、学习、交流而产生的各项费用。

6 差旅费

差旅费指航空公司员工到外地出差而产生的食宿、交通、补贴等费用。

国内某航空公司成本费用统计如表2-1所示。国内某航空公司2021年营业成本结构如图2-1所示。

表2-1 国内某航空公司成本费用统计　　　　　　　　　　单位:万元

年份	2017	2018	2019	2020	2021
航油成本	31895	42922	42814	18797	25505
职工薪酬	17878	19089	21284	18557	20267
折旧与摊销	12575	13582	23477	23282	22848
起降服务费	149 10	159 80	17658	10857	11705

续表

年份	2017	2018	2019	2020	2021
飞机维护及修理	7792	8332	8565	10286	8928
租赁费	8022	8726	1412	977	920
餐食供品费	3379	3734	3975	1765	1577
民航发展基金	—	—	—	—	1059
其他成本	13903	14686	14721	8594	9154
其他业务成本	1333	1562	1762	1788	2266
合计	111687	128613	135668	94903	104229

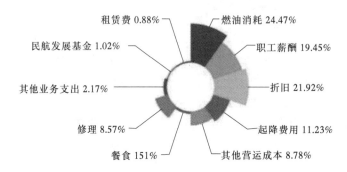

图 2-1　国内某航空公司 2021 年营业成本结构

■ **行业资讯**

数据统计显示，2023 年上半年，国航、东航、南航的飞机餐成本分别为 11.67 亿元、12.8 亿元、10.49 亿元。

2023 年上半年，餐食机供品费用为 10.5 亿元，占 719 亿元总成本的 1.46%；2022 年，航班营运开支为 512.4 亿元，其中航空配餐费用为 13.3 亿元，占比 2.6%；2021 年，南航航班营运开支 455.7 亿元，其中航空配餐费用为 15.7 亿元，占比 3.45%。

同时，三大航南航、东航和国航，2023 年上半年的旅客运输量，分别为 6499.56 万人次、5194.58 万人次和 5554 万人次。

三、旅客运价的定价方法

（一）成本导向定价法

以营销产品的成本为主要依据制定价格的方法统称为成本导向定价法。这是最简单、应用相当广泛的一种定价方法，是制定民航旅客运价最基本的方法。

1　运输成本

旅客运价以旅客运输价值作为基础，由旅客运输成本和利润来构成，运输成本是制定运价的主要依据。企业要想获得利润，就必须保证运价不低于成本。企业将总运营成本分摊到每一位旅客,得出单位成本,在单位成本的基础上加成一定的利润,从而制定出合理的销售价格。

成本加成定价法计算公式为:

$$P = c \times (1+r)$$

这里的 P 是指单价,c 指单位总成本,r 指加成率。

2 利润

利润又可以分为上交国家的税金和企业获得的利润。从理论上来说,它们的性质是一样的,都是劳动者为社会所创造的价值。只是两者的使用范围不同,税金按照国家政策进行收取,由国家职能部门进行分配,企业利润为保证企业正常生存和发展,由企业自行支配。制定旅客运价时,要兼顾国家、企业、旅客三者的平衡,既要保证国家合理的税金收入和企业发展所需要的盈利,又要保证旅客的利益不受侵害。

(二) 需求导向定价法

需求导向定价法是指根据市场需求状况和消费者对产品的感觉差异来确定价格的定价方法。需求导向定价法通常是一种较理想的定价方式,但了解消费者对产品价值的感觉差异要比估计产品的生产成本更为困难和抽象,一般来说,可以通过人员访谈或问卷调查的方式来获取参考信息。大多数情况下,需要依据市场需求状况来确定运价。

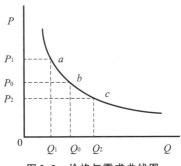

图 2-2 价格与需求曲线图

根据经济学原理,价格与需求的关系曲线如图 2-2 所示。其中,P 是指价格,Q 指需求量。

在这里,航空公司收入等于价格(P)×需求量(Q),当市场需求量较低时,航空公司降低票价,收入为 a,即 $P_1 \times Q_1$。这种情况下,单一低价导致一部分能负担高价的旅客也买了低价票,虽然低价刺激市场需求量增加,但是航空公司总收入较低。当市场需求量较高时,航空公司提高票价,收入为 c,即 $P_2 \times Q_2$。这种情况下,单一高价则导致一部分负担能力较差的旅客买不起机票,从而需求量下降,虽然单价增长,但是航空公司总收入仍较低。

另外,航空运输市场也充满了各种变动因素,同一航线不同的机型、不同的地区、不同的季节、不同旅行目的的旅客对航空运输的需求也不尽相同。航空公司在制定运价时,需要考虑这些需求因素,灵活应对。不同的航线优惠的幅度也可能会大相径庭,通常班次比较多的航线优惠的幅度会大一些。再就是季节因素,不同的季节价格差异较大,比如春节期间各航线的价格都比较高。目前,国内航空公司大都采用多等级票价制度,以便不同旅行目的、不同时间、不同支付能力的旅客都能选择适合自己的机票价格,从而实现企业收益最大化。

(三) 竞争导向定价法

竞争导向定价法是企业通过研究竞争对手的生产条件、服务状况、价格水平等因素,依据自身的竞争实力,参考成本和供求状况来确定商品价格,以市场上竞争者的类似产品的价格作为该企业产品定价的参照系的一种定价方法。

从市场结构来看,航空公司面临两种竞争力量:一是航空内部集团的竞争;二是民航与铁路、公路、水路的外部集团的竞争。

在航空运输市场上,航空公司之间的竞争非常激烈。每个航空公司都高度关注竞争对手的价格策略,为了吸引更多的乘客,航空公司通常会推出折扣机票和促销活动。当市场上的航空公司数量增加时,机票价格通常会下降。相反,当市场上的航空公司数量减少时,机票价格则会上涨。但是只用让利的手段去竞争,将会造成企业的亏损。因此,航空公司制定运价时,不能盲目打价格战,应该更注重非价格竞争,如提高产品差异化程度、实行服务差异化、市场定位差异化等,这样才能走上良性发展的道路。

航空运输与地面运输尤其是高铁运输存在竞争关系,在短途航线上,这种情况尤为突出。与民航相比,高铁票价相对便宜、换乘便利、舒适度高、旅客活动自由度较大,且节约了往返机场、办理乘机手续的时间,在短途出行上高铁往往具备更大优势。因此,航空公司在制定运价时,需要参考同段高铁票价,适时推出低价产品。同时,还要注重发挥自身优势,优化航线布局,提高运行效率和服务质量,增强产品的核心竞争力。

■ 知识链接

2024年春节机票平均价格较2020年增10%

去哪儿平台上,2024年春节期间机票平均支付价格超过1000元,较2020年增长10%。去哪儿大数据研究院推测,假期前两日(腊月二十八、二十九)出发的火车票开售后,航空公司会视销售情况放出折扣舱位,旅客可在此时关注机票价格,确定出行方式。

报告还提到,在去哪儿平台上,有三成以上的学生放假不回家先出游,其中,来自上海、广州、哈尔滨、杭州、长沙的学生预订量位列前五。

从价格来看,春运前机票价格相对较低。去哪儿数据显示,1月25日前出发的机票、酒店价格相较25日之后的低25%,学生错峰出行更具性价比。1月5日至25日机票平均支付价格为610元,北京—南京、上海—泉州、西安—杭州、成都—南宁、武汉—广州等航线均有200元(裸票价格)左右的机票在售。

报告显示,避开"南北互换"的客流更具性价比。在去哪儿平台上,寒假出游的学生,热门目的地是成都、北京、重庆、上海、广州、杭州、南京、长沙、西安、武汉。飞往这些"不南不北"的城市,机票平均支付价格较北方的哈尔滨、南方的三亚、海口、西双版纳低了三成以上。

资料来源:https://baijiahao.baidu.com/s?id=17883409105943382059&wfr=spider&for=pc

■ 知识链接

"五一"后机票价格下降

"五一"假期过后,出行热潮已经逐渐消退,航班管家App的数据显示,"五一"后国内外机票价格普遍下降。其中,国内机票经济舱平均票价下降了35%,国际/港澳台机票价格也下降了18%,票价降幅明显。

航班管家App还显示,近日国内热门城市之间往返有大量特价机票,比如北京—武汉低至0.8折250元,北京—海口低至0.6折280元,上海—三亚低至0.4折149元,青岛—海口低至1.3折290元。这些低至0.4折至1.3折的超值机票,使出行成本有所降低。

根据航班管家App此前发布的"五一"航班数据,2024年"五一"出行热度显著,国民出行欲望积极,境内和境外的机票价格对比2023年都有不同程度变化。2024年"五一"机票价格同比下降两成,国际票价超2019年同期38%。国内票价方面,2024年"五一"期间(经济舱)机票均价712元,同比2023年"五一"假期下降20%,同比2019年"五一"假期增长4%,环比2024年清明增长24%。国内目的地方面,2024"五一"假期国内热门的目的地Top 10分别是:成都、北京、重庆、深圳、广州、上海、杭州、西安、长沙、昆明;热门的航线Top 3分别是:上海—深圳、北京—成都、广州—杭州。

国际机票方面,2024年"五一"期间国际(经济舱)机票均价2170元,同比2023年"五一"下降20%,同比2019年"五一"上涨38%,环比2024年清明上涨27%。

"五一"假期后的机票价格下降,对于那些喜好错峰出行的人来说,是一个极好的契机,不仅能够最大限度避开人流量高峰,还能够节约出行成本,享受更多出行便利。

资料来源:https://www.sohu.com/a/779504293_120438869

■ **行动指南**

1.请同学们查询你感兴趣的航线价格,对比不同航空公司之间的价格差异。
2.你认为影响旅客运价变化的因素有哪些呢?

任务三　民航国内旅客运价的分类

国内旅客运价即客票价,是指承运人使用民用航空器将旅客由出发地机场运送至目的地机场的航空运输服务的价格,不包含按照国家规定收取的税费。国内旅客运价是民航运输劳务价值的货币表现,通过旅客购买机票所支付的价格体现出来。

国内旅客运价按照服务等级、旅程方式、旅客类型、出票时间、地点等具体情形,可以划分为不同的票价种类。

一、按照服务等级分类

服务等级票价是指按照为旅客提供服务的等级不同收取不同的票价。国内航线的客运价一般分为三个服务等级票价:头等舱票价(F)、公务舱票价(C)、经济舱票价(Y)。

(一)头等舱票价(F)

空运企业在有头等舱布局的飞机飞行的国内航班上向旅客提供头等舱座位,舱位代码为F(First Class)。头等舱的座位较公务舱座位宽而舒适,向旅客免费提供的餐食,并且地面膳宿标准高于公务舱,每位旅客免费交运行李的限额为40公斤。

(二)公务舱票价(C)

空运企业在有公务舱布局的飞机飞行的国内航班上向旅客提供公务舱座位,舱位代码为C(Business Class)。公务舱座位较头等舱窄,但比经济舱宽,餐食及地面膳宿标准低于头等舱,高于经济舱,每位旅客免费交运行李限额为30公斤。

(三)经济舱票价(Y)

空运企业在有经济舱布局的飞机飞行的国内航班上向旅客提供经济舱座位,舱位代码为Y(Economy Class)。经济舱座位比较紧凑,价格也比较便宜。每位旅客免费交运的行李限额为20公斤。

经济舱里面又分为不同的座位等级,舱位代码为B、K、H、L、M、Q、X、E不等,这种代码每个航空公司的标识都不相同,价格也不一样,折扣舱依次往下排列,这些价格虽然都属于经济舱,但是低舱位的价格享受的服务和高舱位的不完全一样,如里程累积、退改签的限制条件等。

为适应国内航空运输市场的发展,目前国内航线很多开始实行市场调节价,由各航空公司自主定价。各运输航空公司国内航线头等舱、公务舱、经济舱价格种类、水平及适用条件(包括头等舱和公务舱的座位数量、与经济舱的差异以及相匹配的设施和服务标准等)都会有所不同。

图2-3为海南航空北京—海口公布票价。

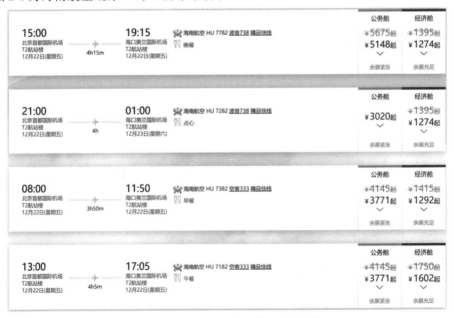

图2-3 海南航空北京—海口公布票价

二、按照旅程方式分类

国内航线客票价按照旅客不同的旅程方式,可以分为单程票价、来回程票价、联程票价。

(一)单程票价

单程票价一般指经济舱公布直达运价。它适用于规定航线上的往返甲地与乙地之间的一个单向航班运输。现行对外公布的国内航线客票价均为航空运输的直达票价。

例如,上海虹桥—北京直达航班,有的航空公司公布运价为1630元,有的航空公司公布运价为2150元。

(二)来回程票价

来回程航班指在单一运输合同内,从出发地至目的地并按原航程返回原出发地的航班。来回程票价由两个单程票价组成:一个是使用直达票价的去程运输;另一个是使用直达票价的回程运输,去程与回程路线一致。实际销售中,一般航空公司的来回程票价会在两个单程票价的基础上给予一定的折扣。来回程的票价优惠是航空公司为了吸引更多的乘客而提供的特殊优惠政策,它可以帮助乘客以比单程机票更便宜的价格购买往返机票,从而节省一定的费用。同时,这种优惠票价在使用时也会存在有效期、服务范围方面的限制条件。

例如,广州—海口Y舱来回程票价原价是2070+2070=4140元,但有的航空公司规定如一次性购买来回程机票可享受5%的优惠,即旅客需要支付去程和回程各2070×95%=1966.5元,进位后为1970元,总票款为3940元。

(三)联程票价

联程航班是指被列明在单一运输合同中的两个(含)以上的航班。即旅客的整个航程,由两个或两个以上航班进行衔接,需要在中间站换乘其他航班才能到达最终目的地。联程票价就是将旅客所乘坐的各航段票价相加,得出全程票价。

例如,旅客想乘机由海口前往呼和浩特,由于没有直达航班,需要在广州进行中转。第一段乘坐CZ6471航班海口至广州,票价2070元;第二段乘坐CZ8471航班广州至呼和浩特,票价2210元。旅客需要支付全程票价为2070+2210=4280元。

三、按照旅客类型分类

(一)儿童、婴儿票价

旅客购买儿童、婴儿票时,均按以下规定办理。

(1)儿童,指旅行开始之日年龄满2周岁(含)但不满12周岁的人。年满12周岁的儿童购票与成人一致。儿童按照同行成人普通票价的50%付费,提供座位,享受免费行李额。

例如,广州—海口的Y舱成人全票价为2070元,则相应航段的Y舱儿童票价为2070×50%=1035元,取整后为1040元。

(2)婴儿,指旅行开始之日年龄不满2周岁的人,出于安全原因的考虑,国内航空公司一般不接收出生未满14天的婴儿乘机。婴儿按照同行成人普通票价的10%付费,不提供座位,无免费行李额(部分航空公司提供),可免费携带一个摇篮或可折叠式婴儿车,如需要单独占用座位时,应购买儿童票。

(3)每位成人旅客所带未满2周岁的婴儿超过1个,其中只有1个可按成人普通票价的10%付费,其余按成人普通票价的50%购买儿童票。

例如,广州—海口的Y舱成人票价为2070元,则相应航段的Y舱婴儿票价为2070×10%=207元,取整后为210元;Y舱儿童票价为2070×50%=1035元,取整后为1040元。如一位旅客携带2名婴儿从广州飞往海口,其中1名婴儿应按照婴儿票价付费,另外1名婴儿应按儿童票价付费。则该旅客一共需要支付2070+210+1040=3320元。

(4)婴儿、儿童乘机必须有年满18周岁具有完全民事行为能力及陪护能力的成人陪同,无成人陪伴儿童除外。5周岁(含)以上、12周岁以下无成人陪伴儿童乘机时,应在购票前提出申请,经承运人同意后方可购票乘机。

(5)每位成人旅客可携带的儿童、婴儿有数量限制,携带未满12周岁儿童及婴儿的总数量不超过8名,其中未满5周岁儿童及婴儿总数不超过3名(婴儿不得超过1名)。成人携带的儿童超过总数量限制时,需要按团队旅客进行申请和接收。每位成人旅客只可携带1名患病或残疾的儿童或婴儿,且不能再携带其他儿童或婴儿。

(6)儿童和婴儿的年龄指开始旅行之日的实际年龄,航空公司销售以上优惠客票,不得附加购票时限等限制性条件。

■ 知识链接

如何为儿童购买特惠成人票

相信有经验的父母对如何购买优惠儿童票熟能生巧。事实上,随着政策及订票系统的不断完善,给孩子购票早就不需要去航空公司柜台了,在网页上轻松一点就可以完成。

为解决儿童票与打折后的成人票价格有差距的问题,2009年,民航局和国家发改委专门发布了《关于明确儿童、婴儿以及革命伤残军人、因公致残的人民警察旅客票价等有关问题的通知》,其明确要求:儿童、婴儿以及革命伤残军人、因公致残的人民警察乘坐国内航班,可以自愿选择购买航空运输企业在政府规定政策范围内确定并公布的其他种类票价,并执行相应的限制条件。

笔者致电各航空公司和个别第三方购票平台了解到,目前,多家航空公司的大部分航班并不限制儿童必须购买成人全价机票的5折机票。部分平台表示,一旦成人票比儿童票价格低,系统会自动进行识别,使儿童票与成人折扣票价一致。

在航空公司网站上购买儿童票也非常方便。例如,购买9月24日北京首都机场前往杭州萧山机场的机票,其中特价机票为500元,成人全价票是2200元,成人折扣票价格低于儿童半价票。当选择1张成人票、1张儿童票时,发现系统自动选择了价格较低的票,也就是2张票各为500元,外加机场建设费和燃油附加税60元,共计1060元。而儿童购买成人折扣票不需要缴纳任何税费。

需要提醒各位家长,儿童票最好与成人票一起购买。此外,有些航空公司可能要求在购买儿童票时,需要在儿童姓名后面加上"chd"的"儿童"英文缩写,以进行备注。

因为单独销售儿童票有一定的安全隐患。航空公司在飞机起飞前都会对配载进行精确核算,如果儿童以成人身份购买机票,就会以成人体重计算。如果儿童旅客较多,计算误差可能影响飞行的平稳性。因此,即便航空公司可以根据儿童的信息进行自动识别,父母在给孩子购买成人票时,也最好主动与航空公司客服人员沟通,告知预订座位的儿童旅客身份。

(二)革命伤残军人、因公致残的人民警察

革命伤残军人和因公致残的人民警察可以凭中华人民共和国残疾军人证或中华人民共和国伤残人民警察证,按照同一航班成人普通票价的50%购票。上述旅客按照国家规定优惠政策购买客票时,航空运输企业不得附加购票时限等限制性条件。同时,应当允许上述旅客自愿选择航空运输企业在国家价格政策规定范围内制定并公布的其他种类运价,并执行相应的限制条件。

(三)团体旅客票价

团体旅客指统一组织的人数在10人(含)以上,航程、乘机日期、航班和舱位等级相同并支付团体票价的旅客。凡按照婴儿、儿童及其他特种票价购票的旅客,不得计算在团体人数内。团体旅客可以在开放的航班上申请订座。订妥座位后,应在规定或预先约定的时限内购票,否则,所订座位不予保留。航空公司可视客人团体人数和航班座位销售情况,向团体旅客提供优惠的特种票价。大多数航空公司采用一团一议的方法给予优惠,同时采用多等级舱位的方法进行管理。该票价附有同去同回、不得更改、不得签转、出票时限等限制条件。

(四)教师、学生票价

国家鼓励航空运输企业对老年人、教师、学生等消费群体购票实行优惠,具体优惠办法由航空运输企业自行制定。教师和学生在寒暑假期间乘坐国内航班时,凭教师资格证、学生证和有效身份证件等,可以享受不同程度的优惠,具体可以参见各航空公司的相关文件规定。

例如,通过海南航空认证的学生旅客购买海南航空实际承运的国内自营航班经济舱指定舱位客票时,可以享受直减10%的优惠。

■ **行业资讯**

暑期出行赶飞机享实惠

暑期来临,祥鹏航空针对老师和学生群体特别推出多项购票优惠活动,师生暑期出行将享受到更为实惠、便捷的体验。

据了解,师生购票最高可享受7%定额优惠政策。定额优惠政策针对年龄在16周岁至22周岁(含)以及年龄在55周岁(含)以上的旅客。即日起至2023年12月31日,旅客持有效身份证件在祥鹏航空官网、官方App等自营销售渠道及各大在线旅游平台进行购票,可享受3%—7%不等的折上折优惠(即在普通外放折扣机票价格基础上享受3%—7%不等的优惠)。其中,7月1日—8月31日、9月28日—10月9日可享受3%—5%的折上折优惠,其余时间段可享受5%—7%的折上折优惠。

另外,祥鹏航空还针对师生团队(10人及以上)购票,还推出折上折优惠,即师生团队在普通外放折扣机票价格基础上还可进一步享受折扣优惠。师生团队享受购票优惠的航线范围,涉及祥鹏航空在飞的百余条航线。

资料来源:https://baijiahao.baidu.com/s?id=1767951533610564647&wfr=spider&for=pc

四、其他类型票价

(一)季节票价

季节票价指航空公司在旅游淡季向旅客提供的一定的优惠票价,它属于促销票价。

(二)职工票、免票

职工票指航空公司给予员工及家属乘坐本公司航班时的一种优惠机票,大部分为不定期客票,使用时必须遵守相应的限制条件。

免票是航空公司免费机票,实际乘机时只需要缴纳税费。例如,常旅客的消费积分到达一定数量之后,航空公司允许兑换免票。

(三)包机票价

包机是指根据公共航空运输企业与包机人所签订的包机合同而进行的点与点之间的不定期飞行,包括普通包机飞行、专机飞行、急救包机飞行、旅游包机飞行等。

包机根据类型,可以分为民航包机和公务包机两大类。民航包机主要指租用航空公司的民航客机执行非周期性的非固定航线的飞行任务,公务包机主要指租用公务机公司的公务机执行非固定航线。包机的价格取决于飞行行程、机型、人数、飞行日期、停留时长等因素。

(四)特种票价

特种票价是航空公司对不同航线不定期推出的一些优惠票价,旅客使用时须遵循航空公司的使用限制条件,具体参考各航空公司业务文件。

目前存在的特种票价主要是按照航线、航班时刻和购买方式来制定的,如指定航线、提前购票、限时刷卡、首航优惠、"机票+酒店"套餐、"随心飞"产品等。

五、航空税费

民航国内旅客运输中,旅客除了要支付航空旅客运价以外,还需要按规定支付民航发展基金和燃油附加费。

(一)民航发展基金

民航发展基金属于政府性基金,税费代码为"CN",是为了取代原来对旅客征收的机场建设费以及对航空公司征收的民航基础设施建设基金,于2012年4月开始征收。该项费用应由旅客在购票时支付,由航空公司代为收取。航空旅客按照以下标准缴纳民航发展基金:乘坐国内航班的旅客每人次50元;乘坐国际和地区航班出境的旅客每人次90元(含旅游发展基金20元)。

符合下列条件之一的航空旅客免征民航发展基金:①持外交护照乘坐国际及地区航班出境的旅客;②年龄在12周岁(含)以下的乘机儿童;③乘坐国内支线航班的旅客。

民航发展基金基本上维持了原民航机场管理建设费和民航基础设施建设基金的使用范围,并根据我国民航事业发展要求,将民航节能减排和通用航空纳入了民航发展基金使用范围。

(1)民航基础设施建设,包括机场飞行区、航站区、机场围界、民航安全、空中交通管制系统等基础设施建设。

(2)对货运航空、支线航空、国际航线、中小型民用运输机场(含军民合用机场)进行补贴。

(3)支持民航节能减排。

(4)支持通用航空发展。

(5)用于加强持续安全能力和适航审定能力建设。

(6)民航科教、信息等重大科技项目研发和新技术应用。

(7)其他一些必要支出。

民航支线机型范围如表2-2所示。

表2-2 民航支线机型范围

飞机型号	型别
ARJ21-700	ARJ21-700
新舟60系列	Y7-100、Y7H-500、Y7-200A、MA60、MA600

续表

飞机型号	型别
CRJ系列	CL-600-2B19(Regional Jet Series 100)、CL-600-2C10(Regional Jet Series 700, 701 and 702)、CL-600-2D24(Regional Jet Series 900)
DHC-8-400系列	DHC-8-400、DHC-8-401、DHC-8-402
ERJ145系列	EMB145ER、EMB145LR、EMB145MP
ATR系列	ATR42-300、ATR42-320、ATR72-101、ATR72-102、ATR72-201、ATR72-202、ATR72-211、ATR72-212、ATR72-212A
Dornier 328系列	Dornier 328-300
Y12系列	Y12II、Y12IV、Y12E
DHC-6系列	DHC-6 Series 400
Cessna208系列	Cessna208、Cessna208B
PC-12系列	PC-12、PC-12/45、PC-12/47、PC-12/47E
B300系列	B300、B300C、1900D
Kodiak 100	Kodiak 100

（二）燃油附加费

燃油附加费是航空公司收取的反映燃油价格变化的附加费,随着国际油价的调整而不断调整其征收标准,税费代码为"YQ"。目前,我国各航空公司燃油附加费的征收按800公里（含）以下航线和800公里以上航线两个标准征收。燃油附加费以原始出票日期的金额为准,换开客票时,燃油附加费不退不补。

（1）按成人适用普通票价的10%购票的不占座婴儿免收燃油附加费。

（2）革命伤残军人、因公致残的人民警察以及儿童按成人收费标准的50%收取燃油附加费。

自2005年8月起,国家允许国内航空公司在国内航线（不含内地与香港、澳门航线）收取燃油附加费,以航段为单位定额计收。燃油附加在旅客购票时与票价一并收取,项目代号"YQ"及标准在客票上单独标示。已提前购票的旅客不再补收。2005年来,国际市场油价持续大幅上涨,拉动中国国内航空煤油价格出现较大幅度上涨,造成航空公司运输成本明显增加。为适当缓解航空公司成本增支压力、促进航空运输业健康发展,在航空公司加强经营管理、有关部门出台扶持措施消化部分成本增支因素的基础上,恢复对国内航线旅客运输收取燃油附加。

自2023年6月（出票日期）起,成人旅客800公里（含）以下航线每位旅客收取20元燃油附加费,800公里以上航线每位旅客收取30元燃油附加费。相较于调整前分别降低了10元和30元。

■ 知识链接

什么是"随心飞"？

所谓"随心飞"，其实是在一定限制条件下"低价"飞行。

这场大规模机票促销始于2020年的"6·18年中大促"。当天，东方航空首创的"周末随心飞"产品发布，售价3322元，可在当年12月31日前的任意周末，不限次数乘坐东航航班，畅飞国内除港澳台地区外的各航点。上线不到半个月，东航"随心飞"卖出了超过10万套。二手交易平台上，甚至出现黄牛高价倒卖的情况。随后，包括华夏航空、海南航空、春秋航空在内多的多家航空公司纷纷跟进，推出了类似的低价预售的优惠套票。

什么是随心飞？

各家"随心飞"产品定价稳定在3000元左右，但在时间、航线、使用规则上略有差异。例如，东航1.0版"随心飞"只能在周末兑换，需要提前5天预订、未使用航段不多于3段、"No Show"（临时不登机）不多于3次等。同期春秋航空的产品不限制兑换时间，但要求提前7天订票。山航要求未使用航段不多于4段、"No Show"不超过4次。

就在各家航空公司在规则上大做文章时，飞猪推出了"任性飞"产品，售价仅66元，可兑换一个月内包含港澳台在内的成人单程国内机票，票面价在500元以上时，需补差价。2020年7月15日早10点第一次发售，上线秒空。据飞猪后台统计，当时有近200万人同时涌入。

2020年最后一天，首批"随心飞"兑换使用结束，很多人在微博分享了自己的飞行经历。有人"飞行39次，打卡城市26个，省下机票钱41090元"，也有人直飞一次就"赚回本"了。"虽然票价优惠，但不一定能兑换到想坐的航班。"有消费者吐槽"随心飞"实际体验不佳，出行计划常被打乱。而"随心飞"航班延误或取消后基本享受不到常规服务，无法签转到其他航空公司航班，也很难改签到同一家航空公司的相近航班，没有延误取消补偿，更没有酒店住宿补偿。

央视财经曾报道，"随心飞"兑换机票数量不透明的情况在多家航空公司普遍存在；一旦航班取消或延误，也算作消费者"No Show"，甚至被直接取消"随心飞"资格；售后服务也常被诟病，人工客服难拨通，用户投诉无门。2021年和2022年，不少航空公司继续推出升级版"随心飞"套餐，但消费端的热度明显下降。

"随心飞"实际上是一种"设计巧妙"的预售套票。民航专家林智杰曾撰文，"随心飞"的底层逻辑是"充分利用边际成本极低的空余座位，激发出旅客潜在的出行需求，实现旅客便宜多飞、航班填满空座、地方刺激消费的三方共赢。"而支撑这套逻辑的基础是，"航班每位旅客的边际成本只要100元。"不管承载多少旅客，只要航班起飞，如起降、航路、维修、油耗、机组等固定飞行成本就会产生，而旅客直接相关的成本，如机场服务费、销售代理费等，均摊到每个人身上，边际成本并不高。

但是，仅靠"随心飞"的收入，航空公司显然无法实现盈利。林智杰曾解释，"随心飞"的低成本需要足够多的常旅客共担才能实现的，而"随心飞"的大量预订又造成"座位挤占"，让习惯临近购票的商务旅客买不到机票。为此，各家航空公司随后更新了相关产品设计，如每个航班只承诺保障20个座位，或航空公司每天只承诺保障20000个座位，但这又影响了产品使用感受。与前两年相比,2023年"随心飞"产品的条件继续升级,旅客"薅羊毛"变得更难了。

例如,南航2023年发布的随心飞"畅游中国",兑换日期为3月29日至6月27日,和2020年发售的产品相比,时间缩短了一半。此外,旅客每次兑换机票除了自行支付燃油机建费等税费,还要额外支付票面价20元,这在各航空公司"随心飞"产品中都未出现过。高峰时段出行,部分热门航线的兑换难度或将提升。南航新版产品规则中表示,可兑换航班及可兑换座位数以实际查询结果为准,数量有限,兑完即止。

资料来源:https://baijiahao.baidu.com/s?id=1761305154833799751&wfr=spider&for=pc

■ **行动指南**

1. 请同学们上网查询资料,搜集国内航空公司近期推出的优惠产品。
2. 你认为如何购买机票才能享受到最大的优惠?

任务四 民航国内旅客运价的使用

一、国内运输市场价格行为规则

为加强民用航空国内运输市场价格管理,规范国内航空运输市场价格行为,维护国内航空运输市场正常价格秩序,保护消费者和经营者合法权益,2017年,民航局会同国家发展改革委制定了《民用航空国内运输市场价格行为规则》。

(1)头等舱、公务舱旅客运价实行市场调节价;经济舱旅客运价根据不同航线市场竞争状况分别实行市场调节价、政府指导价,实行市场调节价的具体航线按照中国民用航空局商国家发展和改革委员会公布的目录执行。

(2)实行市场调节价的国内运价,由航空运输企业根据生产经营成本、市场供求和竞争状况,按照规则规定自主制定实际执行的运价种类、水平和适用条件。

(3)航空运输企业应当按照保持航空运输市场平稳运行的要求,合理确定实行市场调节价的国内运价调整范围、频次和幅度。

(4)每家航空运输企业每航季上调实行市场调节价的经济舱旅客无折扣公布运价的航线条数,原则上不得超过本企业上航季运营实行市场调节价航线总数的15%;上航季运营实行市场调节价航线总数的15%不足10条的,本航季最多可以调整10条航线运价。每条航线每航季无折扣公布运价上调幅度累计不得超过10%。

(5)实行政府指导价的经济舱旅客运价,由航空运输企业以按照政府规定办法确定的具体基准价为基础,在上浮不超过政府规定最高幅度、下浮幅度不限的范围内,按照本规则规定确定实际执行的运价种类、水平和适用条件。

(6) 实行政府指导价的经济舱旅客运价的基准价最高水平按照下列公式计算,具体基准价由航空运输企业在不超过最高水平的范围内确定。

普通航线经济舱旅客运价的基准价最高水平 = LOG(150,航线距离×0.6)×航线距离×1.1;

高原、高高原航线经济舱旅客运价的基准价最高水平 = LOG(150,航线距离×0.6)×航线距离×1.3。

上述高原、高高原航线指起降机场至少一端为高原机场或者高高原机场的航线,高原机场、高高原机场按照中国民用航空局《高原机场运行》咨询通告的有关规定确定。

(7) 航空运输企业在不超过上述定价公式计算值的范围内,每航季上调实行政府指导价的经济舱旅客运价的具体基准价不得超过10条航线,每条航线每航季上调幅度不得超过10%。

(8) 航空运输企业制定具体航线实际执行的运价种类、水平和适用条件,应当于执行前至少提前7日通过航空价格信息系统报送中国民用航空局、国家发展和改革委员会。

(9) 航空运输企业销售客票时,应当严格执行明码标价规定,及时、准确、全面地公示实际执行的各种运价种类、水平和适用条件。

二、票价计算一般规定

(1) 承运人公布的票价,适用于直达航班运输。如旅客要求经停或转乘其他航班时,应按实际航段分段相加计算票价。

(2) 票价将根据旅客购票时的有效运价计算,该票价适用于客票上所载明的特定日期和航程等运输内容。客票售出后,如票价调整,票款不作变动。

例如,某旅客于3月29日购买4月3日MU5303航班Y舱SHA—CAN客票一张,当时经济舱公布票价为1850元。但4月1日起,公布票价调整为2140元,由于旅客已在3月29日出票,所以该旅客在4月3日乘机时其票价不作变动,不必补交票价差额。相反,若3月29日旅客购票时票价为2140元。而4月1日后票价调整为1850元,其票价亦不作变动。若旅客要求退回差价,处理时应先按自愿退票处理,后另按新票价重新购票,退票应根据退票的有关规定收取退票手续费。

(3) 不定期客票在确认航班座位时,如果票价有变化,票款差价按多不退少补原则办理。旅客自愿变更客票或非承运人原因变更客票,可能会影响应支付的票价。

(4) 使用优惠票价的旅客,应遵守该优惠票价规定的条件。以优惠价销售的客票,适用特殊的退改签政策,包括退票仅能退还部分票款或不予退票、改签等。客票价为旅客开始乘机之日适用的票价;客票售出后,如票价调整,票款不作变动。

(5) 旅客应按国家规定的货币和付款方式交付票款,除与航空公司另有协议外,票款一律现付。当收取的票款与适用的票价不符或计算有错误时,应按照航空公司相关规定,由旅客补付不足的票款或由航空公司退还多收的票款。

(6) 客票价以人民币10元为计算单位,航空公司收取的其他费用以人民币元为计算单位,尾数一律四舍五入。

(7) 政府、有关当局或机场经营者规定的对旅客或由旅客享用的任何服务、设施而征收的税款或费用不包括在航空公司所公布的票价范围内。

三、票价计算实例

(一) 例题1

一名成人旅客购买广州至三亚经济舱(Y)来回程客票,HU7307航班,公布票价为1740元,航空公司规定一次性购买来回程客票可享受5%的优惠。请问旅客应该支付多少元票价?

旅客去程票价:1740×95%=1653元,进位后为1650元。

旅客回程票价:1740×95%=1653元,进位后为1650元。

总票价:1650+1650=3300元。

(二) 例题2

一名成人旅客想乘机由海口前往呼和浩特,由于当时没有直达航班,需要在广州进行中转。第一段乘坐CZ6471航班海口至广州,公布票价为2070元;第二段乘坐CZ8471航班广州至呼和浩特,公布票价为2210元,第二段可享受6折优惠。请问旅客应该支付多少元票价?

旅客第一段票价:2070元。

旅客第二段票价:2210×60%=1326元,进位后为1330元。

总票价:2070+1330=3400元

(三) 例题3

一名成人旅客携带一名8岁儿童购买广州至北京的经济舱(Y)单程客票,CZ3101航班,公布票价为3060元。成人旅客购票享受7.5折优惠。请问旅客应该支付多少元票价?

成人旅客票价:3060×75%=2295元,进位后为2300元。

儿童旅客票价:3060×50%=1530元。

总票价:2300+1530=3830元。

(四) 例题4

一名成人旅客携带两名1岁多的婴儿购买海口至深圳的经济舱(Y)单程客票,HU7027航班,公布票价为1760元,无任何优惠。请问旅客应该支付多少元票价?

成人旅客票价:1760元。

第一名婴儿旅客票价:1760×10%=176元,进位后为180元。

第二名婴儿旅客票价:1760×50%=880元。

总票价:1760+180+880=2820元。

(五) 例题5

一旅游团队共计25人，购买成都至三亚的经济舱(Y)单程客票，CA2655航班，公布票价为2220元，该旅游团购票时享受6折优惠。请问他们一共需要支付多少元票价？

一名旅客票价：2220×60％＝1332元，进位后为1330元。

25名旅客票价：1330×25＝33250元。

总票价：33250元。

■ 行动指南

1. 请同学们上网查询资料，对比同样路线机票和高铁票的差价。

2. 你认为目前国内的机票价格是否合理呢？

■ 知识链接

国产大飞机C919首航票价919元

2023年5月28日中午，国产大飞机C919执飞的首个商业航班MU9191比预订计划时间提前抵达北京首都国际机场，这标志着C919的"研发、制造、取证、投运"全面贯通，国产大飞机正式开启商业运营。

根据计划，5月28日首次商业载客飞行后，从29日开始，东航首架C919大型客机将在上海虹桥—成都天府航线上实行常态化商业运行，并有望逐步拓展至更多航线。

国产大飞机C919的全球首次商业载客飞行备受关注，飞机尾部黑色的"B-919A"注册号透露出它的身份：B代表中国民航飞机，919和型号名称契合，A则有首架之意，这是全球首架投运的国产C919飞机。记者了解到，28日商业首航，C919机上的130多名乘客见证了中国航空业的历史性时刻。据媒体报道，除了参与C919研发的工作人员外，其余乘客均从4万多名报名预约的乘客中选出，以919元票价成为首航旅客。

C919的商业首飞标志着该机型代表我国航空工业的非凡能力开始接受市场检验，从经济效益角度被国内外航空公司所接受的历程拉开序幕。

从商业角度来看，商业飞机的使命就是成为航空公司的载具，在服务旅客货物行李邮件实现空间位移的同时，为航空公司带来经济效益。首飞之后，C919机型将正式开始为国人服务。

专家表示，这次商业首飞对C919来说具有从"产品"到"商品"的里程碑意义，"因为一个航空器、一款机型，最终它其实都是要进行公共航空运输服务的，而商业的首航就是标志着公共航空运输服务的开始。也就是说，它真正标志着这款新的机型从一个'产品'到一个'商品'的方向走出了重要的一步。"C919进入商业载客阶段后，随着机型飞行小时的积累，将为该机型的订单用户和潜在客户注入更多信心，为整个大飞机产业链注入更多预期增长空间。

"太激动了，终于可以坐上国产大飞机！""很骄傲，不知道什么时候也可以体验一次"……社交平台上,有不少网友表达了对乘坐C919航班的期待。"坐在国产大飞机C919上,非常激动,我感到无比自豪。说到感受,首先就是感觉C919在起飞和降落的时候跟宽体客机一样平稳,整个飞行过程体验也很棒,机舱尾部的噪音也比以往的窄体客机更小一些。"在首都机场T2航站楼的到达大厅,作为受邀参加首航的乘客兴奋地讲述着乘机体验。

国人对国产大飞机的热情,是航空运输自信的来源,新机型首飞后往往带有"新星效应",随着C919陆续交付,相信大规模国产大飞机机队将实现国人乘坐国产大飞机的梦想。

在餐食供应方面,据了解,由旅客投票选出的主题餐食也在航班上亮相。媒体报道,航班经济舱有一款餐食叫"五福临门",主食是腊味煲仔饭,搭配三色水果拼盘、C919首航特色芒果布丁、东航自制巧克力酥饼和牛奶。此外,机上供应品也印制有与首架交付C919机身同款的专属中国印标识,让广大旅客感受特别的旅途体验。

票价方面,由C919执飞的上海虹桥—成都天府航线MU9197航班的机票已经开售。作为首个全面开售的商业航班,价格为919元起,与C919飞机相对应。5月29日,去程航班MU9197计划08:10从上海虹桥起飞,预计11:20抵达成都天府。返程航班MU9198计划12:30从成都天府起飞,预计15:25抵达上海虹桥。

资料来源:https://export.shobserver.com/baijiahao/html/617182.html

■ **行业资讯**

民航联盟:2023年上半年民航客运市场分析报告

据Qunar航旅大数据研究院官微消息,2023年,人民群众的出行需求迅速增加,民航客运市场保持着稳健复苏的态势,旅客运输量开始逐月递增。2023上半年,中国民航共承运旅客约2.9亿人次,同比2022年增长接近1.5倍,恢复至2019年的将近九成。

上半年的客源结构出现分化,一方面是国内市场和国际市场存在差异,6月份国内航线的旅客量已经超过了2019年同期,而国际和地区航线的旅客量尚未达到2019年的四成。另一方面是客源群体的差别,公商务旅客恢复较快,旅游团队占比始终偏低。供需关系的结构出现明显的层次化,高频旅客占比上升,新增旅客份额减少。

细究客源结构的变化,归根结底还是疫情对市场的影响还在持续。

1. 运力投入的变化趋势

2023年上半年,民航市场中国内航线和国际航线复苏的程度差异较大。为了更好地说明市场的恢复情况,以下选取2019年正常年份情况下的各项数据和2023年进行对比分析。

首先,对比运力投入的情况,上半年民航运力投放的恢复速度并不快。作为关键指标的航班量,到了5月份才回到2019年同期的水平。如下图所示,2023年,国内航线实际执行的航班数量逐步回升,从春运开始日均航班量就已经超过了1.2万班,但是到6月份仍然只有1.4万班左右。航班量的复苏受到了运行保障能力的限制,尤其是2019年后,作为核心技术人员的飞行员、空中乘务员、空中安全员、机务维修等工种的人员流失,部分航空公司现有的技术人员数量并不能满足迅速恢复航班的技术实力要求。而类似的供应链重建问题,在2019年后一直是困扰各行各业的难题,并不仅仅是对民航业产生了重大的影响。观察2023年后的经济复苏情况,其实和部分制造行业相比,交通运输业在国民经济当中还是恢复速度较快的行业之一。

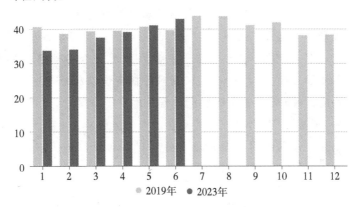

2019年与2023年国内航线航班量趋势图

(数据来源:去哪儿大数据研究院)

2. 价格策略的变化趋势

如果细分航线结构和客源群体,就会发现客座率下降其实是来自航空公司的价格策略的改变,需求层次发生变化所造成的影响。2023年后,航空公司在主干航线上提高了销售价格,结果抑制了部分旅游、探亲的低端客源需求,特别是旅游团队旅客减少,最终拉低了航班的客座率。供大于求是表象,其实市场上仍然有大量的低端需求没有得到满足。

进入2023年6月上旬,这个市场特征就更加鲜明。一方面,在京沪线等主干航线上,市场价格稳定,客座率在60%左右徘徊。另一方面,如绵阳至海口等旅游航线的价格狂降,刺激出大量的低端客源,航线客座率超过了90%。从最终的市场结果看,这两种价格策略对应于不同的市场都起到了实际的作用,主干航线的价格提升,为航空公司带来了最基本的利润保障。当前,国际油价始终保持在高位,航空公司的经营成本上升,如果把机票价格拉低到高铁票价的水平去促销,几乎没有获利的空间,所以"减量提价"成为航空公司在主干航线上的必然选择。从最终的市场效果可以观察到,在2023年"五一"假期,乘坐飞机出行的人群已经完全接受了机票涨价的事实。根据交通运输部公布的数据,2023年"五一"假期的日均旅客运输量,铁路旅客相比2019年增长22.1%,民航旅客比2019年增长4.2%。这也从侧面说明了2019年后,国内并不缺乏出行的需求,只是航空公司通过价格策略,对旅客群体进行了筛选分层。所以,客座率下降所体现的供大于求局面,仅仅是表面现象,并不是真正的需求不足。其根本原因还是机票价格的提升,在主干航线上只承接了以公商务客源为主体的高价值人群,从而减少了低端客源的补充。

在客源充足的旺季时间段,例如"五一"假期、端午节假期和刚刚开始的暑运,国内市场的平均票价均超过2019年同期的15%以上。这样的价格策略,最终也为航空公司带来了实际的收益增长空间。

资料来源:https://www.163.com/dy/article/I8V0V96R05447KE9.html

项目小结

从20世纪90年代以来,我国航空旅客运价经历了从计划经济向市场经济的转变。从政府指导价到市场调节价这一政策的转变,激发了市场活力,扩大了企业的价格自主权,充分发挥了对资源配置的决定性作用。运用价格机制促使航空运输企业开展公平竞争,从而促进了航空运输市场健康发展。民航国内旅客运输票价实行浮动幅度管理。票价上浮幅度最高不得超过基准价的25%;取消票价下浮幅度限制,航空公司掌握更大定价话语权。运输价格形成方式包括三种:成本导向定价、需求导向定价以及竞争导向定价。实践中,政府加强基准价和幅度的管理,企业在幅度内根据成本或需求定价,最终实现公众利益和航空运输企业利益的"双赢"。国内运价有着比较复杂的差价体系,实际工作中,熟悉各种类别的票价规则十分重要。国内旅客票价以人民币10元为计算单位,航空公司收取的其他费用以人民币元为计算单位,尾数一律四舍五入。

项目训练

一、简答题

1. 民航国内航空运输价格改革方案的基本原则是什么?
2. 为什么多等级票价比单一票价对航空公司更有利?
3. 航空公司的成本构成有哪些部分,占比较高的是什么?
4. 关于儿童旅客和婴儿旅客票价有哪些特殊规定?
5. 旅客购买客票时需要缴纳哪些税费?

二、计算题

1. 王先生夫妇携一对1岁半双胞胎婴儿,购买广州—上海经济舱客票,CZ3533航班,成人旅客可以享受8折优惠,广州—上海经济舱公布票价为2140元。请计算他们全家应付票款总额。

2. 一名旅客3月3日计划乘坐HU7117航班由海口飞至长沙,经济舱公布票价1700元,在长沙停留几天后,再乘HU7789航班至济南,经济舱公布票价1280元,旅客全程享受

8折优惠。请计算旅客全程票价。

3. 2名旅客购票,其中一位持中华人民共和国残疾军人证,另外一位为普通成人旅客。CA1327航班经济舱公布票价为3369元,旅客可以享受6折优惠。请计算两位旅客的全部票价。

4. 一国内旅游团队共计30名成人、2名儿童、1名婴儿,购买上海—深圳的经济舱单程客票,MU5343航班,公布票价为2230元,该旅游团购票时享受5.5折优惠。请问他们一共需要支付多少元票价?

5. 旅客一家有2名成人、1名儿童(10岁)购买三亚—昆明的往返客票,8L9966航班,经济舱公布票价1990元,航空公司特惠活动最低4折。请问他们一共需要支付多少元票价?

三、案例分析题

东方航空2020年6月18日上线"周末随心飞"产品,支付3322元即可从购买之日起至2020年12月31日不限次数乘坐东航、上航计划起飞时间为周六和周日的国内航班经济舱旅行。以上海—西安的东航航线为例,周末经济舱的均价在800元左右,往返一趟可能在1400元左右,一年内搭乘够三趟往返即可回本。周末无限次飞也需要遵守一定规则:

(1) 购买后,购买人须在7天内确定乘机人(12周岁以上)并完成绑定,一经绑定不得变更;

(2) 产品不限兑换次数,但同时仅可存在3段未使用的客票,同一日期同一始发地仅可存在1段未使用的客票(也就是不能一天来回飞);

(3) 航班起飞日期5天(含)前,如无法成行需要至少提前4天(含)退票;

(4) 如发生3次订座兑换后未乘坐且未在规定时间前办理退票取消,所购"周末随心飞"产品将自动失效;

(5) 产品如未订座换票可全额退款,一经订座换票不可退款。

旅客购买该产品并激活后,可在2020年内的任意周六和周日,不限次数乘坐东方航空和上海航空航班,畅飞国内除港澳台地区外的各大城市。兑换航班后,不得签转,不得改期,退票需要至少提前4天(含)以上,退票仅退还未使用航段税费。如发生3次订座兑换后未乘坐,且未在规定时间内办理退票,所购"周末随心飞"将自动失效。

在产品有效期内,兑换次数无限制。但同一张"周末随心飞"仅可存在3张没有使用的客票。同日期同始发地仅可存在1张没有使用的客票。兑换的机票可以享受常规会员礼遇;但无里程积分、无升级次数;白金卡会员不享受免费升舱。发生延误取消时,享受普通旅客服务,但需要接受航班保护安排,不得另行指定日期航班,且无现金赔偿。

请分析:

案例中的这种"周末随心飞"产品的优缺点是什么?它对旅客最大的吸引力是什么?你会选择购买吗?你认为这种产品适合什么类型的旅客?

项目三　国内客票销售业务

○ **职业知识目标**

　　1.掌握客票的类型。
　　2.掌握旅客购票证件要求。
　　3.知晓客票的有效期、销售渠道。
　　4.掌握客票退改签相关运输规定。
　　5.掌握特殊旅客相关运输规定。

○ **职业能力目标**

　　1.能够根据有关运输规定,准确、熟练地回答旅客关于客票销售、退改签以及特殊旅客运输等方面的问询。
　　2.能够根据有关运输规定,办理客票销售、客票退改签等业务。

○ **职业素质目标**

　　1.学习民航国内客票相关规定,培养具备良好的服务意识以及团队精神。
　　2.提升职业素养,爱岗敬业、诚信、守纪。

知识框架

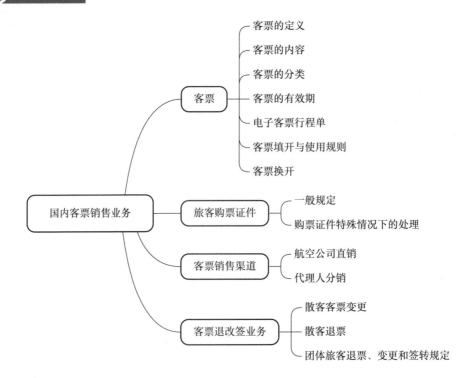

项目引入

客票销售的高质量发展

随着民航运输业的快速发展,民航已成为社会大众出行的主要交通方式之一,旅客对民航服务种类、服务范围、服务水平的要求越来越高。同时,民航国际化进程加快,新的业务形式和运营模式推广应用,这使得我国航空客运市场发生了重大变化。互联网技术的蓬勃发展深刻改变了民航运输服务的流程与标准,电子客票、无纸化乘机、航班超售等新模式与新现象不断涌现。客票销售环节是旅客体验民航服务的第一接触点。对于民航客票销售,我们不仅要了解客票销售的相关规定,还需要掌握行业发展,能够利用所学知识与技能,更好地为旅客提供服务。

任务一 客 票

一、客票的定义

客票是客票及行李票的简称,是由承运人或代理人填开的,也是旅客乘机或交运行李的初步证据。客票是一种有价票证,是旅客与承运人之间的运输契约,也是承运人之间、承运人与代理人之间结算的凭证。

二、客票的内容

客票至少包括的内容:承运人名称,出票人名称、时间、地点,旅客姓名,航班始发地、经停地和目的地,航班号、舱位等级、日期和离站时间,票价和付款方式,票号以及运输说明事项。

三、客票的分类

(一)纸质客票和电子客票

从客票形式上区分,可以将客票分为纸质客票和电子客票。两者在功能上无异,均可以进行出票、退票、签转、客票变更等操作。电子客票比起纸质客票有较明显的优势,现在普遍使用的是电子客票。使用电子客票,旅客可以通过互联网、电话等随时随地购票出行,出票后仅凭借有效证件即可办理乘机手续,不存在因客票遗失无法出行的情况,非常便捷;

承运人之间、承运人与代理人之间的客票结算也更加便捷，相关工作人员可以随时随地查看客票信息，及时满足旅客的问询以及业务办理需求。

电子客票票面信息显示如下：

```
DETR: TN/ 880-2017492208
ISSUED BY:    SY AIRLINES    ORG/DST: NKG/SHE       BSP-D
E/R: 不得退改签
TOURCODE:                                RECEIPT  PRINTED
PASSENGER: 张丽
EXCH:                                    CONJ TKT:
O FM:1NKG   SY   7281  E  12FEB 0905 OK  Y40    20K   OPEN FOR USE
                   RL: NKHB9J/P3XRFC 1E
  TO:SHE
FC: 12FEB15 NKG SY SHE 1200.00Y40CNY1200.00END
FARE:         CNY 1200.00 | FOP: CASH
TAX:          CNY 50.00CN | OI:
TAX:          CNY 0.00YQ |
TOTAL:        CNY1250.00  | TKTN: 880-2017492208
```

（二）定期客票和不定期客票

从时间上区分，可以将客票分为定期客票和不定期客票。

❶ 定期客票

定期客票指的是列明航班、乘机日期和订妥座位的客票。

❷ 不定期客票

不定期客票是指在首次销售时未列明航班、乘机日期或未订妥座位的客票，比如，部分航空公司推出的"随心飞"等类似机票产品就属于不定期客票。不定期客票主要面向对时间不敏感的客户，通常在客票价格方面有优惠。在使用不定期客票前，旅客一般需要联系航空公司将不定期客票改为成定期客票方可使用。

对于旅客和航空公司来说，不定期客票可谓是收益与风险并存。于旅客而言，不定期客票有价格优惠，但可能存在无法预订座位的情况，因为航空公司会限制不定期客票的使用时间、每趟航班的座位数量以及舱位要求，特别是在航班旺季和市场需求大的热门航线上。对航空公司来说，不定期客票有助于提高航班客座率，将对时间不敏感的旅客调整至空闲的航班上，进一步扩大市场需求，但是这也存在投诉风险，持不定期客票的旅客可能因为预订不上座位而投诉、要求赔偿等，这可能给航空公司造成负面影响。

（三）单程客票、联程客票和来回程客票

❶ 单程客票

单程客票是指列明一个航班的点到点的客票。

❷ 联程客票

联程客票是指在单一运输合同内，由不同航班连接两个（含）以上连续航程的客票。在销售联程客票时，需要注意航班之间的衔接时间是否满足运输要求。国内航班之间中转、

国际航班之间中转、国内与国际航班之间中转、不同机场要求的衔接时间都不尽相同。

3 来回程客票

来回程客票是在单一运输合同内,从出发地至目的地并按原航程返回原出发地的客票。

(四)航空公司本票和中性客票

从销售来源上分,可以将客票分为航空公司本票和代理人销售的中性客票。

四、客票的有效期

一般情况下,旅客需要在客票规定的期限内完成出行。中国民航局对于客票有效期并没有统一的规定。如果旅客购买的是普通票价的客票,大部分航空公司所规定的有效期自旅客实际出发之日起,一年内有效;如果客票未曾使用,则从正式出票之日起,一年内有效。

通常情况下,客票有效期的计算:从旅行开始或填开客票之日的次日零时起至有效期满之日的次日零时为止。

优惠票价的客票有效期,按照航空公司优惠票价客票使用规定计算,优惠票价未明确客票有效期的,则与普通票价有效期一致。除另有规定外,变更后客票的有效期与原客票相同。

例如,有一位旅客于2023年9月15日购买一张9月20日上海—北京的全价票,假设旅客因故未能按时出行,该客票是否还有效?若有效,有效期截止至什么时候?

解析:该旅客的客票仍然有效,因客票未使用过,有效期从填开客票之日算起,一年内运输有效。具体时间为有效期满之日次日零时为止。因此,该客票的有效期截止至2024年9月16日零时。

例如,有一位旅客于2023年8月16日购买了同年8月20日海口—广州,以及9月5日广州—北京的普通票价联程客票,若客票上的两个航段均未使用,该客票有效期从什么时候开始计算?

解析:客票有效期从2023年8月17日零时起开始计算;若旅客乘坐了8月20日海口—广州的航班,则未使用航段的客票有效期从8月21日零时起开始计算。

由于承运人原因、旅客因病或死亡,导致客票过期,可以将客票有效期延长。具体操作需参照承运人要求。

五、电子客票行程单

图3-1为一张电子客票行程单,它是旅客购买承运人民用航空运输电子客票的付款凭证或报销凭证,同时具备提示旅客行程的作用。电子客票行程单的法律属性是"发票"。每名旅客仅可打印一次,一人一票,遗失不补。电子客票行程单不作为旅客乘机的必要凭证,旅客可以根据需求自行选择是否打印。如旅客已经打印行程单,后续办理客票变更或退票时,需要将原行程单交回客票销售单位或航空公司。电子客票行程单遗失不补,旅客以书

面形式向承运人提出申请,可凭有效身份证件在原购票地点或承运人售票处办理购票证明。购票证明只证明旅客的购票行为,不是有效的旅行证件和报销凭证。

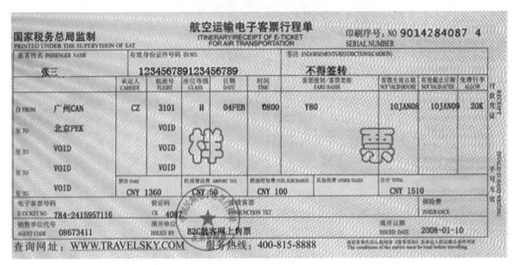

图 3-1　电子客票行程单

(图片来源:中国南方航空公司官网)

六、客票填开与使用规则

(一) 客票填开

1 旅客姓名

按旅客有效身份证件和旅客订座单上的旅客全名打印。外国人先打印姓,然后标上斜线"/",斜线"/"之后打印名的名字的首字母及适当的称呼。

例如,"MR GOLD SMITH"应填写"SMITH/GOLD MR"。如外国旅客姓名只有一个单词时,应填写为 PAUL/MR。

如果名字不便使用或此栏无足够的地方打印时,可以用名字的首个字母取代。当姓氏中包含连字符或复姓氏时,要去掉连字符"-"或用空白间隔。中国旅客须按姓名顺序打印,一直打印到民航终端无法接收打印为止。

无成人陪伴儿童票姓名后打印(UM 年龄),其他所有儿童票和按普通票价10%付费的婴儿票应分别在姓名后面加以 CHD 或 INF 注明。

特殊旅客应在其姓名后注明相应代码字样。例如,CBBG—占用座位的行李;EXST—占用一个以上座位的付费旅客;STCR—使用担架的旅客。

受字库限制,国内旅客姓名中的个别生僻字在订座系统中无法打印,在订座时生僻字及之后的字全部用拼音代替。如生僻字出现在姓氏第一个字,则所有姓名均用拼音输入。

2 航程

"自……至……"栏只限在粗线栏内所到地点之间运输有效栏。根据旅客航程,将始发地填入第一个"自……"栏,然后按顺序将承运人、变更航班和不同订座情况的地点和目的地填入以下各"至……"栏。

❸ 承运人

"承运人"栏打印各航段已经申请或订妥座位的承运人的二字代码,如未经申请或未订妥座位的承运人,此栏不填。

❹ 航班号/座位等级

"航班号/座位等级"栏打印已订妥座位或已申请座位的航班号和座位等级,按旅客所订座位等级分别以代号表示。

❺ 日期

"日期"栏打印乘机日期和月份,采用"日期"加"月份"英文缩写格式如"01OCT"。手工填写分别以两位阿拉伯数字表示日/月,中间以斜线"/"分开。如10月1日表示为01/10。

❻ 时间

"时间"栏根据承运人在订座终端中公布的班期时刻的离站时间填写,时间用24小时制表示。例如,上午8点10分应表示为08:10;下午8点10分应表示为20:10。以上时间均为始发地当地时间。

❼ 订座情况

(1) 用下列代号填写出售客票时的旅客订座情况。
OK:座位已订妥。
RQ:已经订座但未获得证实或列入候补。
NS:不单独占用座位的婴儿。
SA:表示利用空余座位。
(2) 旅客没有订座或没有订妥座位,应在"航班号""日期""时间""订座情况"栏打印"OPEN"字样。

❽ 票价级别/客票类别

"票价级别/客票类别"栏本栏打印旅客所付的票价代号及旅客在部分航段上所享受的折扣票价类别的代号,如"Y90"。

❾ 行李

"免费行李额"根据旅客所持客票的票价类别和座位等级分别打印规定的免费行李额。以KG作为计量单位。

❿ 票价计算

"票价计算"栏纸质客票打印票价使用依据及票价的计算过程。注意:电子客票行程单无此栏。

⑪ 票价

"票价"栏打印全航程的票价总额,付款货币为人民币时,应在票价总额前打印货币三字代码"CNY"。客票票价以人民币10元为计算单位,承运人收取或支付的任何其他费用均以人民币元为计算单位,尾数一律四舍五入。

⑫ 税款

"税款"栏打印该客票应该缴纳的税款。

⑬ 总数

"总数(合计)"栏将票价栏的金额加上"税款"栏的金额计得的总金额填入此栏,在总金额前加上货币代"CNY"。如果需要填开两本(含)以上客票时,在每一本客票的"总数"栏内都要填写。

⑭ 付款方式

"付款方式"栏根据付款情况,将旅客购票的付款方式打印在本栏,以现金支付打印"CASH",以支票支付打印"CHQ",客票换开打印"TKT"。注意:电子客票行程单无此栏。

⑮ 始发地/目的地

"始发地/目的地"栏旅客航程需用两本(含)以上的客票时,每本客票都应将全航程的始发地和目的地的三字代号打印在本栏。例如,"HAK—CAN—PEK"则打印"HAK/PEK"。注意:电子客票行程单无此栏。

⑯ 连续客票

"连续客票"在全航程使用几本连续客票时,每本客票的该栏内打印各本客票的客票号码(此栏系统可以自动打印连续客票的号码)。

⑰ 换开凭证

"换开凭证"栏打印使用换开客票的原客票号码,包括承运人的票证代号、票证序号等。例如,"TKT 8802207948653"。注意:电子客票行程单无此栏。

⑱ 签注

(1)"签注"栏打印使用整本客票或某一乘机联需要特别注明的事项。

(2)将客票的有关乘机联签转给其他承运人时,应按照签转规定在本栏注明,或使用签转图章。如客票不得签转,也应在本栏打印"不得签转"字样。

(3)签注对客票使用者限制的规定。

(4)签注对客票有效期的延长。

(5)签注旅客使用折扣票和特价票的旅行限制。

(6)签注航班的订座情况。

(7)签注产品代码或机构客户编码。

⑲ 出票日期和地点

"出票日期和地点"栏打印出票日期、终端OFFICE号及工作号。

⑳ 订座记录编号

将旅客的订座记录编号打印在"订座记录编号"栏。随成人一起出票的婴儿票打印成人的记录编号,单独出票的婴儿票在记录编号处填写随行成人的记录编号。

㉑ 原出票

当客票根据原客票换开时,本栏按下列规定填写:在所打印的新客票的该栏内填入被换开客票的全部号码、出票日期和地点以及出售该客票的航空运输企业单位代理人的代号。如在原始票证的相同栏内已有填注,应将填注的内容照转打印在所填开的新客票的本栏内。注意:电子客票行程单无此栏。

(二)客票使用的一般规则

(1)客票为记名式,只限客票上所列旅客姓名与身份证件信息一致的旅客本人使用。

(2)客票不得转让。转让的客票无效,票款不退。

(3)未经航空公司允许客票不得涂改。涂改的客票无效,票款不退。

(4)每一位旅客应单独持有客票。

(5)旅客乘机时,应出示与购票时一致的有效身份证件。

(6)除承运人另有规定外,客票的所有航段必须按照客票所列明的航程,从始发地开始顺序使用。

(7)定期客票只适用于客票上列明的承运人、乘机日期、航班和舱位等级。不定期客票应在订妥座位后方能使用。定期客票取消订座后,再次使用时,也需要订妥座位方能使用。

(8)旅客应在客票有效期内,完成客票上列明的全部航程或办理客票变更、签转手续。旅客应在客票退票期限内,提出并办理客票退票手续。

(9)旅客在我国境外购买的用纸质国际客票填开的国内航空运输客票,应换开成我国国内客票后才能使用。国际电子客票不需要换开成我国国内客票,可以直接使用。

(10)含有国内航段的国际联程客票,其国内航段的乘机联可以直接使用,不需要换开成国内客票。

(11)旅客应按客票列明的航程旅行,未经承运人同意,不得在经停地提前终止旅行。

七、客票换开

(一)一般规定

有下列情况之一的客票需要办理客票换开手续。

(1)在境外用国际客票填开的纯国内段纸制客票,换开规则参见承运人现行电子客票换开规则办理。

（2）客票上所列旅客姓名与旅客有效身份证件上的姓名音同字不同或是异体字、生僻字、形似字、个别偏旁差错、英文名的个别字母出错的客票。

（3）特殊情况下，舱位等级变更的客票。

（4）需要办理变更手续的团体票。

（二）客票换开的流程

首先检查客票状态是否为"OPEN FOR USE"，同时需要核对旅客的有效身份证件号码与原客票证件号码是否一致。

检查换开的客票的航程，包括票价（包括票价种类、座位等级、折扣票价限制条件等）、客票有效期及检查电子客票状态是否未使用。

填开新客票时，应特别注意将原客票签注栏内的有关签注事项填入新客票的签注栏内。

新客票的票价金额要重新计算，除特殊客票的票价保持不变外，新换开客票票价必须重新计算。

团体票若变更涉及换开客票时，必须符合航空公司有关团队客票管理规定方可办理换开手续。

除另有特殊规定的客票外，其他客票的换开业务若与之相违背，则一律以最新规定为准进行客票换开。

■ 知识链接

《公共航空运输旅客服务管理规定》对客票销售以及客票退改签的要求（节选）

2021年，中国民用航空局出台《公共航空运输旅客服务管理规定》，以进一步规范国内、国际旅客运输秩序，保护消费者合法权益，满足新形势下的监督管理需求。如下是该规定对于客票销售以及客票退改签的具体要求。

一、客票销售

（一）承运人或者其航空销售代理人通过网络途径销售客票的，应当以显著方式告知购票人所选航班的主要服务信息，至少应当包括：

（1）承运人名称，包括缔约承运人和实际承运人；

（2）航班始发地、经停地、目的地的机场及其航站楼；

（3）航班号、航班日期、舱位等级、计划出港和到港时间；

（4）同时预订两个及以上航班时，应当明确是否为联程航班；

（5）该航班适用的票价以及客票使用条件，包括客票变更规则和退票规则等；

（6）该航班是否提供餐食；

（7）按照国家规定收取的税、费；

（8）该航班适用的行李运输规定，包括行李尺寸、重量、免费行李额等。

承运人或者其航空销售代理人通过售票处或者电话等其他方式销售客票的，应当告知购票人前款信息或者获取前款信息的途径。

（二）承运人或者其航空销售代理人通过网络途径销售客票的,应当将运输总条件的全部内容纳入到旅客购票时的必读内容,以必选项的形式确保购票人在购票环节阅知。

（三）承运人或者其航空销售代理人在销售国际客票时,应当提示旅客自行查阅航班始发地、经停地或者目的地国的出入境相关规定。

（四）购票人应当向承运人或者其航空销售代理人提供国家规定的必要个人信息以及旅客真实有效的联系方式。

（五）承运人或者其航空销售代理人在销售客票时,应当将购票人提供的旅客联系方式等必要个人信息准确录入旅客订座系统。

（六）承运人、航空销售代理人、航空销售网络平台经营者、航空信息企业应当保存客票销售相关信息,并确保信息的完整性、保密性、可用性。

二、客票变更与退票

（一）旅客自愿变更客票或者自愿退票的,承运人或者其航空销售代理人应当按照所适用的运输总条件、客票使用条件办理。

（二）由于承运人原因导致旅客非自愿变更客票的,承运人或者其航空销售代理人应当在有可利用座位或者被签转承运人同意的情况下,为旅客办理改期或者签转,不得向旅客收取客票变更费。由于非承运人原因导致旅客非自愿变更客票的,承运人或者其航空销售代理人应当按照所适用的运输总条件、客票使用条件办理。

（三）旅客非自愿退票的,承运人或者其航空销售代理人不得收取退票费。

（四）承运人或者其航空销售代理人应当在收到旅客有效退款申请之日起7个工作日内办理完成退款手续,上述时间不含金融机构处理时间。

（五）在联程航班中,因其中一个或者几个航段变更,导致旅客无法按照约定时间完成整个行程的,缔约承运人或者其航空销售代理人应当协助旅客到达最终目的地或中途分程地。

资料来源:中国民用航空局官方网站

任务二 旅客购票证件

一、一般规定

（一）中国旅客

对于我国居民的购票证件一般包括居民身份证、临时居民身份证、护照、军官证、文职干部证、义务兵证、士官证、文职人员证、职工证、武警警官证、武警士兵证、海员证等。对于我国港澳台地区的居民,其有效证件还包括香港、澳门地区居民的港澳居民来往内地通行证,以及台湾地区居民的台湾居民来往大陆通行证等。

另外,16周岁以下的中国大陆地区居民的有效乘机身份证件还包括出生医学证明、居民户口簿、学生证或户口所在地公安机关出具的身份证明。

(二)外籍旅客

对于外籍旅客,包括护照、外交部签发的驻华外交人员证、外国人永久居留证等。

注意:根据《民用航空安全检查规则》,旅客有效乘机身份证件、有效乘机凭证信息需要一致方可乘机,因此,旅客在购票时注意核实确认所提供的证件有效且信息准确无误。乘机时,一定携带购票证件办理值机、安检和登机手续,避免因与订票证件不符而无法乘机。

二、购票证件特殊情况下的处理

(1)尚未领取居民身份证或士兵证的,可使用当地公安机关或所在部队出具的临时身份证明。临时身份证明应贴有本人近期免冠一寸照片,写明姓名、性别、年龄、工作单位、有效日期并加盖公章。

(2)凡出席全国或省、市、自治区的党代会,人民代表大会、中国人民政治协商会议,工、青、妇代会和劳模会的代表,无身份证件者,凭本届会议代表证或所属县团级(含)以上党政军主管部门出具的临时身份证明,予以售票、放行。

(3)国家机关工作人员因故外出不在单位所在地,而其单位又需要为其预购机票,可凭所在单位出具的证明信和购票人员身份证件予以购票。但在办理乘机手续时,必须核查居民身份证或上述所列有效身份证明。

(4)凡经国家批准的有突出贡献的中青年科学、技术、管理专家,外出工作参加学术会议等,可凭中华人民共和国综合管理部颁发的有突出贡献中青年科学家证书,在全国各地的民航售票处优先购买机票。

(5)旅客的居民身份证被盗或丢失的,凭报失地公安机关或机场公安机关出具的临时身份证明或临时登机证明予以售票、办理乘机手续。

以上特殊情况下购票的人员,须自行与承运人以及当地机场安检确认是否可凭以上证件正常购票乘机。

■ 知识链接

《公共航空运输旅客服务管理规定》要求不得泄露旅客信息

2021年,交通运输部官网发布《公共航空运输旅客服务管理规定》(以下简称《规定》),于2021年9月1日起施行。

《规定》第十三条:航空信息企业应当完善旅客订座、乘机登记等相关信息系统功能,确保承运人、机场管理机构、地面服务代理人、航空销售代理人、航空销售网络平台经营者等能够有效实施本规定要求的服务内容。

《规定》第十四条：承运人、机场管理机构、地面服务代理人、航空销售代理人、航空销售网络平台经营者、航空信息企业应当遵守国家关于个人信息保护的规定，不得泄露、出售、非法使用或者向他人提供旅客个人信息。

航空信息企业违反本规定第十三条，未按照要求完善信息系统功能的，由民航行政机关责令限期改正；逾期未改正的，处1万元以下的罚款；情节严重的，处2万元以上3万元以下的罚款。

承运人、机场管理机构、地面服务代理人、航空销售代理人、航空销售网络平台经营者、航空信息企业违反本规定第十四条，侵害旅客个人信息，构成《中华人民共和国消费者权益保护法》规定的侵害消费者个人信息依法得到保护的权利的，依照《中华人民共和国消费者权益保护法》的规定执行。

资料来源：中国政府网

任务三　客票销售渠道

客票销售按照销售主体的不同，可以分成直销和分销两种模式。在行业发展早期，由于市场的线下服务需求大，机票销售主要通过分销渠道。随着互联网技术的发展和电子客票的普及，旅客购票的方式也越来越多样化，机票销售渠道发生显著变化。为满足人民群众美好出行需求，民航业在规范客票销售行为，保护消费者合法权益，确保航空运输市场和销售代理市场健康发展等方面进行了积极探索。

一、航空公司直销

航空公司直销渠道包括航空公司售票处、官方网站、App、新媒体、呼叫中心等。随着市场发展，航空公司直销呈现新的发展趋势。

（一）提升直销比例

为加强与代理人的合作互补，促进市场健康发展，航空公司持续提升直销比例。通过提升直销比例，航空公司能够掌握更多市场信息，以推出更能满足旅客需求的服务，开发出更多有潜力的市场。

（二）探索新型直销渠道

除了传统的直销渠道以外，航空公司还积极探索与网络平台的合作模式，开发新型直销渠道。流量营销是当下市场营销的热点之一，不少航空公司通过分析市场需求，选择不同网络平台进行合作，合作方式也根据目标市场的不同有所区别。

(三)为旅客提供更多个性化的增值服务

随着物质生活水平的提高,乘机出行已然成为旅客比较熟悉的方式。旅客对于航空公司服务也提出了更高的要求。差异化服务影响旅客的选择。对此,航空公司积极探索直销渠道的个性化、优质的增值服务,以吸引旅客,增强客户忠诚度。比如,有些航空公司在直销渠道为旅客提供网上值机选座、特色产品预订等个性化服务。

二、代理人分销

航空销售代理人是指依照中华人民共和国法律成立的,与承运人签订销售代理协议,从事公共航空运输旅客服务销售业务的企业。

为进一步适应航空运输销售代理市场发展,根据国家"放管服"改革要求,结合销售代理行业发展实际,中国航空运输协会于2019年3月1日起全面停止销售代理资质认可,原中国航协航空运输销售代理资质认可证书不再有效。

实施销售代理管理服务改革后,中国航空运输协会发布《航空运输客运销售代理人业务规范》和《航空运输货运销售代理人业务规范》,供申请企业进行自我评估和航空公司选择代理人时采用,按照《航空客货运输销售代理行业自律办法》并通过中国航协销售代理人综合信息平台,促进销售代理业的行业自律。《航空运输客运销售代理人业务规范》适用客运销售代理人所从事的航空客运销售代理业务,规定了航空运输客运代理业务的基本条件、业务内容、安全责任、行为规范、禁止要求和违约责任。

(一)航空运输客运代理业务基本条件

(1)工商行政管理部门颁发的营业执照。营业执照的经营范围应当包含机票销售代理业务或相同意思的表述。

(2)通过互联网开展客运销售代理业务,还应取得中华人民共和国电信与信息服务业务经营许可证。

(3)与销售代理人业务规模相适应的实缴资本。

(4)与航空公司协定的必要资金担保或质押。

(5)企业法人及相关业务负责人应没有不良信用记录。

(6)经专业培训机构培训的与销售代理业务规模相适应的岗位技能人员。

(二)航空客运销售代理业务内容

1 预订

(1)销售代理人在为购票人预订座位前,应要求购票人准确提供乘机人的个人信息和行程需求,包括出行日期、时间、始发地、目的地、票价要求、舱位要求、机型和其他要求。

(2)销售代理人在订票系统中准确输入乘机人的个人信息和联系方式。

(3)销售代理人在确认出票前,应如实履行告知义务,告知信息包括且不限于航班号、实际承运人、航班时间、始发地(航站楼信息)、经停地、中转地、中转时间、乘机所需证件、最晚出票时间、最晚办理乘机手续时间、客票价格及限制条件、行李限额、随身携带物品和托运行李等相关规定,并保存已履行告知义务的相关证据。

(4)销售代理人在航班发生延误或者取消等变更时,应及时按购票人预留联系方式进行告知。

(5)在运输过程中,有特殊需求的旅客,可按航空公司规定执行。

❷ 出票

旅客付款后,销售代理人应及时为旅客以真实票价进行出票,并按旅客需求为其开具行程单。

❸ 变更

(1)在办理自愿变更申请时,销售代理人应严格按照客票适用条件和航空公司间的协定为旅客办理变更手续。客票变更服务中,严格按照客票适用条件收取费用。

(2)因航班延误或者取消,在办理非自愿变更申请时,销售代理人应及时告知乘机人服务保障措施,在征询乘机人同意后方可办理。

❹ 退票

(1)乘机人提出退票申请时,应按客票适用条件计算退票费,在征得乘机人同意后,为其办理退票手续,同时收回已开具的行程单。

(2)乘机人因病或者其他意外事项提出非自愿退票申请时,应及时告知乘机人提供相应材料并提交航空公司审核,待出票航空公司审核通过后为旅客办理非自愿退票手续。

(3)因航班延误或者取消,乘机人提出非自愿退票时,应及时为旅客向航空公司进行申请,待出票航空公司审核通过后为其办理退票手续。

❺ 投诉处理

(1)销售代理人应对外公布投诉服务联系方式,并注明工作时间。

(2)销售代理人应认真、耐心受理旅客投诉。对自身差错导致的投诉,应积极与旅客沟通协商,妥善处理;自身无过错的,应及时告知旅客,并进行说明。

(3)依据《公共航空运输服务消费者投诉管理办法》受理消费者投诉。

❻ 安全责任

(1)安全提示。销售代理人应按要求,将有关乘机安全规则清晰告知乘机人或购票人。

(2)保密责任。销售代理人应采取相应保护措施,不得公开或泄露购票人或乘机人的个人信息。

❼ 禁止要求

(1)不得通过篡改航空公司价格政策及客票使用条件,侵害消费者权益。

(2) 不得违背旅客意愿,以默认搭售等形式为旅客做出购买付费服务的选择。

(3) 不得虚耗航空公司航班座位。

(4) 不得未经授权,擅自销售航空公司特殊运价产品、组合产品或通过第三方渠道销售客票。

(三) 代理人分类及运营模式

按照业务内容分,代理人可以分为单一服务模式和综合服务模式。

❶ 单一服务模式

代理人只提供机票销售代理相关服务。不少航空公司要求代理人需要拥有旅行社、自营销售网站、固定企业客户、呼叫中心等自有销售渠道,才能申请航空公司的机票代理授权;要求代理人要面向终端客户,创造价值,取消客票供应商模式。

❷ 综合服务模式

代理人可以为旅客提供包括机票、酒店、火车票、门票等综合服务。常见的综合服务模式代理人有旅行社、OTA和TMC。

OTA(Online Travel Agency),即在线旅行社,是指通过互联网为消费者提供机票、旅游、酒店等相关信息和服务的在线平台。

TMC(Travel Management Company),即差旅管理公司,可以为客户提供各类差旅产品的预订,并提出优化差旅管理方案的建议,帮助企业降低成本。

以某OTA为例,旅客可以通过该公司的在线平台预订机票、酒店、火车票、景区门票、汽车票、租车等产品服务。在预订机票时,除了传统的票务服务以外,平台还为旅客提供了包括机场攻略、机票需求单、国内机场和国际机场大全等,为旅客提供详细、周到的个性化服务。部分OTA还提供定制游等产品服务。

■ 知识链接

> **航空公司多渠道售票**

2020年7月起,海南航空陆续在携程、去哪儿等OTA平台开展直播活动,销售机票及酒店套餐等产品服务。

2020年12月,中国南方航空公司正式在拼多多上线机票直销业务。

当前多家航空公司在各大社交媒体平台、旅游攻略社区,比如抖音、小红书等,均注册有官方账号,不定期或定期开展直播活动,提供机票、代金券、酒店套餐等产品服务。

部分航空公司还与航旅服务商合作开展机票、升舱产品销售等业务,例如厦门航空与航旅纵横。

任务四　客票退改签业务

一、散客客票变更

客票变更是指对客票改期、变更舱位等级、签转等情形,包括旅客自愿变更客票和旅客非自愿变更客票。

客票办理变更时应符合的条件:①要求变更的客票必须在客票有效期内;②要求变更的客票不得违反票价限制条件;③变更航程和乘机人均按退票处理,重新购票(另有规定除外);④变更承运人按客票签转有关规定办理;⑤客票变更后,客票的有效期仍按原客票出票日期或开始旅行日期计算。

客票变更的工作流程:①销售单位应核对旅客的有效身份证件无误,当旅客以电话形式办理变更或签转业务时,应提供个人有效证件号码、订票日期、航班号与订座信息一致;②检查客票状态为"OPEN FOR USE";③告知旅客变更或签转手续费、票款差价收取及客票有效期规定;④核实并更新旅客有效联系电话;⑤在订座系统里进行客票变更操作;⑥销售单位需要及时取消原定航段或取消原PNR,避免座位虚耗,同时检查变更后新客票各项信息的正确性。

(一)自愿变更客票

自愿变更客票是指旅客因其自身原因要求变更客票。自愿变更有一定限制,航空公司或者其航空销售代理人应当按照所适用的运输总条件和客票使用条件办理。自愿变更客票时,旅客可能需要支付一定的变更手续费和客票差价。另外,部分特价客票有不得自愿变更的限制。

1　自愿改期

旅客购票后,如要求改期,航空公司以及航空公司销售代理人在航班有可利用座位和时间允许的条件下,按客票使用条件办理。

2　自愿变更舱位等级

旅客购票后,如从较低舱位等级变更为较高舱位等级,或从较低票价变更为较高票价,需要支付票价差额,变更手续费按航空公司具体规定执行。如从较高舱位等级变更为较低舱位等级或从较高票价变更为较低票价,则按自愿退票办理。

3　自愿改变航程

旅客购票后,如自愿改变航程,则按自愿退票办理。

❹ 自愿签转

旅客自愿要求改变承运人,应征得原承运人或其授权代理企业的同意,并在新承运人允许且符合规定条件下,承运人可予以签转。

(二)非自愿变更客票

非自愿变更客票指因航班取消、延误、提前、航程改变、舱位等级变更或者承运人无法运行原航班等情形,导致旅客变更客票的情形。在处理非自愿变更时,需要分清是承运人还是非承运人原因导致的变更。由于承运人原因导致旅客非自愿变更客票的,航空公司或者其航空销售代理人应当在有可利用座位或者被签转航空公司同意的情况下,为旅客办理改期或者签转(即变更航空公司),不得向旅客收取客票变更费。另外,不同承运人对于非自愿变更的处理规定不尽相同,需要根据具体承运人的要求执行。

以某航空公司规定为例,如下是该航空公司关于非自愿变更的具体要求,这些要求仅适用于该航空公司作为承运人的航班。

❶ 由于非承运人原因导致客票非自愿变更

"非承运人原因"是指与承运人内部管理无关的其他原因,包括天气、突发事件、空中交通管制、安检、旅客等因素。由于非承运人原因导致非自愿变更客票的,该航空公司将考虑旅客的合理需要并采取以下措施之一。

(1)为旅客优先安排有可利用座位的本航空公司航班。

(2)客票使用条件无非自愿签转限制且征得旅客及有关承运人的同意后,办理签转手续。

(3)变更原客票列明的航程,安排本航空公司航班,将旅客运达目的地或中途分程点,票款和超额行李费的差额多退少不补。

❷ 由于承运人原因导致客票非自愿变更

"承运人原因"是指承运人管理原因,包括机务维护、航班调配、机组调配等。由于承运人原因导致非自愿变更客票的,该航空公司将考虑旅客的合理需要并采取以下措施之一。

(1)为旅客优先安排有可利用座位的本航空公司航班。

(2)征得旅客及有关承运人的同意后,办理签转手续。

(3)变更原客票列明的航程,安排旅客乘坐本航空公司或其他承运人的航班,或者双方认可的其他运输方式将旅客运达目的地或中途分程点,票款、超额行李费和其他服务费用的差额多退少不补。

❸ 因其他原因导致客票非自愿变更

在联程航班中,因其中一个或者几个航段变更,导致旅客无法按照约定时间完成整个行程的,本航空公司作为缔约承运人将协助旅客到达最终目的地或者中途分程点。

例如,一位旅客购买了某航空公司海口飞北京的航班,起飞当天因飞机机械故障原因取消航班,客票改期到第二天,旅客客票舱位不变。请问旅客需要支付多少变更费?

解析：根据规定，因承运人原因导致的非自愿变更，航空公司或者其航空销售代理人不得向旅客收取客票变更费。

例如，一位成人旅客于8月17日购买一张某航空公司8月29日海口飞广州3.6折的机票，票价为750元。现今旅客因个人原因于8月21日提出将客票变更为9月2日同一舱位。该机票的退改要求如表3-1所示，请计算该旅客需要支付多少费用？

表3-1　机票退改要求

		8月22日07:00前	8月27日07:00前	8月29日03:00前	8月29日03:00后
成人票	变更手续费（每次）	￥75/人	￥225/人	￥375/人	￥525/人
	退票手续费	￥150/人	￥300/人	￥525/人	￥675/人
	签转条件	不得签转			

注：客票自愿变更时，需要同时收取票价价差和变更手续费。

解析：此次客票变更属于自愿变更，不涉及票价价差，只需要支付变更手续费。根据表格要求，旅客需要支付费用为75元。

例如，一位成人旅客于8月17日购买一张某航空公司8月29日海口—广州3.6折的机票，票价为750元。现今旅客因个人原因于8月28日提出将客票变更为9月5日最低票价。已知9月5日当天该航空公司海口—广州最低票价为900元，该机票的退改要求如表3-2所示，请计算该旅客需要支付多少费用？

表3-2　机票退改要求

		8月22日07:00前	8月27日07:00前	8月29日03:00前	8月29日03:00后
成人票	变更手续费（每次）	￥75/人	￥225/人	￥375/人	￥525/人
	退票手续费	￥150/人	￥300/人	￥525/人	￥675/人
	签转条件	不得签转			

注：客票自愿变更时，需要同时收取票价价差和变更手续费。

解析：题中客票变更涉及变更手续费与票价价差收取。根据表格中客票退改要求，计算如下。

变更手续费：375元。

票价价差：900－750＝150元。

需要支付费用：375＋150＝525元。

该旅客需要支付费用为525元。

二、散客退票

退票是指由于旅客自身的原因或航空公司无法运行原航班或航变等原因，未能使用部分或全部客票，在客票退票期限内，按规定退还旅客票款的情形。退票包括旅客非自愿退票和旅客自愿退票。

除遗失客票的情形外,购买纸质客票的旅客必须凭客票未使用的全部乘机联和旅客联,方可办理退票;购买电子客票的旅客凭本人有效身份证件办理退票,并交回已打印的电子客票行程单,退票时其电子客票须为有效状态。

(一) 非自愿退票

旅客非自愿退票,可以在原购票地、航班始发地、经停地、终止地的票证所属承运人售票处或引起非自愿退票发生的票证所属承运人的地面服务代理人售票处办理。

(二) 自愿退票

旅客自愿退票,在出票地要求退票,只限在原购票的售票处办理。通过航空公司官网、航空公司热线销售的客票除原购票售票处可以退票外,也可以在承运人直属柜台办理;在出票地以外航班始发地或终止地要求退票,可以在当地的承运人直属售票处办理,如当地无承运人售票处,可以在经承运人特别授权代理办理退票。

如旅客在航班经停站或联程站办理退票,因时间仓促或退款较多,办理退票确有困难,可以在征得旅客同意后,在订座终端中取消旅客所退航段并在票上注明退座的时间、退票的原因和航段,加盖公章,转请出票站或到达站办理。

除另有规定外,旅客办理退票,可以在原购票地或承运人直属售票处办理。

在非客票上列明的地点发生不正常航班,旅客要求退票,需要凭始发站登机牌原件、不正常航班证明及本人有效身份证件办理(纸质客票还须提供旅客联原件或复印件)。

有下列情况之一的客票,严禁办理退票。

(1) 超过客票有效期的客票。

(2) 不完整的纸质客票(缺失乘机联或旅客联)。

(3) 已经乘机(乘机联有值机记录或电子客票状态为"已使用")的客票。

(4) 编造"航班延误""航班取消"理由要求退票的客票。

(5) 提供虚假病历手续要求按病退处理的客票。

(6) 办理了遗失票证手续但未满有效期或未经结算中心确认是否已被冒乘、冒退的遗失客票。

(7) 属性不能确定的客票。

(8) 票价、航段、舱位进行了删改处理的客票。

(9) 其他违反民航运输有关规定填开的客票。

退票时,需要一并退还旅客购票时缴交的尚未发生且可退还的税费。无余款可退或不得退票的客票,也可以单独退还税费,且不扣除手续费,但需要在退款期限内办理。

另外,不同航空公司对于退票的要求相同,具体操作要参照承运人的要求。

■ 知识链接

以某航空公司规定为例,如下是该航空公司关于国内运输退票的具体要求。以下要求仅适用于该航空公司作为承运人的航班。

一、自愿退票

自愿退票,是指旅客因其自身原因要求退票。自愿退票可按下列规定办理。

(1)按照现行适用的客票使用条件规定办理。

(2)凭中华人民共和国革命残疾军人证和中华人民共和国伤残人民警察证等享受成人普通票价50%优惠的革命伤残军人和因公致残的人民警察要求退票,免收退票费。使用本航空公司公布的其他舱位优惠票价购票的军警残旅客,退票按照具体对应舱位规定执行。

(3)如无特别说明,使用成人普通运价10%优惠的不占座婴儿旅客要求退票,免收退票费。

(4)旅客在航班的经停地自愿终止旅行,该航班未使用航段的票款不退。

(5)退票费的费率以退座时间计算。

(6)退票费按客票票面价计算。直减运价退票规则按照现行适用的客票使用条件规定办理。

(7)退款进位:客票的票价以人民币10元为计算单位,其他任何费用以人民币元为计算单位,尾数四舍五入。涉及计算退票手续费数额及需减去的票款数额时,须先进位后再进行下一步计算。

二、非自愿退票

非自愿退票,是指因航班取消、延误、提前、航程改变、舱位等级变更或者承运人无法运行原航班等情形,导致旅客退票的情形。非自愿退票可按下列规定办理。

(1)客票完全未使用,退还全部已付票款(含税款),不收取退票费。

(2)由于非承运人原因,造成客票部分使用后退款,退还的票款为旅客所付票价减去已使用航段的票价金额,此金额应为与原实付票款相同折扣率;剩余部分全部退还给旅客,但所退金额不得超过原付票款金额。

(3)由于承运人原因,造成客票部分使用后退款,退还未使用航段的票价金额,此金额应为与原实付票款相同折扣率;但所退金额不得超过原付票款金额。

(4)如班机在非客票所列经停地降落,旅客要求退票,应退还由降落站至到达站与原实付票款相同折扣率或舱位的票款,但不得超过原付票款金额,不收取退票费。降落地至到达站票价,优先选择适用的承运人运价。如果降落站至到达站没有公布运价,则退还降落站至到达站之间公共交通工具的票款。在同一运输工具出现几种符合条件的运价时,选择中间水平的价格。

(5)旅客自愿变更航班并支付变更费用后,其所变更的航班发生不正常时,旅客要求退票,不收退票费,但已付变更费用不退还。

(6)旅客因病退票,在航班始发站提出,退还全部票款,在航班经停站(备降站)提出,则应扣除已使用航段对应的折扣票款后,退还余款。旅客因伤病要求退票,需要在航班计划出港前提出申请并退座,同时提供县级(含)以上医疗单位出具的真实有效的、在客票列明的航班飞行期间不适宜乘机的诊断证明,免收退票手续费;伤病旅客的2名陪伴人员要求退票,应与伤病旅客同时办理退票手续。

无论何种原因退票,退票时需要一并退还旅客购票时缴交的尚未发生且可退还的税款。无余款可退或不得退票的客票,也可单独退还,且不扣除手续费,但需要在退款期限内办理。

例如,一位成人旅客于8月17日购买一张某航空公司8月29日海口—广州3.6折的机票,票价为750元,民航发展基金为50元,燃油附加费为70元。现今旅客因个人原因于8月21日提出退票。该机票的退改要求如表3-3所示,请计算应退还给旅客多少钱?

表3-3 机票退改要求

		8月22日07:00前	8月27日07:00前	8月29日03:00前	8月29日03:00后
成人票	变更手续费(每次)	¥75/人	¥225/人	¥375/人	¥525/人
	退票手续费	¥150/人	¥300/人	¥525/人	¥675/人
	签转条件	不得签转			

注:客票自愿变更时,需要同时收取票价价差和变更手续费。

解析:该旅客属于自愿退票,需要支付退票手续费。购票时缴交的税款因旅客尚未搭乘航班,所以全额退还,具体计算如下。

退票手续费:150元。

应退还金额:750-150+50+70=720元。

应该退还旅客720元。

例如,一位成人旅客于8月17日购买一张某航空公司8月29日海口—广州3.6折的机票,票价为750元,民航发展基金为50元,燃油附加费为70元。航班起飞当天因天气原因发生延误,旅客要求退票。该机票的退改要求如表3-4所示,请计算应退还给旅客多少钱?

表3-4 机票退改要求

		8月22日07:00前	8月27日07:00前	8月29日03:00前	8月29日03:00后
成人票	变更手续费(每次)	¥75/人	¥225/人	¥375/人	¥525/人
	退票手续费	¥150/人	¥300/人	¥525/人	¥675/人
	签转条件	不得签转			

注:客票自愿变更时,需要同时收取票价价差和变更手续费。

解析:该旅客属于非自愿退票,承运人或者其航空销售代理人不得收取退票费。按照该航空公司非自愿退票规定,该客票完全未使用,应该退还全部已付票款(含税款),具体计算如下。

应退还金额:750+50+70=870元。

应该退还旅客870元。

虽然不同承运人对于客票退改签的要求不尽相同,但仍有部分要求具有普适性。下面图3-2所列的是客票退改签的一般性要求。

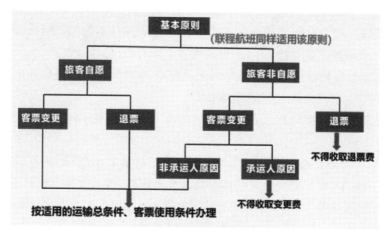

图3-2　客票退改签

(图片来源:中国民用航空局官网)

三、团体旅客退票、变更和签转规定

团队旅客的退改签要求与散客不尽相同。不同承运人对团体旅客退改签的要求也不同。国内业务与国际要求也有所区别。以某航空公司规定为例,如下是该航空公司关于团体旅客国内客票退改签的具体要求,该要求仅适用于该航空公司作为承运人的航班。

(一)国内临时团队旅客自愿退票

(1)全航程团队产品不允许部分航程退票。

(2)全航程产品总价格与全航程经济舱全票价总价格之比在30%(不含)以下,不允许自愿退票,未成行客票可退税款。

(3)全航程产品总价格与全航程经济舱全票价总价格之比在30%(含)以上至45%(不含)以下,团队旅客购票后自愿要求退票,除本航空公司具体产品另有规定外,按下列规定收取退票费。

① 在全航程首段始发航班预计离站时间之前168小时(含)前退票,收取客票票面价30%的退票费。

② 在全航程首段始发航班预计离站时间之前168小时(不含)后至预计离站时间48小时(含)前退票,收取客票票面价50%的退票费。

③ 在全航程首段始发航班预计离站时间之前48小时(不含)后至预计离站时间4小时(含)前退票,收取客票票面价100%的退票费。

④ 在全航程首段始发航班预计离站时间之前4小时(不含)后,收取客票票面价100%的退票费。

(4)全航程产品总价格与全航程经济舱全票价总价格之比在45%(含)以上至80%(不

含)以下,团队旅客购票后自愿要求退票,除本航空公司具体产品另有规定外,按下列规定收取退票费。

① 在全航程首段始发航班预计离站时间之前168小时(含)前退票,收取客票票面价10%的退票费。

② 在全航程首段始发航班预计离站时间之前168小时(不含)后至预计离站时间48小时(含)前退票,收取客票票面价25%的退票费。

③ 在全航程首段始发航班预计离站时间之前48小时(不含)后至预计离站时间4小时(含)前退票,收取客票票面价40%的退票费。

④ 在全航程首段始发航班预计离站时间之前4小时(不含)后,收取客票票面价50%的退票费。

(5) 全航程产品总价格与全航程经济舱全票价总价格之比在80%(含)以上,团队旅客购票后自愿要求退票,除本航空公司具体产品另有规定外,按下列规定收取退票费。

① 在全航程首段始发航班预计离站时间之前168小时(含)前退票,收取客票票面价10%的退票费。

② 在全航程首段始发航班预计离站时间之前168小时(不含)后至预计离站时间48小时(含)前退票,收取客票票面价15%的退票费。

③ 在全航程首段始发航班预计离站时间之前48小时(不含)后至预计离站时间4小时(含)前退票,收取客票票面价30%的退票费。

④ 在全航程首段始发航班预计离站时间之前4小时(不含)后,收取客票票面价40%的退票费。

(6) 如果团队旅客中部分成员自愿要求退票,团队乘机人数发生改变,除票价另有规定外,按下列规定办理。

① 如乘机的团队旅客人数不少于本航空公司具体产品规定的最低团队人数时,按团队旅客正常退票规定办理。

② 如乘机的团队旅客人数少于本航空公司具体产品规定的最低团队人数时,如客票全部未使用,将团队旅客原付票价总金额扣除乘机旅客按正常票价(全票价)计算的票款总金额后,再扣除按正常团队退票规定的退票费,差额多退少不补。如客票已部分使用,不允许自愿退票。

(二) 国内计划团队旅客自愿退票

除本航空公司具体产品另有规定外,国内计划团队不允许自愿退票,未成行客票可退税款。

(三) 国内团队旅客非自愿变更及退票

如因航班取消、提前、延误、航程改变或不能提供原定座位时,航空公司应当考虑旅客的合理需要,并采取以下措施之一。

(1) 为旅客免费安排有可利用座位的本航空公司航班。

(2) 变更原客票列明的航程,安排本航空公司航班,将旅客运达目的地或中途分程点。

(3) 如本航空公司航班无法保障,由于本航空公司原因以致航班发生变更和取消,在

征得旅客和有关承运人同意后,可为旅客办理签转手续。

(4)由于天气、空中交通管制等无法控制或不能预见的非承运人原因以致航班发生变更和取消,不得变更至非本航空公司市场方航班。

(5)团队旅客可申请在原购票地办理非自愿退票。客票完全未使用,退还全部已付票款;客票已部分使用,按航段里程比例分摊退还未使用航段的票款。均不收取退票费。

(四)国内团队旅客误机

如果国内团队旅客误机,票款不退。

(五)国内团队旅客自愿变更、签转

在购买团队客票后,如自愿要求改变航班、日期、承运人,航空公司将按团队旅客自愿退票办理。

项目小结

本项目介绍了客票销售相关规定,包括客票的定义及分类、旅客购票证件、客票销售渠道以及客票退改签业务。每位旅客乘机均需要购买客票。客票是旅客与承运人之间的运输契约,是承运人之间、承运人与代理人之间结算的凭证。可以根据不同的分类标准,将客票分为不同类型。旅客可以通过售票处、官方网站、App、新媒体、呼叫中心等进行购票。旅客购票乘机时,需要提供有效的身份证件,且购票证件与乘机证件得保持一致。如果因特殊情况,无法按照原计划出行,旅客可以根据承运人运输要求,进行客票退改签操作。

项目训练

一、简答题

1.旅客购买机票的有效证件有哪些?

2.请简述客票有效期相关规定。

3.旅客购买机票的渠道有哪些?

二、计算题

已知该航空公司客票变更相关规定如下表所示。请根据题目要求,进行计算。

自愿变更 手续费收费标准(按对应航段的票面价格收取)					
服务等级	舱位代码	航班起飞前14天(336小时)(含)之前	航班起飞前14天(不含)至48小时(含)	航班起飞前48小时(不含)至4小时(含)	航班起飞前4小时(不含)至航班起飞后
头等舱	F	免费	免费	5%	10%
	A	免费	5%	10%	15%
公务舱	J	免费	免费	5%	10%
	C/D/ZR	5%	5%	10%	15%
超级经济舱	G	免费	5%	5%	10%
	E	5%	10%	15%	20%
经济舱	Y	免费	5%	5%	10%

续表

服务等级	舱位代码	航班起飞前14天(336小时)(含)之前	航班起飞前14天(不含)至48小时(含)	航班起飞前48小时(不含)至4小时(含)	航班起飞前4小时(不含)至航班起飞后
经济舱	B/M/U	5%	10%	15%	20%
	H/Q/V	10%	15%	30%	40%
	W/S	15%	25%	45%	60%
	T/L/P/N/K	20%	30%	50%	60%

1. 某旅客购买了9月14日该航空公司三亚—北京的机票,航班离站时间为20:55,预订M舱,票价为1500元(不含民航发展基金和燃油附加费),含税票价1670元,旅客于9月14日15:00因个人原因提出改为第二天的同一航班的同一舱位,工作人员应收取多少变更费?

2. 某旅客购买了9月14日该航空公司三亚—北京的机票,航班离站时间为20:55,预订M舱,票价为1500元(不含民航发展基金和燃油附加费),含税票价1670元,旅客于9月14日19:00因个人原因提出改为第二天的同一航班的同一舱位,工作人员应收取多少变更费?

3. 某旅客购买了9月14日该航空公司三亚—北京的机票,航班离站时间为20:55,预订M舱,票价为1550元(含税,其中民航发展基金50元/人,燃油附加费120元/人),旅客于9月14日19:00因个人原因提出改为第二天的同一航班的同一舱位,工作人员应收取多少变更费?

4. 旅客购买了10月20日的三亚—西安的机票,票款为1100元(6折),民航发展基金50元/人,燃油附加费140元/人,但由于航班延误4小时,旅客提出退票,请计算应退票款。

5. 一名成人旅客带1名婴儿,乘坐10月28日SHA—PEK的航班,成人票价为7折,现在旅客于飞机起飞前提出退票,请计算退票费和应退票款。已知全价为1130元,民航发展基金50元/人,燃油附加费140元/人。该航空公司自愿退票相关规定如下:

舱位	航班离站前	航班离站后	
头等舱、商务舱	免费	10%	包括儿童票
经济舱8折—全价票	5%	10%	包括儿童票
55折—75折	10%	20%	
4折—5折	30%	40%	

项目四　特殊旅客运输

　项目目标

○ 职业知识目标

1. 掌握特殊旅客的定义与分类。
2. 掌握特殊旅客的购票要求、特色服务申请以及乘机要求。

○ 职业能力目标

1. 能够根据特殊旅客有关运输规定,准确、熟练地应对旅客问询。
2. 能够根据特殊旅客有关运输规定,为旅客办理相关业务。

○ 职业素质目标

学习民航关于特殊旅客的有关规定,弘扬中华传统美德,践行真情服务理念。

知识框架

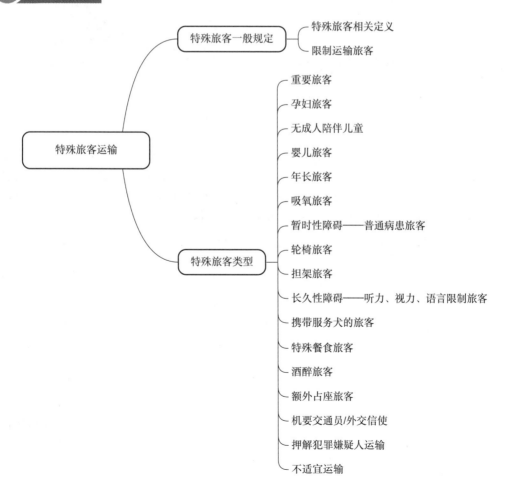

 **项目引入**

与时间赛跑 为生命护航

2021年4月30日23:42,南方航空一航班在准备进行滑行起飞时,接到一个"特殊任务"——护送7岁小男孩紧急前往乌鲁木齐进行接臂手术。23点49分,经多方协调,该飞机滑回停机位,等待这位特殊的旅客。23点54分,受伤的小旅客与家属顺利登机。次日00:09,航班起飞。经过数人和有关单位的齐心协力,在这场与时间的赛跑中,这位特殊的小旅客终于在"黄金8小时"救治时间内,成功转至乌鲁木齐并顺利完成手术,保住了手臂。

航空运输作为交通运输体系中重要的一环,曾发生过无数起为特殊旅客护航的感人事迹。在日常工作过程中,乘务人员可能会遇到许许多多需要帮助的"特殊旅客",乘务人员要坚守"人民航空为人民"的初心,为生命护航。

 # 任务一 特殊旅客一般规定

一、特殊旅客相关定义

(一) 特殊旅客

特殊旅客是指在接受旅客运输和旅客运输过程中,承运人需要给予特别礼遇,或需要给予特别照顾,或需要符合承运人规定的运输条件方可承运的旅客。特殊旅客一般包括限制旅客、无成人陪伴儿童、年长旅客、孕妇旅客、婴儿旅客、犯罪嫌疑人及其押解人员、特殊餐饮旅客、酒醉旅客、额外占座旅客、机要交通员/外交信使等。

注意:成人是指年满18周岁且具有完全民事行为能力的人。

(二) 限制旅客

限制旅客是指任何有长久性或暂时性、身体或精神损伤,实际限制其一项或多项主要生活能力的旅客。长久性障碍分为长久性听力障碍、长久性视力障碍、长久性语言障碍、长久性移动障碍(主要包含使用轮椅旅客、担架旅客等)、精神障碍五种情况。暂时性障碍分为普通病患和传染病两种。传染病分为甲类、乙类、丙类。

1 限制旅客团体

限制旅客团体是指统一组织的人数在10人(含)以上,航程、乘机日期和航班相同的具备乘机条件的限制旅客。

2 具备乘机条件的限制旅客

具备乘机条件的限制旅客是指购买或持有有效客票,为乘坐客票所列航班到达机场,利用承运人、机场和机场地面服务代理人提供的设施和服务,符合适用于所有旅客的、合理的、无歧视运输合同要求的限制旅客。

中国民航局《残疾人航空运输管理办法》中,对航班上载运在运输过程中没有陪伴人员,但在紧急撤离时需要他人协助的限制旅客数进行了限制:航班座位数为51—100个时,为2名;航班座位数为101—200个时,为4名;航班座位数为201—400个时,为6名;航班座位数为400个以上时,为8名;载运限制旅客数超过上述规定时,应按1∶1的比例增加陪伴人员,但限制旅客数最多不得超过上述规定的一倍;载运限制旅客团体时,在按1∶1的比例增加陪伴人员的前提下,承运人采取相应措施,可酌情增加限制旅客乘机数量。

相关知识
▼
限制旅客的辅助设备

(三)医疗证明

医疗证明是指医生开具说明旅客不需要特殊医疗救助即可安全结束飞行的书面证明。承运人认可的医疗证明或诊断证明书是指由县、市级或相当于这一级的医疗单位填写旅客的病情及诊断结果,并经医生签字、医疗单位盖章。境外需要由政府部门认可具备行医资格的医生填写。该医疗证明或诊断证明书有填开时限等方面的具体规定。

相关知识
▼
限制旅客的随行安全助理范围

二、限制运输旅客

限制运输旅客包括无成人陪伴儿童、担架旅客、无自理能力的人、怀孕32周(含)至36周(不含)的孕妇、在飞行途中需要使用呼吸辅助设备的旅客、病患旅客、在紧急撤离时需要协助的残疾旅客或需要特殊帮助的旅客等。限制运输旅客由于年龄、身体或精神状况在旅途中需要特殊照顾或在一定条件下才能运输,只有在符合承运人规定的条件下,经承运人预先同意并在必要时做出安排后方予载运。

相关知识
▼

限制旅客的座位安排

出于安全的考虑,承运人会对每一航班限制运输旅客的数量进行相应的控制。承运人遵照民航主管部门关于残疾人航空运输相关法律法规,为具备乘机条件的残疾人提供运输。

如果旅客存在以下情况,应持有承运人认可的医疗证明或诊断证明书,经有关承运人同意后,方可购票及乘机。

(1)旅客携带早产婴儿保育箱旅行的。

(2)携带符合规定的便携式制氧机(POC)并需要在飞行中使用,且身体能耐受的旅客。

(3)已知患严重的传染性疾病,但如采取一定的预防措施可防止传染他人的。

(4)单胎怀孕超过32周、不足36周的孕妇。

(5)旅客乘坐飞机对其健康状况有威胁的,或在飞行中需要特别医疗护理的,或在飞行途中可能发生的对旅客健康和飞行安全造成不良影响的。

旅客需要了解飞行过程中突发疾病可能存在的风险和应当承担的责任,包括航空公司因为救治旅客改航备降所产生的费用等。对于明知自身存在不适宜乘机的情形,却通过隐瞒、欺骗或误导等方式违反与承运人的约定而实现购票乘机的旅客,承运人可以通过起诉旅客缔约过失、追偿相关费用等方式追究其相关责任。

任务二　特殊旅客类型

一、重要旅客

根据旅客身份、职务的不同,可以将重要旅客分为 VVIP、VIP 和 CIP 三类。不同航空公司对于各类型旅客的划分标准不尽相同。如下是某航空公司关于重要旅客的分类。

(一) VVIP

(1) 中共中央总书记、中央政治局常委、委员、候补委员。

(2) 国家主席、国家副主席。

(3) 全国人大常委会委员长、全国人大常委会副委员长。

(4) 国务院总理、国务院副总理、国务委员。

(5) 全国政协主席、全国政协副主席。

(6) 中央军委主席、中央军委副主席。

(7) 最高人民检察院检察长。

(8) 最高人民法院院长。

(9) 外国国家元首、政府首脑、外国议会议长及副议长、联合国秘书长。

(二) VIP

(1) 省、部级(含副职)以上负责人。

(2) 军队在职正军职少将以上负责人。

(3) 公使、大使级外交使节。

(4) 由各部、委以上单位或我驻外使、领馆提出要求按重要旅客接待的客人。

(5) 军队特级/一级/二级文职干部。

(6) 军队退役、离退休正军职少将以上级别军人。

(7) 军队退役、离退休特级/一级/二级文职干部。

(8)中国科学院院士、中国工程院院士。

(9)共和国勋章获得者。

(10)中国国家荣誉功勋获得者。

(11)国家最高科学技术奖获得者。

(三) CIP

(1)党政界:厅级(含副职)党政负责人。

(2)军警界:大校、上校级别领导;省级武警、公安、消防部队负责人。

(3)金融界:各省级银行副行长及以上级别领导;中国证监会、国家金融监督管理总局直属分支机构或省级分支机构负责人,中国证券业、银行业、保险业等金融机构主要领导或其直属分支机构、省级分支机构负责人。

(4)其他工商、教育、传媒、医学、体育等社会知名人士,国内核心媒体主要领导,国内知名企业主要领导。

二、孕妇旅客

(1)怀孕不足32周的孕妇:除医生诊断不适应乘机者外,按一般旅客接受运输(此类旅客运输不受限制)。

(2)怀孕32周(含)但不足36周的孕妇:如有特殊情况需要乘机,应有成人陪伴,并按照承运人的要求出具适宜乘机诊断证明书。

(3)怀孕36周(含)的孕妇,预产期临近但无法确定准确日期、已知为多胎分娩或者预计有分娩并发症者,顺产后不足7天者,难产以及早产经医生诊断不宜乘机者,承运人不予承运。

注意:由于飞机是在高空飞行,高空空气中氧相对减少,气压降低。因此,对孕妇乘坐飞机有一定的限制条件。尽管有研究表明妊娠期的任何阶段乘坐飞机都是安全的,但是,为了慎重起见,各航空公司通常对孕妇乘机制定了一些运输规定,只有符合运输规定的孕妇,承运人方可接受其乘机。

三、无成人陪伴儿童

无成人陪伴儿童(简称无陪儿童),是指年龄满5周岁(含5岁公历生日当天)但不满12周岁(不含12岁公历生日当天),且没有年满18周岁有民事行为能力的成年人陪伴乘机的儿童。

承运人对于每段航班上的无陪儿童数量有所限制,有些按照年龄限制乘机人数,有些根据机型限制乘机人数。无成人陪伴儿童要提前向承运人提出申请,并办理无成人陪伴儿童运输的相关手续后,方可乘机。

无陪儿童不适合航空运输范围:12周岁(不含12岁公历生日当天)以下的病残儿童单

独乘机;国内、国际串飞航班的年龄满5周岁(含5岁公历生日当天)但不满12周岁(不含12岁公历生日当天)的旅客单独乘机;在非航空公司或航空公司未授权的售票处出票的旅客。

对于符合条件的无陪儿童,承运人免费提供无陪儿童服务项目。申请该服务时,必须出具儿童的户口簿或身份证、出生证、护照及其父母或监护人的身份证。

在办理值机手续时,值机员应核对特殊旅客服务需求单及无陪儿童身份证件的有效性。核对无误后,方可办理乘机手续。单个无陪儿童应尽可能安排在前排座位,多名无陪儿童应集中安排在便于客舱乘务员照料的适当的前排座位但不得安排在飞机的紧急出口。

承运人为无陪儿童提供"行李优先"服务。从无陪儿童办理乘机手续至登机完成后的整个候机期间,特服人员应全程陪伴无陪儿童,无陪儿童的父母或其监护人应在航班起飞后离开。无陪儿童可安排先于其他旅客登机,提供引导服务。

四、婴儿旅客

婴儿旅客指出生满14天且不满2周岁的婴儿。婴儿应由年满18周岁且具有完全民事行为能力的成人陪伴乘机,不单独占用座位。出生不足14天的婴儿和出生不足90天的早产婴儿(早产婴儿指胎龄满28周且不满37周),承运人无法承运。

注意:由于新生儿的抵抗力差,呼吸功能不完善,咽鼓管又短,鼻咽部常有黏液阻塞,飞机起降时气压变化大,对身体刺激大,新生儿一般不会做吞咽动作,难以保持鼓膜内外压力平衡。因此,航空公司对婴儿乘机有一定的限制条件。

为确保飞行安全,根据民航局颁布的各机型旅客载运数量安全规定,每类机型每条航线的婴儿旅客载运数量均有不同的载运标准。婴儿载运数量应少于该航班机型的冗余氧气面罩的数量。每位成人旅客最多只可携带1名婴儿。

五、年长旅客

年长旅客是指乘坐民航飞机的健康老人。年长旅客可以分为独立乘机老人和有人陪伴乘机老人。

无陪长者是指单独乘坐飞机,需要上下机引导以及空中关照服务的年长旅客,代码为"UMAD"。没有申请无陪服务的独立乘机老人,不提供无陪服务。无陪长者应安排在客舱前舱靠近过道的位置,不得安排在紧急出口座位。无陪长者可安排先于其他旅客登机。在有专用特殊旅客休息室的地区,可安排无陪长者前往特殊旅客休息室休息。无陪长者的托运行李,应当拴挂"优先行李"标识牌。

六、吸氧旅客

吸氧旅客是指需要在航班飞行途中使用自带呼吸辅助设备的旅客。呼吸辅助设备的范围:便携式制氧机(POC)、持续气道正压通气设备(CPAP)、通气机、呼吸器。对于处于昏迷状态的吸氧旅客,或在地面候机期间也需要用氧的旅客,承运人将不予承运。不得携带用于贮存、产生或者分配氧气的设备登机。吸氧旅客购票乘机需要按照规定的时间向承运人申请,并开具医疗诊断证明书。

陪护人员要求:旅客对呼吸辅助设备的目视和声响警告有认知能力,在不需要帮助的情况下可以自行对这些警告采取合适的行为,并且在发生紧急情况时,能自行从机上紧急撤离。满足以上条件,旅客可以独自乘机。如旅客同时因精神障碍或视听障碍等,而没有能力对机上工作人员介绍的安全说明和注意事项加以理解或做出反应,不能自行从机上紧急撤离,则必须有随行陪护人员。

七、暂时性障碍——普通病患旅客

暂时性障碍是指任何暂时性身体或精神损伤,导致其一项或多项主要生活能力受到限制,从而产生障碍。飞机是在高空飞行,高空空气中氧相对减少,气压降低,很多情况不适宜航空旅行。病患旅客购票乘机需要咨询有关承运人和医生。

相关知识

某航空公司关于病患旅客乘机的建议

八、轮椅旅客

根据旅客身体情况,将轮椅服务分为三种类型:WCHR、WCHS、WCHC。

(一) WCHR

借助WCHR(Wheel Chair-R for Ramp)轮椅,旅客可以通过停机坪。旅客可以自己走到或者离开客舱座位和上下客梯,仅需要一定的工具,帮助自己从候机室到达或者离开飞机。此类使用轮椅旅客被视为有自理能力使用轮椅旅客,运输不受限制。

(二) WCHS

借助WCHS(Wheel Chair-S for Step)轮椅,旅客可以上下客梯。旅客可以自己走到或者离开客舱座位,需要一定的工具帮助自己上下客梯和从候机室到达或者离开飞机。此类使用轮椅旅客被视为有半自理能力使用轮椅旅客。

(三) WCHC

借助WCHC(Wheel Chair-C for Cabin Seat)轮椅,旅客可以到达或者离开客舱座位。旅客自己完全不能行动,需要一定的工具帮助自己从候机室到达或者离开飞机,上下客梯和到达或者离开客舱座位。此类使用轮椅旅客被视为无自理能力使用轮椅旅客,运输需要符合一定条件。

九、担架旅客

担架STCR(Stretcher)旅客,是指旅客乘坐航班,在飞机起飞至降落整个航行过程中,不能够以直立姿势坐于座位上,在使用担架或其他设备条件下,旅客以平躺状态进行航空运输。

担架旅客运输条件如下。

（1）原则上每一航班的每一航段上，只限载运1名担架旅客。

（2）如旅客为病患等其他特殊情况，必须满足承运人有关病患等其他特殊情况乘机条件。

（3）处于休克状态的担架旅客不适合航空运输。

（4）购票乘机需要提供医疗诊断证明书。

（5）担架旅客需要有至少1名医生或者护理人员陪同旅行。

担架旅客需要提前向航空公司提出申请购票，申请时需要满足以上运输条件，经承运人同意后方可购票乘机。

十、长久性障碍——听力、视力、语言限制旅客

（一）听力限制旅客

听力障碍是指由于各种原因导致双耳听力丧失或听觉障碍，而听不到或听不清周围环境的声音。听力障碍分为聋和弱听两类。实际保障中，分为单独乘机和有成人陪伴乘机的听力限制旅客。单独乘机的听力限制旅客可以根据自身情况申请地面引导服务。

（二）视力限制旅客

视力障碍是指由于各种原因导致双眼视力障碍或视野缩小，而难以做到一般人所能从事的工作、学习或其他活动。视力障碍包括盲和低视力两类。实际保障中，视力限制旅客分为单独乘机和有成人陪伴乘机视力限制旅客两类。

（三）语言限制旅客

语言障碍是指由于各种原因导致不能说话或语言障碍，而难以同一般人进行正常的语言交往活动。单纯语言障碍包括失语、尖音、构音不清或严重口吃。除了听力障碍所致的言语障碍，还包括了其他的言语障碍类型，如脑血管病、脑外伤、智力低下等所致的障碍。实际保障中，语言限制旅客分为单独乘机语言障碍和有人陪伴语言限制旅客两类。

听力、视力、语言限制旅客服务项目为免费提供。申请无陪服务或者携带服务犬的限制旅客均需要提前一定时间申请，具体根据承运人相关要求。对于永久性听力、视力障碍乘机，不需要提供医疗诊断证明书。对于耳鼻喉科手术导致暂时性听力障碍或其他病患导致暂时性听力障碍，眼科手术导致暂时性视力障碍或其他病患导致暂时性视力障碍，在手术后指定时间内不能乘坐飞机，过了指定时间后的恢复期内乘坐飞机的旅客，需要提供医疗诊断证明书。

有人陪伴且无其他需求的永久性听力、视力限制旅客，按照正常情况办理。单独乘机的听力、视力限制旅客申请无陪服务，填写特殊旅客服务需求单，旅客姓名标识分别为"UMDF"和"UMBD"。接收服务申请时，需要与旅客确认以下信息：是否需要帮助；是否有陪同人员；是否携带服务犬或其他服务设备；是否需要特殊座位安排。

十一、携带服务犬的旅客

服务犬是指为残疾人生活和工作提供协助的特种犬,包括辅助犬、导听犬、导盲犬等。

(一)服务犬运输原则

对于服务犬是否在客舱或货舱中运输,地面工作人员要考虑以下因素:在符合安全规定下动物是否过大或过重而导致客舱无法容纳;动物是否会对其他人的健康或安全造成直接威胁及是否会严重扰乱客舱服务,如在登机口随意跑动、不断对他人嗥叫或者低吼、咬人或者攻击他人、在客舱或者登机门区域大小便等。

(二)承运限制

服务犬品种限制:犬类,具体品种无限制。若服务犬的行为存在安全隐患或者体型过大,服务犬可能被限制登机。承运人对于每段航班上服务犬的承运数量、申请时限有所限制。

服务犬为免费运输,不收取运输费用。

(三)服务犬运输证明文件

1 国内航班

有效的动物检疫合格证,即动物体检健康证明;有效的服务犬身份证明,如动物工作证或动物身份证、动物训练合格证明书;服务犬疫苗注射证明;旅客本人有效的中华人民共和国残疾人证。

2 国际及地区航班

有关证件要求可参考TIM(旅行信息手册),或咨询相关国家的领事馆、大使馆及通过相关国家政府网站进行查询。

旅客应在申请前为服务犬备妥下列文件。

(1) 相关政府(目的地/中转地)核发的有效入境/过境文件。

(2) 所有行程中涵盖的入境/过境目的地要求的入境许可、健康证明、疫苗注射证明。同时,作为判断是否为辅助工作犬的依据,可以要求旅客出示(非必须)有效的动物训练合格证明书、动物工作证或动物身份证。

(3) 任何行程中涵盖的入境/过境目的地要求的额外特殊文件。

十二、特殊餐食旅客

特殊餐食旅客是指由于宗教、健康等原因需要提供特殊餐饮服务的旅客。特殊餐饮服务需要提前向承运人申请。

相关知识 ▼ 服务犬进入客舱的运输条件

相关知识 ▼ 服务犬运输的流程

■ **知识链接**

特殊餐食种类

序号	餐食代码	餐食种类	餐食详情
1	BBML	婴儿餐	适用于2周岁以下的婴儿的餐食
2	CHML	儿童餐	适用于2—12周岁(不含)的儿童的餐食
3	HNML	印度(教)餐	根据印度人的宗教信仰及饮食习惯制作的非素食餐
4	KSML	犹太餐	购自有犹太餐制作资质及信誉认证的制造商,根据犹太人宗教律法和饮食习惯制作餐食并提供服务
5	MOML	穆斯林餐	具有穆斯林餐食生产资质认证,根据穆斯林的宗教律法和饮食习惯制作的餐食
6	VJML	耆那教餐	根据耆那教习俗准备的印度素食
7	NBML	无牛肉餐	不包括牛肉、小牛肉或相关制品的餐食
8	BLML	清淡餐	餐食为软质、低脂肪、低纤维及不含刺激性食材
9	DBML	糖尿病餐	适合糖尿病人食用的餐食,不含有任何种类的糖
10	LCML	低热能餐	限制脂肪、调味料、肉汁与油炸食材的含量;限制含糖食材
11	LFML	低脂低胆固醇餐	使用低胆固醇、高纤维的材料,无红肉、油炸及高脂肪的餐食
12	LSML	低盐餐	限制使用含有天然盐分和钠的加工食材,不添加盐分的餐食
13	NLML	低乳糖餐	限制使用含有任何乳类及乳类制品的餐食
14	GFML	无麸质餐	不含任何形式的麸质的餐食
15	FPML	水果餐	配备新鲜水果的餐食,水果种类根据供应及季节而定
16	RVML	生鲜蔬果餐	配备新鲜水果和蔬菜的餐食,蔬果种类根据供应及季节而定
17	SFML	海鲜餐	包括一种或多种海鲜,不含其他肉类制品的餐食
18	LQML	流质餐	主要为细小的流体食材,如奶、滤粥或清汤
19	AVML	亚洲素食	印度风味素食餐,口味通常辛辣,无肉类、海鲜及鸡蛋类食材,可能包含少量乳制品
20	VGML	西式素食	西式素食餐,不含肉类、海鲜、蛋类及乳制品食材
21	VOML	东方素食	中式素食餐,不含肉类、海鲜、蛋类及乳制品食材
22	VLML	西式蛋奶素餐	其中可能含有鸡蛋和乳制品的素食餐

资料来源:中国南方航空公司官方网站

十三、酒醉旅客

(一)定义

酒醉旅客,是指饮酒过量,失去自控能力,在航空旅行中对本人及其他旅客乘机安全构成隐患,或明显带来不愉快、可能造成不良影响的旅客。

（二）处置办法

承运人有权根据旅客的外形、言谈、举止，对旅客是否属于酒醉状态做出判断。属于酒醉旅客，承运人不接受运输。

在旅客上机地点，发现旅客处于醉态，不适合旅行或者妨碍其他旅客时，承运人拒绝旅客登机。必要情况下，可以联系机场医务人员协助判断处理。酒醉旅客被拒绝乘机后，已购客票按自愿退票的规定处理。

因在机上醉酒、打架等被机长认为其不适合乘机或被公安机关带走的，托运行李必须卸下。机长对安全检查和飞机安保状况有疑义的，可以要求进行航空器安保搜查。

十四、额外占座旅客

额外占座旅客是指为了个人舒适而要求占用两个或者两个以上座位的旅客。额外占座旅客无申请时限和销售渠道限制。旅客额外占座，应在订座时提出申请，在取得承运人同意后方可运输。额外占座的付费旅客的姓名后应加注代码"EXST"。

十五、机要交通员/外交信使

机要文件或者外交信袋可由机要交通员或者外交信使随身携带，自行保管。如果机要交通员、外交信使要求将机要文件或者外交信袋作为交运行李，也可以办理，但是对该机要文件或者外交信袋，承运人只承担一般交运行李的责任。

十六、押解犯罪嫌疑人运输

押解警力（正式在职民警）至少应当三倍于犯罪嫌疑人。犯罪嫌疑人最多押解三人。押解女性犯罪嫌疑人，应当至少安排一名女性民警。

押解人员乘机时不得携带武器。可以使用手铐等必要的械具约束犯罪嫌疑人，但械具不宜外露。

十七、不适宜运输

承运人不能仅以障碍为由拒绝旅客登机。不构成直接威胁的外表或行为，包括无意识的行为（无礼、烦人、麻烦）均不能作为拒绝登机的理由。为了保证安全，部分情况下旅客不适宜乘机。

以下情况被认为不符合安全运输的条件。

（1）如果认为旅客的情况构成直接威胁，或允许其登机是违反中国民用航空局规章及其他政府管理机构的条例，则可以认定为不适宜运输的情况。

（2）旅客对自身、机组人员、航空公司员工及代理人员工或其他旅客的安全及健康状况造成直接威胁。

注意：对于被认为是直接威胁的疾病，旅客可以出示医疗诊断证明书说明自己能够带病安全旅行以及需要采取其他预防措施，则可以运输。

（3）经合理判断在没有额外医疗服务措施情况下，旅客无法安全完成旅行，并且旅客无法提供或者拒绝提供符合要求的医疗诊断证明书。

（4）旅客相关材料和申请均符合运输规定，但在地面各保障环节中身体状况出现不稳定的情况（如旅客明显呼吸困难或表现疼痛等），经机场航医检查认为旅客没有额外医疗服务措施情况下无法安全完成旅行的范围。

注意：额外医疗服务措施是指可能需要使用机上紧急医疗设备，或者需要旅客选择经过医疗专业培训的人员，或者航班延误/备降时需要必要的医疗救助，或者在航班飞行过程中可能需要额外医疗救助。

（5）对于患有传染疾病的旅客，如果传染疾病对其他旅客的身体健康或安全造成直接威胁，无法通过有效措施控制传染。

（6）其他不符合安全运输条件情况。

项目小结

本项目介绍了特殊旅客的一般规定以及各类型特殊旅客购票、乘机要求等。特殊旅客是指在接受旅客运输和旅客运输过程中，承运人需要给予特别礼遇，或需要给予特别照顾，或需要符合承运人规定的运输条件方可承运的旅客。特殊旅客包括限制旅客、无成人陪伴儿童、年长旅客、孕妇旅客、婴儿旅客、犯罪嫌疑人及其押解人员、特殊餐饮旅客、酒醉旅客、额外占座旅客、机要交通员/外交信使等。特殊旅客在购票乘机时，需要提前向航空公司了解运输相关要求以及可提供的服务，以便更好地出行。

项目训练

一、选择题

1. 下面哪项被视为无自理能力的轮椅旅客代码？(   )

A. WCHR   B. WCHS   C. WCHC   D. WCHB

2. 孕妇旅客孕期满(   )个月，承运人不予承运。

A. 6   B. 7   C. 8   D. 9

二、简答题

1. 请简述特殊旅客的定义。
2. 哪些旅客属于限制旅客？
3. 年满12周岁的青少年是否可以向航空公司申请无成人陪伴服务？
4. 哪些旅客乘机需要提供适宜乘机诊断证明书？

项目五 订座系统知识

项目目标

○ 职业知识目标

1. 掌握订座系统的基础知识。
2. 掌握常用指令的格式和作用。
3. 掌握旅客订座记录PNR的构成。
4. 掌握旅客预订编码的建立方法。
5. 掌握电子客票出票的操作方法。

○ 职业能力目标

1. 能够说明订座系统的基本概念。
2. 能够写出常用指令的格式。
3. 能够说明旅客订座记录PNR的构成。
4. 能够为旅客进行预订编码和出票的操作。

○ 职业素质目标

1. 学习民航订座系统的知识和订票、出票的操作技能,培养学生爱岗敬业的精神。
2. 学习行业客规和销售案例,培养学生严谨认真的工作态度和一定的服务意识。

知识框架

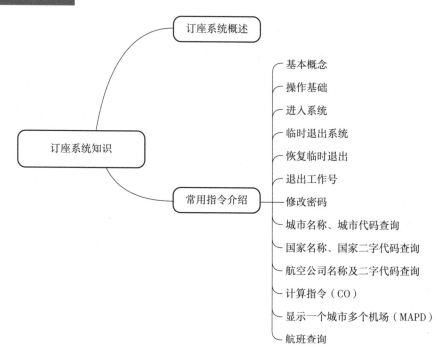

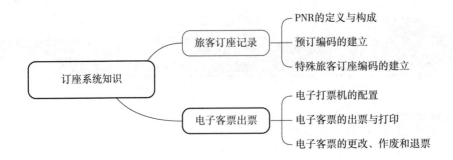

中国航信聚焦智慧民航建设

聚焦智慧民航建设目标，中国航信结合自身职能职责，积极承担智慧民航建设重任，在智慧出行上下功夫，全力优化旅客出行体验。

在民航局指导下，中国航信上线"民航中转旅客服务平台"，完成民航中转旅客服务平台十大公益性功能开发，以及六个跨航空公司业务相关标准的编写及发布，建立起一体化、全方位的中转旅客服务保障体系，为机场开展跨航空公司之间的中转便利化及多式联运服务提供信息技术支撑。目前，全国约200家机场依托该系统为旅客提供跨航空公司的中转服务，做到一次支付、一次值机、一次安检、行李直挂。

昆明机场是首个使用该系统的机场。其所属的云南机场集团旗下共有15座机场，除昆明外，都是支线机场，旅客出行前往外省通常都先经过昆明转机。由于昆明机场是单体航站楼，跨航空公司中转的旅客到达昆明后提取行李的步行距离较远，等待行李和二次托运安检也需要较长的时间，跨航空公司航班的衔接性和衔接度都较低。

云南机场集团市场开发部中转工作专班组长吴昊介绍，"民航中转旅客服务平台"帮助始发站机场系统甄别旅客在任何平台预订的跨航空公司中转机票，主动为旅客办理打印下一段登机牌并将行李直挂目的地。中转站机场也能够了解进港航班哪些旅客有中转需求，对于衔接时间较短的旅客，系统自动将其用不同颜色进行标注，方便机场地面人员提供相应的急转服务。

为充分发挥信息化、数字化在智慧民航建设中的驱动引领作用，迎接航空公司零售转型趋势，中国航信还推出航空公司电子商务解决方案TRP（Travel Retail Platform），支持航空公司开展以客户为中心的在线旅游零售业务。它能够为航空公司提供全面支持机票、附加服务、酒店等航空及旅游产品管理、组合和销售，支持航空公司从传统运营驱动的业务模式向以客户为中心的业务模式转变，通过数字化技术赋能航空公司商业模式创新。"提供了丰富的功能，涉及业务覆盖全流程，支持多种应用场景。""简化了操作流程，实现了跨渠道的全自动客票变更服务整合。""在机票产品及附加服务、语言及货币种类、用户体验以及性能等方面打造新的格局，为山航用户带来全新的电商服务体验。"国航、山航等航空公司客户对该系统给予高度评价。

任务一 订座系统概述

计算机旅客订座系统由航空公司系统(ICS)和代理人分销系统(CRS)两部分组成。两个系统的数据库虽相互独立,却紧密联接,数据传递实时进行,都可以直接、准确地看到航班舱位的状态。CRS与ICS系统之间不同等级的联接方式,以及系统内部不同的联接等级,都会影响数据的传递(见图5-1)。联接等级高,数据比较准确;无联接关系,无法取得数据,只能申请座位。

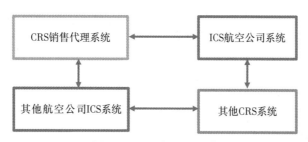

图5-1　CRS与ICS系统

订座系统可以实现的功能包括机上座位预订、常旅客系统服务、订座数据统计与辅助决策分析服务等。CRS系统除了提供客票销售功能以外,还可以实现酒店预订、旅客信息查询等。世界各大CRS名称及标识如表5-1所示。

表5-1　世界各大CRS名称及标识

地区	CRS名称	标识
美国	SABRE	1W
美国	WORLDSPAN	1P
美国	GETS	1X
欧洲	AMADEUS	1A
欧美	GALILEO	1G
东南亚	AMACUS	1B
日本	INFINI	1F
日本	AXESS	1J
中国	LILY	1E
韩国	TOPAS	1T

任务二　常用指令介绍

一、基本概念

（1）终端号：工作人员通过终端号来使用系统，每台终端都有唯一一个终端号（PID号）。

（2）工作号：每个工作号包括密码、级别等内容，只能在自己部门中使用。

（3）部门代号：一个代理人通常有一个部门代号。

（4）工作区：一台终端通常有5个工作区，但不能同时使用。在某一时间只能有一个工作区处于使用状态，当前使用的区称为当前工作区。

二、操作基础

（1）输入键：数字键盘回车键或者F12键（确定键），每一条指令的结尾都要按输入键，指令才能生效。

（2）清屏键：CTRL＋A或CP。

（3）翻上一页：PB或F6。

（4）翻下一页：PN或F5。

（5）全屏显示：PG1。

（6）翻到第一页：PF。

（7）翻到最后一页：PL。

三、进入系统

（一）＄＄open指令

输入该指令，接通订座终端线路后，便可以进入系统，进行操作。

1　进入ICS系统

输入：＞＄＄open TIPB。

按F12键，系统显示SESSION PATH OPEN TO:TIPB，表示已经进入中国民航ICS系统。

2　进入CRS系统

输入：＞＄＄open TIPT3。

按F12键,进入中国民航CRS系统。

(二) DA指令

DA指令主要用于查看工作区的状态。

指令格式:〉DA:

例如,在系统输入DA指令后,显示如下:

```
A* 8875      26JUN     1534        41      BJS999
B  AVAIL
C  AVAIL
D  AVAIL
E  AVAIL
PID = 20200       HARDCOPY = 1016
TIME = 1616       DATE = 26JUN            HOST = LILY
AIRLINE = 1E      SYSTEM =CAAC05       APPLICATION = 3
```

由上图可以看出,当前A工作区处于工作状态。通过DA指令,我们还可以看到登录的工作号、登录日期与时间,以及操作级别、部门代号、终端号等。该图显示,登录的工作号为8875;登录日期与时间为26JUN与1616(6月26日16点16分);操作级别为41;部门代号为BJS999;终端号为20200。

例如,在系统输入DA指令后,显示如下:

```
A  AVAIL
B  AVAIL
C  AVAIL
D  AVAIL
E  AVAIL
PID = 22222       HARDCOPY = 1016
TIME = 1616       DATE = 26JUN            HOST = LILY
AIRLINE = 1E      SYSTEM =CAAC05       APPLICATION = 3
```

这说明当前该系统还没有工作号登录,5个工作区都处于可利用状态。

(三) 输入工作号

工作人员只有输入工作号才能使用系统工作。

指令格式:〉SI:工作号/密码/级别

例如,工作号为8867,密码为5555A,操作级别为41的营业员进入系统,则在系统里输入〉SI:8867/5555A/41。

例如,工作号为8867,密码为5555A,操作级别为41的营业员通过暗行显示进入系统,则在系统里输入〉SI:,然后将系统光标转到最下行,在光标后输入工作号、密码以及操作级别(8867/5555A/41)即可进入系统。与原先不同的是,光标后输入的内容不显示。

在输入工作号时,常见的出错信息如下。

PROT SET:表示密码输入错误。

USER GRP:表示级别输入错误。

PLEASE SIGN IN FIRST:表示要求重新进入系统。

四、临时退出系统

营业员临时离开系统,需要将工作号退出来,可用AO功能。

指令格式:〉AO:

系统显示AGENT A-OUT,表示临时退出成功。例如:

```
A* 3336    26JUN   1534    41   BJS999
B  AVAIL
C  AVAIL
D  AVAIL
E  AVAIL
PID = 20200        HARDCOPY = 1016
TIME = 1534        DATE = 26JUN        HOST = LILY
AIRLINE = 1E       SYSTEM =CAAC05      APPLICATION = 3
```

输入〉AO:,按F12键。此时系统显示AGENT A-OUT。

用DA指令查看工作区状态,显示如下:

```
>DA:
A  3336    26JUN   1534    41   BJS999
B  AVAIL
C  AVAIL
D  AVAIL
E  AVAIL
PID = 20200        HARDCOPY = 1016
TIME = 1534        DATE = 26JUN        HOST = LILY
AIRLINE = 1E       SYSTEM =CAAC05      APPLICATION = 3
```

A工作区的活动标识星号"*"没有了,这说明在输入〉AO:后,A工作区已由活动区变为非活动区。

五、恢复临时退出

当工作人员在临时退出系统以后,如果要重新进入,需要使用恢复临时退出的系统功能,即AI功能。

指令格式:〉AI:工作区/工作号/密码

例如:

```
>DA:
A    3336    26JUN    1534    41    BJS999
B    AVAIL
C    AVAIL
D    AVAIL
E    AVAIL
PID = 20200          HARDCOPY = 1016
TIME = 1534          DATE = 26JUN              HOST = LILY
AIRLINE = 1E         SYSTEM =CAAC05            APPLICATION = 3
```

工作号3336、密码1234A、操作级别41的营业员想要恢复临时退出,则输入〉AI:A/3336/1234A。输入正确,系统将显示AGENT A-IN,表示重新注册成功。

用DA指令查看工作区状态,显示如下:

```
A*   3336    26JUN    1534    41    BJS999
B    AVAIL
C    AVAIL
D    AVAIL
E    AVAIL
PID = 20200          HARDCOPY = 1016
TIME = 1534          DATE = 26JUN              HOST = LILY
AIRLINE = 1E         SYSTEM =CAAC05            APPLICATION = 3
```

六、退出工作号

当工作人员结束正常工作,应将工作号退出系统,以防被人盗用。

指令格式:〉SO:

例如:

```
A*   3336    26JUN    1534    41    BJS999
B    AVAIL
C    AVAIL
D    AVAIL
E    AVAIL
PID = 20200          HARDCOPY = 1016
TIME = 1534          DATE = 26JUN              HOST = LILY
AIRLINE = 1E         SYSTEM =CAAC05            APPLICATION = 3
```

此时输入SO指令,系统显示BJS999 3336 SIGNED OUT A,表示3336工作号从A工作区退出。

用DA指令查看工作区状态,显示如下:

```
>DA:
A   AVAIL
B   AVAIL
C   AVAIL
D   AVAIL
E   AVAIL
PID = 20200        HARDCOPY = 1016
TIME = 1616        DATE = 26JUN         HOST = LILY
AIRLINE = 1E       SYSTEM =CAAC05       APPLICATION = 3
```

退号时,有时系统里还有未完成的工作必须完成,就会提示出错。常见的出错提示如下:

(1) PENDING:表示有未完成的旅客订座PNR,在退号前必须完成或放弃它。

(2) TICKET PRINTER IN USE:表示未退出打票机的控制,退出后即可。

(3) QUEUE PENDING:表示未处理完信箱中的QUEUE、QDE或QNE。

(4) PROFILE PENDING:表示未处理完常旅客的订座,PSS:ALL处理。

七、修改密码

工作人员要操作订座系统,必须输入工作号及密码,在系统里操作的内容都会被记录。系统里可以清晰地看出哪个工作号操作了哪些内容,如有问题发生,将会查询操作记录。因此,每名工作人员需要保管好个人密码,避免工作号被他人盗用。系统提供修改密码操作。

修改密码指令格式:〉AN:旧密码/新密码

例如,工作号8876,原密码为1234A,现要修改为5555A。

第一步,进入系统,输入指令:〉SI:8876/1234A/41。

第二步,用AN指令修改密码,输入指令:〉AN:1234A/5555A。

第三步,退出系统,输入指令:〉SO:。

第四步,重新进入系统,输入指令:〉SI:8876/5555A/41。

注意:修改密码后,重新进入系统时,需要输入修改后的密码。

八、城市名称、城市代码查询

(1) 根据城市名称查询城市代码。

指令格式:〉CNTD:T/城市名称

例如,查询南京的三字代码,则在系统里输入指令:〉CNTD:T/NANJING。

(2) 根据城市代码查询城市名称。

指令格式:CD:城市代码

例如,查询NKG代表哪个城市,可以在系统里输入指令:〉CD:NKG。

(3)用城市/机场名的前几个字母查询三字代码。

指令格式:〉CNTD:A/城市名称前几个字母

例如,输入指令:〉CNTD:A/BEI,系统显示如下:

```
PEK   BEIJING   CN
BHY   BEIHAI    CN
BEI   BEICA     ET
BEY   BEIRVT    LB
LAQ   BEIDA     LY
```

九、国家名称、国家二字代码查询

(一)根据国家二字代码查询国家名称

指令格式:〉CNTD:C/国家二字代码

例如,输入指令:〉CNTD:C/CN,系统显示:CN CHINA。

(二)根据国家名称查询国家二字代码

指令格式:〉CNTD:N/国家名称

例如,输入指令:〉CNTD:N/CHINA,系统显示:CN CHINA。

十、航空公司名称及二字代码查询

(一)根据航空公司二字代码查询航空公司名称

指令格式:〉CNTD:D/航空公司二字代码

例如,输入指令:〉CNTD:D/CA,系统显示:CA AIR CHINA。

(二)根据航空公司名称查询航空公司二字代码

指令格式:〉CNTD:M/航空公司名(部分或全部)

例如,输入指令:〉CNTD:M/AIR CHINA,系统显示:CA AIR CHINA。

十一、计算指令(CO)

(一)四则运算

四则运算指令格式:〉CO:四则运算表达式

例如,计算2800×0.65,则可以在系统里输入:〉CO:2800*0.65。

(二)英里、公里换算

指令格式:〉CO:M/需换算英里数

指令格式：>CO:K/需换算公里数

（三）显示某城市时间的GMT标准时间

指令格式：>CO:T/城市三字代码/日期/时间

例如，输入指令：>CO:T/PEK/10FEB023/0000，系统显示如下：

PEK: 10FEB23 0000

GMT: 09FEB23 1600

（四）计算城市之间的时差

指令格式：>CO:T/城市对/日期

例如，输入指令：>CO:T/NYCPEK，系统显示如下：

NYC:10FEB23 2015 PEK:11FEB04 0910

GMT:11FEB23 0110 TIM DIF:-13

十二、显示一个城市多个机场（MAPD）

指令格式：>MAPD:城市三字代码

例如，输入指令：>MAPD:SHA，系统显示如下：

CITY   AIRPORT(S)
========================
SHA   SHA PVG

十三、航班查询

（一）航班时刻显示（SK）

SK指令可用于查询某城市对在特定周期内所有航班的信息，包括航班号、出发及到达时间、舱位、机型、每一航班的周期和有效期限。SK指令显示的航班信息的时间段为指定时间和前后三天共一周的时间。

指令格式：>SK:选项/起始地目的地/日期/时间/航空公司代码/类型/舱位

❶ 选项

输入P，显示结果按照起飞时间先后顺序排列。

输入A，显示结果按照到达时间先后顺序排列。

输入E，显示结果按照飞行时间由短到长排列。

不输入，默认选项为P。

❷ 类型

输入N，显示结果为无经停地的航班。

输入 D，显示结果为直达航班。

例如，查询10月12日—10月18日北京飞南宁的航班。

输入指令：〉SK:PEKNNG/15OCT，系统显示如图5-2所示。

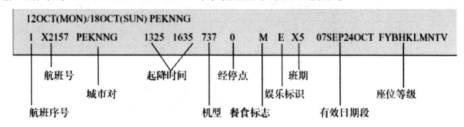

图 5-2　北京—南宁航班

查询结果如何查看？以图中第一趟航班为例，该趟航班航班号为X2157，城市对为PEKNNG，计划起飞时间13点25分，到达时间16点35分，机型是B737。"0"表示该航班没有经停地，"M"表示该航班提供餐食，"X5"表示除星期五以外每天都有该航班，"07SEP24OCT"是该航班执行的有效期，该航班设有头等舱和经济舱。

例如，查询10月11日—10月17日北京飞长沙有头等舱的航班。

输入指令：〉SK:PEKCSX/14OCT/F

例如，查询10月15日前后三天上海飞成都东航的航班。

输入指令：〉SK:SHACTU/15OCT/MU

例如，查询海口飞成都5月12日前后三天10点以后起飞，海南航空的航班。

输入指令：〉SK:HAKCTU/12MAY/1000/HU

例如，查询6月10日前后三天广州飞北京的直达航班。

输入指令：〉SK:CANPEK/10JUN/D

例如，查询7月21日前后三天天津飞海口的不经停航班。

输入指令：〉SK:TSNHAK/21JUL/N

（二）查询航班座位可利用情况（AV）

AV指令用于查询航班座位可利用情况及其相关航班信息，如航班号、舱位、起飞到达时间、经停地等。

指令格式：〉AV:选项/城市对/日期/起飞时间/航空公司代码/经停标识/座位等级

选项：输入P，显示结果按照起飞时间先后顺序排列；输入A，显示结果按照到达时间先后顺序排列；输入E，显示结果按照飞行时间由短到长排列。不输入，默认选项为P。

城市对：为必选项，其余为可选项，根据需求输入。

日期项：不输入或输入"."，则显示当天航班信息；输入"+"，可显示明天的航班信息。

例如，查询7月10日大连飞厦门的航班座位可利用情况。

输入指令:>AV:DLCXMN/10JUL,系统显示如图5-3所示。

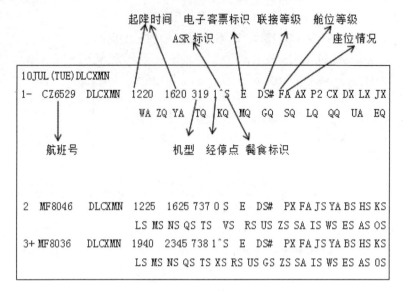

图5-3 大连飞厦门航班

查询结果如何查看？以图中第一趟航班为例,该航班航班号为CZ6529,起降时间分别为12:20和16:20,机型A319。"1"表示有个经停地,"^"表示该航班可以预留机上座位,"S"表示提供点心,"E"为电子客票标识,"DS#"为联接等级。"F""A""C""D""L"等代表舱位,舱位代码后面显示的字母表示这个舱位的座位情况,具体含义如下。

A:表示可以提供9个以上座位。

1—9:表示可以提供1—9个座位,系统显示具体的可利用座位数。

L:表示没有可利用座位,但旅客可以候补。

Q:表示永久申请状态,没有可利用座位,但可以申请（HN）。

S:表示因达到限制销售数而没有可利用座位,但可以候补。

C:表示该等级彻底关闭,不允许候补或申请。

X:表示该等级取消,不允许候补或申请。

Z:表示可利用情况不明,这种情况有可能在外航航班上出现。

餐食标识含义如下。

L:表示餐食中的中餐（正餐）。

B:表示餐食中的早餐（正餐）。

D:表示餐食中的晚餐（正餐）。

S:表示餐食中的点心、零食餐。

例如,查询5月12日武汉飞沈阳东航的航班座位可利用情况。

输入指令:>AV:WUHSHE/12MAY/MU

例如,查询海口飞成都8月20日10点以后起飞,海南航空的航班座位可利用情况。

输入指令:>AV:HAKCTU/20AUG/1000/HU

例如,查询沈阳飞三亚8月3日直达航班。

输入指令:>AV:SHESYX/3AUG/D,系统显示如下:

```
>av:shesyx/3aug/d
03AUG12(FRI) SHESYX      DIRECT ONLY
1-  CZ6483  SHESYX  0805   1405    320 1 C         EF8 AX P2 CX DX
                    IX JX WA ZQ YA TA KA HA MA GA SA LA QQ UA EQ VQ BQ XQ
2   ZH9491  SHESYX  0930   1550    320 1          EF8 PQ AQ OQ DQ
                    YA BQ MQ HQ KQ LQ JQ QQ ZQ GQ VQ WQ EQ TQ SQ X2 NQ
3   *CA3520 SHESYX  0930   1550    320 1          EF8 YA BQ MQ HQ
    ZH9491          KQ LQ QQ GQ VQ EQ TQ SQ
4   JD5590  SHESYX  1745   0015+1  320 1 D        EYA BQ HQ KQ LQ
                    MQ QQ XQ UQ EQ TQ ZQ JQ GQ VQ RQ OQ WQ NQ
5+  CZ6762  SHESYX  1850   2325    320 0 D        EF8 AX P2 CX DX
                    IX JX WA ZQ YA TA KA HA MA GA SQ LQ QQ UA EQ VQ BQ XQ
```

(三) 查询最早可利用航班情况（FV）

旅客若想查询指定日期最早可提供座位的航班，可以使用 FV 指令进行查询。该指令只能查询中国民航航班信息。

指令格式：>FV:选项/城市对/日期/起飞时间/座位数/航空公司代码/舱位

选项：输入 P，显示结果按照起飞时间先后顺序排列；输入 A，显示结果按照到达时间先后顺序排列；输入 E，显示结果按照飞行时间由短到长排列。不输入，默认选项为 P。

城市对：为必选项，其他可以根据需求输入。

例如，查询 10 月 20 日北京飞上海虹桥最早有座位的航班。

输入指令：>FV:PEKSHA/20OCT，系统显示如下：

```
20OCT(WED) PEKSHA
1   MU513   PEKSHA  1045    1240    M900 M      DS#
FL PL CL JL Y7 KS BS ES HS IS*
**      SHA-HONGQIAOAIRPORTPVG-PUDONGAIRPORT
```

说明：航班最后如有星号"*"，表示子舱位未完全显示。若要继续查询，可以输入指令：>:AV:C、航班序号或者>:AV:MU513/20OCT。

例如，查询今天海口飞乌鲁木齐最早有头等舱座位的航班。

输入指令：>FV:HAKURC/./F

例如，旅客一行 6 人，查询明天武汉飞北京最早有座位的航班。

输入指令：>FV:WUHPEK/+/6

例如，查询 11 月 15 日广州飞北京 11 点左右最早有座位的航班。

输入指令：>FV:CANPEK/15NOV/1100

例如，查询 12 月 20 日国航北京飞广州最早有座位的航班。

输入指令：>FV:PEKCAN/20DEC/CA

例如，查询 10 月 20 日国航北京飞上海虹桥 11 点左右最早有座位的航班。

输入指令：>FV:PEKSHA/20OCT/1100/CA，系统显示如下：

```
20OCT(WED) PEKSHA VIA CA
1   CA932    PEKSHA  1150    1330    744 0 M      DS#
FA C5 YA SA HA KA MA TA QA
**    SHA-HONGQIAOAIRPORTPVG-PUDONGAIRPORT
```

从图中可以看出,最早一趟可以提供座位的航班是11点50分起飞的CA932,预计到达时间13点30分。该航班没有经停地,可以提供头等舱、公务舱和经济舱座位。

例如,查询10月20日北京飞上海虹桥11点左右最早可以提供5个或5个以上头等舱座位的国航的航班。

输入指令:〉FV:PEKSHA/20OCT/1100/5/CA/F,系统显示如下:

```
20OCT(WED) PEKSHA VIA CA F
1   CA932    PEKSHA  1150    1330    744 0 M      DS#
FA CA YA SA HA KA MA TA QA
**    SHA-HONGQIAOAIRPORTPVG-PUDONGAIRPORT
```

从图中可以看出,满足条件的最早一趟航班为11点50分起飞的CA932。可以对比AV指令查询结果。

输入指令:〉AV:PEKSHA/20CT,系统显示如下:

```
20OCT(WED) PEKSHA
1-  CA949    PEKSHA  0750    0945    74E 0 M      DS#
FL CL YL SL HL KL ML TL QL
```

```
2   CA921    PEKSHA  0800    0950    763 0 M      DS#
FL CL YL SL BL HL KL LL ML TL*
3   CA1501   PEKSHA  0840    1035    767 0 M      DS#
CL YL BL KL
4   CA155    PEKSHA  1010    1200    733 0 M      DS#
FL YL SL BL HL KL LL ML TL GL*
5   MU513    PEKSHA  1045    1240    M90 0 M      DS#
FL PL CL JL Y7 KS BS ES HS IS*
```

(四)查询经停城市及起降时间(FF)

FF指令用于查询航班具体经停城市、起降时间以及机型。

指令格式:>FF:航班号/日期

例如,查询15DEC的CZ3283航班经停城市。

输入指令:>FF:CZ3283/15DEC,系统显示如图5-4所示。

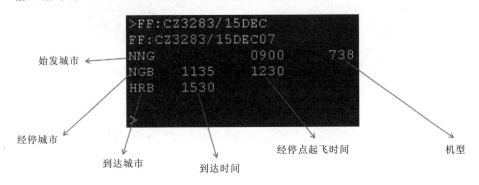

图5-4　CZ3283航班经停城市

(五) 航段情况显示(DSG)

DSG指令用于查询指定日期的航段上的航班信息,包括起降城市和时间、航班空中飞行时间、空中飞行距离、经停地数量、机型、餐食等。

指令格式1:>DSG:完整显示项/航班号/座位等级/日期/航段

如果已生成PNR,要查询PNR中对应航段的航班信息,可以采用指令格式2。

指令格式2:>DSG:完整显示项/PNR中所选航段的数字

例如,查询1月12日CA981航班公务舱具体航班信息。

输入指令:>DSG:C/12JAN/C,系统显示如下:

```
CA981   C (WED)12JAN        PEK      1000    744
BC  0  0  NS
                        1000   DTW ELAPSED TIME 12:00
DIST 7102M
```

该航班从PEK(北京)飞往DTW(底特律),没有经停地,ELAPSED TIME 12:00为空中飞行时间,DIST 7102M表示航班空中飞行里程为7102英里。

(六) 票价查询(FD)

FD指令用于查询国内航空公司国内航段的票价。

指令格式1:>FD:城市对/日期/航空公司代码

指令格式2:先用AV指令查询航班座位可利用情况,然后输入>FD:序号

例如,查询12月25日南宁飞北京南航的票价。

输入指令:>FD:NNGPEK/25DEC/CZ,系统显示如图5-5所示。

图 5-5 南宁—北京南航票价

例如,查询2月15日北京飞长沙X2航空公司的票价。

输入指令:

第一步,输入指令:〉AV:PEKCSX/15FEB,系统显示如下:

```
15FEB(TUE) PEKCSX
1-    X2117    PEKCSX 0830 1035    733   0 M   DS#   FA YA BQ KQ TQ VQ
2     XW117    PEKCSX 0830 1035    737   0           YZ
3     CZ3124   PEKCSX 1115 1330    735   0 M   DS#   YA TQ KQ HS MS UA ES XS Z5
4     CZ3142   PEKCSX 1710 1920    735   0 M   DS#   YA TQ KQ HS MS US ES XS ZS
5     CJ6712   PEKCSX 1750 1955    M82   0     DS#   F6 YA
6+    CZ3148   PEKCSX 1800 1950    735   0 M   DS#   YA TQ KQ HA M5 UA E5 XS Z2
```

第二步,输入指令:〉FD:1,系统显示如下:

```
FD:PEKCSX/15FEB00/X2
X2 YA       1350.00        2700.00        01JUL97 .    CNY
X2 YB        970.00        1940.00        01JUL97 .    CNY
X2 FA       2020.00        4040.00        06SEP97 .    CNY
X2 FB       1450.00        2900.00        06SEP97 .    CNY
X2 B         870.00        1740.00        23MAR98 .    CNY
```

 任务三　旅客订座记录

 一、PNR的定义与构成

(一) 定义

PNR是旅客订座记录,即英文"Passenger Name Record"的缩写,是计算机为订座旅客建立的完整的订座信息的记录。它反映了旅客的航程、航班座位占用的数量以及旅客信息。计算机为每一个PNR都赋予了唯一一个编号，即"订座记录编号"。

PNR主要的作用是订座、打票，并建立旅客相关信息。PNR订座记录编号目前已升级为6位，由字母和数字组合。ICS系统生成的编号俗称"大编码"，CRS系统生成的编号俗称"小编码"。

（二）构成

PNR有两种不同类型：一种用来预订座位或手工出票，手工出票现在很少使用；一种是通过电脑自动出票。

❶ 预订座位或手工出票PNR

预订座位或手工出票PNR包括以下几项：姓名组（NM）；航段组（SS、SD、SN、SA）；联系组（CT）；票号组（TK）。还可以包含备注组（RMK）、特殊服务组（SSR）、其他服务信息（OSI）等项。

❷ 电脑自动出票PNR

电脑自动出票PNR包含以下几项：姓名组（NM）；航段组（SS、SD、SN、SA）；联系组（CT）；票价组（FN）；票价计算组（FC）；付款方式组（FP）。还可以包含RMK、SSR、OSI；签注信息组（EI）；婴儿姓名组（XN）等项。

二、预订编码的建立

（一）姓名组

姓名组是组成旅客订座记录必不可少的组项，它记录了旅客的姓名、所订座位数、称谓、特殊旅客代码等内容。

指令格式：

NM:该姓名的订座总数 旅客姓名（特殊旅客代码）

注意事项：

（1）姓名组由英文字母或汉字组成。外国人按英文录入，中国人国内票按身份证上的汉字输入（生僻字可由拼音代替）。

（2）旅客姓名长度最大为55个字符。

（3）散客记录最大旅客数为9人，旅客数大于9人的记录为团体旅客记录。

（4）对于英文姓名，姓不得少于两个字母。

（5）若输入英文字母的姓名，姓与名之间需要用斜线"/"分开，最多只能有1个斜线"/"。

（6）同一订座编码里的旅客按照姓氏的字母顺序排列。

1 中文姓名的输入

例如,输入赵宜明、钱海良、孙家浩的姓名。

〉NM:1.赵宜明 2.钱海良 3.孙家浩

〉RT

> 1钱海良 2. 孙家浩 3. 赵宜明
> 4.BJS/T PEK/T 010-63406973/SHIPU TRAVE AGENCY/LIU DE PU ABCDEFG
> 5.BJS123

注意:

(1) 出国内票时,国内旅客要输入其中文姓名。

(2) 输入旅客姓名时,要保证姓名的准确,航空公司一般禁止修改旅客姓名。

(3) 在编码还没有完成时,可以用RT指令提取已输入姓名信息。

2 英文(拼音)姓名的输入

例如,输入REINHARD/HAETTI、STEFAN/PLETZER、ZHU/QI的姓名。

〉NM:1. ZHU/QI 2.REINHARD/HAETTI 3.STEFAN/PLETZER

〉RT:

> 1.REINHARD/HAETTI 2.STEFAN/PLETZER 3.ZHU/QI
> 4.BJS/T PEK/T 010-63406973/SHIPU TRAVE AGENCY/LIU DE PU ABCDEFG
> 5.BJS123

注意:

(1) 英文(拼音)姓名输入,国内旅客出国际票时,必须输入英文字母。

(2) 外国旅客要按照护照上的顺序进行输入。

3 儿童姓名的输入

例如,为一名儿童旅客李红建立姓名组。

〉NM:1.李红CHD

〉RT:

> 1.李红CHD
> 2. HKG538

注意:

(1) 儿童指年满2周岁但未满12周岁的旅客,代码CHD。

(2) 特殊旅客的代码要写在旅客姓名后面。

(二)航段组

代理人对航班座位进行实际销售是由建立航段组来完成的。在介绍如何建立航段组之前,有必要先简述一下航段组的分类。一般情况下,航段组可以分为三种:可采取行动的航段组(Actionable)SS、SD;信息航段组(Information)或到达情况不明航段组SA;不定期航段组(OPEN)SN。

需要说明的是,对于可采取行动的航段组(Actionable),通常有两种方法可以申请航班座位:间接建立航段组、直接建立航段组。

1 间接建立航段组

间接建立航段组(SD)是指利用航班时刻表、指定日期班机时刻表或航班座位可利用情况建立航段组。需要先将航班信息提取出来,再根据旅客的要求选择适当的班次。

指令格式:

AV:城市对/日期

SD:航线序号 舱位等级 行动代号 订座数

当某个舱位有座位时,行动代号可以省略。如果没有座位,用行动代号LL或NN(表示座位申请和舱位代码中间要用斜线"/"分隔)。

例如,查询并预订北京至广州的航班,航班可利用状态显示如下:

〉AV:PEKCAN/+

```
30SEP(WED) PEKCAN
1- CA1321   PEKCAN  0900  1200  340  0  M  DS# FA AS CA DS YA BA HA KA LS MS
                                             QS TS GS XS WS VS
2  WH2137   PEKCAN  1030  1310  300  0  M  DS# FA YA BA RA HA Z5
3  CZ3102   PEKCAN  1210  1500  777  0  M  DS# CA DS YA WA KA HA MA GS QS VS
                                             BS ZS
4  XO9311   PEKCAN  1250  1555  TU5  0  M  AS# YL KL HL MQ
5+ CZ346    PEKCAN  1435  1720  77B  0  M  DS# FS AS C6 D6 Y1 KA MA GS ZS
```

订取CA1321航班F舱1个座位,如图5-6所示。

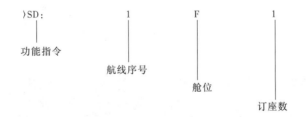

图5-6 订座说明

输入该指令后显示如下:

```
1.CA1321 F  WE30SEP PEKCAN DK1  0900 1200   340 S 0
2.PEK099
```

例如,申请预订4月3日三亚至广州CZ6731航班H舱一个座位。

〉AV:SYXCAN/3APR

〉SD:1h/LL1

```
>avh/syxcan/3apr
 03APR(SUN) SYXCAN
1- CZ6731  DS# F8 P2 WA Z3 YA TA KA HQ MQ GQ    SYXCAN 0700   0825   320 0^   E
              SQ LQ QQ UA EQ VQ BQ XQ NQ RQ
2  CZ6733  DS# F5 PS WA ZQ YA TA KA HQ MQ GQ    SYXCAN 0830   0950   321 0^   E
>             SQ LQ QQ UQ EQ VQ BQ XQ NQ RQ
3  CZ6747  AS# FL PL W1 ZS YA TQ KQ HQ MQ GQ    SYXCAN 1000   1130   757 0^C  E
>             SQ LQ QQ UQ EQ VQ BQ XQ NQ RQ
4  CZ6741  DS# F1 PS WL ZQ YA TQ KQ HQ MQ GQ    SYXCAN 1140   1305   320 0^   E
>             SQ LQ QQ UQ EQ VQ BQ XQ NQ RQ
5  CZ6737  AS# F8 P1 WL Y8 TQ KQ HQ MQ GQ SQ    SYXCAN 1320   1445   320 0^   E
              LQ QQ UQ EQ VQ BQ XQ NQ RQ
6  CZ6735  AS# FL PL WL ZQ YA TQ KQ HQ MQ GQ    SYXCAN 1610   1735   321 0^   E
              SQ LQ QQ UQ EQ VQ BQ XQ NQ RQ
7+ CZ6743  AS# F8 P1 WA ZQ YA TQ KQ HQ MQ GQ    SYXCAN 1850   2015   320 0^   E
              SQ LQ QQ UQ EQ VQ BQ XQ NQ RQ
>sd1k/lll
1. CZ6731  K    SU03APR  SYXCAN DW1   0700 0825 320 0
```

订座生效后,航段组后显示的是订座状态,通常有DK、DW、RR等状态(大系统中有时会显示HK、HN、RR)。一般订座状态的第二个字母如果是"K",表示座位已订妥;"RR"表示座位确认并已出票。其他状态为申请等座位不确定状况。

❷ 直接建立航段组

直接建立航段组(SS)是在营业员知道待订航班的所有信息,如航班号、日期、航段、舱位、座位数及起飞时间的情况下建立起来的。

指令格式:〉SS:航班号/舱位/日期/航段/行动代码 订座数/起飞时间 到达时间

注意:

(1) 使用SS直接建立航段组时,对于中国民航的航空公司的航班,代理人只能订取系统中实际存在的航班。

(2) 对于外国航空公司的航班,代理人可以任意订取,即使该航班实际并不存在,也可以建立。因此,使用SS订取外国航空公司的航班时,营业员应事先了解详细的航班情况。

(3) 营业员使用SS直接建立航段组时,一次输入最多可订取5个航班。

例如,旅客申请订取CZ6711航班,3月30日,三亚到北京的一个Y舱座位。

〉SS:CZ6711/Y/30MAR/SYXPEK/HK1

```
>SS:CZ6711/Y/30MAR/SYXPEK/HK1
1.  CZ6711  Y    --30MAR   SYXPEK DK1
>
```

例如,旅客申请订取CZ6711航班,3月30日,三亚到北京的一个K舱座位。

〉SS:CZ6711/K/30MAR/SYXPEK/LL1

```
>SS:CZ6711/K/30MAR/SYXPEK/LL1
1.  CZ6711  K    --30MAR   SYXPEK DW1
>
```

3 不定期航段组的建立

指令格式：

SN:航空公司代码/舱位等级/城市对

注意：

（1）不定期航段（OPEN）组是为方便旅客行程，事先为旅客以不定期航段出票，旅客可以依据各自情况签转航班。

（2）作为不定期航段，必须确认的内容是航段和舱位，其他内容可以设置为不确定信息，如航空公司、旅行日期。

（3）只有OPEN航段不能建立起PNR。

（4）出国内票时，有些航空公司不允许代理人出OPEN票，营业员应根据航空公司的规定进行操作。

例如，建立12月12日北京到广州，F舱的OPEN航段，如图5-7所示。

相关知识 ▼ 到达情况不明的航段组的建立

图5-7　不定期航段组说明

```
1.XIE/FENG M4MMN
2. CZ3101    K    TU01DEC   CANPEK    RR1  0820  1050
3.YYOPEN     F    PEKCAN
4.C2526
5.T/999-1069235121-122
6.RMK CA/JV3LM
7.PEK099
```

例如，旅客购买北京至新加坡往返机票，回程为新加坡航空公司的Y舱OPEN状态。

```
1.WANG/JUN M479T
2. SQ811    N    SU20DEC   PEKSIN    RR1  0825  1450
3. SQOPEN   Y    SINPEK
4.66017755
5.FC/PEK B-20DEC A-20DEC  SQ SIN 413.64YEE3/14  B-23DEC A-03JAN SQ PEK
  413.64YEE3/14  NUC827.28END ROE8.27998
6.FN/FCNY6850.00/SCNY5000.00/C0.00/XCNY76.00/TCNY76.00SG/ACNY6926.00
7.EI/ NON-END/RRTE/NO CHANGE OF FLT/DTE ALLOWED ON PEK-SIN
8.FP/CASH,CNY/AGT08310111
9.PEK099
```

(三)联系组

联系组的功能是记录各种联系信息,方便查询代理人及旅客信息。PNR中的联系组分为两个部分。

❶ 代理人联系信息

代理人联系信息是营业员在订座时,计算机系统自动生成的,包括代理人所在城市、名称、电话及负责人。该信息便于航空公司与代理人之间进行联系。因此,若代理人联系组的信息有所改变,应及时与中国航信相应部门联系,及时更改,以保证系统信息的准确性。

❷ 旅客联系信息

旅客联系信息由营业员手工输入,记录旅客的联系电话,便于代理人与旅客的联系。
指令格式:〉CT:城市代码/自由格式文本/旅客标识
例如,输入旅客的联系电话66017755-2509。
〉CT:PEK/66017755-2509
〉RT:

```
1.PEK/66017755-2509
2.BJS/T PEK/T 010-63406973/SHIPU  TRAVE  AGENCY/LIU DE PU ABCDEFG
3.BJS123
```

建立好的订座记录是这样的:
〉RT:

```
1.WANG/JUN       P53WS
2. CA1501  Y  FR10DEC PEKSHA    DK1  0840  1035    777 S 0
3.BJS/T PEK/T 010-63406973/SHIPU TRAVE AGENCY/LIU DE PU ABCDEFG
4.PEK/66017755-2509
5.TL/1200/07DEC/BJS123
6.BJS123
```

(四)出票组

出票组注明旅客的出票情况,已出票的将给出票号。未出票的则写明具体出票的时限,到达出票时限时,计算机系统向相应部门拍发电报,提示营业员出票,否则会被航空公司取消。

❶ 订座未出票指令格式

TK:TL/时间/日期/出票部门
例如,为PNR中旅客设置出票时限。
〉TK:TL/1200/060CT/BJS123
输出为:
〉RT:

```
1.LI/SAN  2.ZHANG/WAN  3.ZHAO/YI M4MDS
4.WH2137    Y    SA10OCT    PEKCAN   HK3  1030  1310
5.BJS/T   PEK/T  010-63406973/SHI TRAVE AGENCY/LIU DE PU ABCDEFG
6.66017755
7.TL/1200/06OCT/BJS123
8.RMK  CA/JV3C6
9.BJS123
```

❷ 手工出票指令格式

TK:T/完整票号/由格式文本/旅客标识序号

例如,输入客票票号 783-2203752149。

>TK:T/783-2203752149

注意:

(1)当采用手工出票方式时,必须输入完整的13位票号,即3位的航空公司客票代码和10位的票号,否则系统将提示错误信息。

(2)若代理人采用手工出票方式输入票号,票号会以OSI的方式传递到航空公司系统;若代理人输入出票时限,出票时限会以SSR的方式传递到航空公司系统。

(五)执行封口

指令格式:>@ 或者 >/

在修改或建立新的PNR时,使用封口指令"@",使修改或建立的PNR生效。在封口之前,PNR虽然显示在屏幕上,但并未正式生效。只有封口后,才可以继续建立其他记录,它是生效PNR必不可少的一步。

注意:

(1)封口指令既可以单独输入,也可以在一组指令的最后输入。

(2)封口时会自动检查所输入的内容是否完整。

(3)封口后,旅客的订座记录编号及航段信息将显示在屏幕上。

如果航段组不连续或者需要将订座状态做相应改变,可以使用指令":>@I"或者">@k"进行强制封口。

(六)特殊服务组

特殊服务组是代理人记录旅客在旅行中需要的特殊服务,并依此与航空公司进行信息交换。每次建立和修改SSR组项,其内容将随着电报传递到相应的航空公司信箱(QUEUE)中(通常为SR QUEUE)。航空公司确认后,该信息返回到代理人信箱中,营业员提取PNR即可查询到。

指令格式:>SSR:服务类型代码 航空公司代码 行动代号 需要该项服务的人数 航段自由格式文本 旅客标识 需要该项服务的航段序号

系统中,可以接收的特殊服务代码(Special Service Requirement Codes)包括AVML(亚洲素食)、BBML(婴儿餐食)等。

自由格式中的部分杂项简语如下。

ADV：已通知，在通知。

FLT：航班。

NOOP：航班停飞。

NOSH：已预留座位，但未来办理乘机手续。

NRCR：旅客未再证实。

PSGR/PAX：旅客。

PNR：记录编录。

REQ：申请，请求。

TKNO：客票号码。

VIP：重要旅客。

例如，为第二个旅客订无盐餐食，显示如图5-8所示。

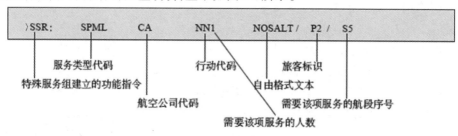

图5-8　无盐餐食说明1

输入后显示：

```
1.GAO/FENG  2.HAO/HAIDONG  3.LI/MING M4MMV
4.CA1322    B    SA12DEC    CANPEK    HK3   1305   1555
5.CA1321    Y    SU13DEC    PEKCAN    HK3   0900   1200
6.C2526
7.TL/1200/01DEC/PEK099
8.SSR  SPML CA  HN1  CANPEK 1322   B12DEC  NOSALT/P2
9.RMK     CA/JV3N0
10. PEK099
```

也可以用另一种格式实现上述功能，显示如图5-9所示。

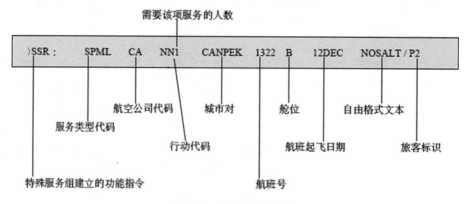

图5-9　无盐餐食说明2

输入后显示：

```
1.GAO/FENG  2.HAO/HAIDONG  3.LI/MING M4MMV
4.CA1322    B    SA12DEC   CANPEK   HK3   1305 1555
5.CA1321    Y    SU13DEC   PEKCAN   HK3   0900 1200
6.C2526
7.TL/1200/01DEC/PEK099
8.SSR  SPML   CA   HN1   CANPEK   1322 B12DEC   NOSALT/P2
9.SSR  SPML   CA   HN1   PEKCAN   1321 Y13DEC   NOSALT/P2
10.RMK      CA/JV3N0
11. PEK099
```

例如，输入旅客的身份证号码。

〉SSR:FOID HU HK/NI 320103197208052039/P1

例如，建立无人陪伴儿童信息。

输入：NM:1.李力(UM6)

生成编码后，系统自动生成：

SSR UMNR CZ NN1 SYXCAN 6733 G18APR UM6/P1

```
RTND9S07
1.李力(UM6) ND9S07/HX
2.  CZ6733 G    MO18APR   SYXCAN  HK1    0830 0950        E
3.13700479879
4.TL/1800/15APR/HKG538
5. SSR UMNR CZ NN1 SYXCAN 6733 G18APR UM6/P1
6. SSR ADTK CA BY HKG11APR11/1724 OR CXL CZ6733 G18APR
7. HKG538
```

有一些SSR信息是由航空公司系统将信息返回到PNR中，以通知营业员。该项内容记录了航空公司通知代理人的信息，如代码共享航班信息、网上订座信息、旅客未乘机信息等。

例如，航空公司提醒代理人尽快出票：

```
RTND9S07
1.李力(UM6) ND9S07/HX
2.  CZ6733 G    MO18APR   SYXCAN  HK1    0830 0950        E
3.13700479879
4.TL/1800/15APR/HKG538
5. SSR UMNR CZ NN1 SYXCAN 6733 G18APR UM6/P1
6. SSR ADTK CA BY HKG11APR11/1724 OR CXL CZ6733 G18APR
7. HKG538
```

例如，航空公司取消座位的原因：

```
>rtnzfyh2
1.BALKIN/DMITRY MR 2.BALKINA/MARINA MRS NZFYH2
3.  HU7180 Y   TU12APR   SYXPEK NO2   1840 2235      E --T1
4.  HU7973 T   TH14APR   PEKKJA NO2   2010 0020+1    E T2--
5.T OVB/73832010865 AVS STA NOVOSIBIRSK
6.SSR OTHS 1A HU7973 /T/14APR/PEKKJA CANCELED DUE TO ATTL EXPIRED
7.OSI YY CTCP 391-2119860/CALIPSO
8.OSI YY CTCT OVB 73832010865 AVS STA NOVOSIBIRSK
9.MUC1A/2MWY6W/OVBR2230F/5555324/OVB/1A/N/RU//SU/OVB001
```

例如,旅客未登机信息:

```
1.CHAU/PAK   CHUEN   P6Q9E
2.CA101     B    MO27DEC99PEKHKG    HX1  0750  1050
3.BJS/T  BJS/T  64182107/CHINA AIR INT. TRAVL  SERVICE  MEI LIAN  TICKET
  CENTER//DUAN  MIN  LU  ABCDEFG
4.BAIQUANWENCAI
5.T/999-4204547216
6.SSR  OTHS   1E  CANCELED   DUE  TO  NOSHO  AT  AIRPORT
7.BJS562
```

(七) 其他服务情况组

其他服务情况组提供不需要立即回答的服务的情况(如VIP旅客、客票挂失),相应的电报或QUEUE将会出现在航空公司的有关部门。

指令格式:〉OSI:航空公司代码 自由格式文本/旅客标识

例如,旅客预订12月10日北京至上海C舱客票,旅客为某省副省长,属于重要旅客。

指令格式:〉OSI:航空公司代码 VIP XXX SHI XXX TCP人数/旅客标识

```
10DEC(FRI) PEKSHA
1- CA1501   PEKSHA 0840  1035  777  0 M     DS# CA YA BA KS MA
2  WH2520   PEKSHA 1130  1320  310  0 M     DS# FA YA BS
3  MU583    PEKSHA 1140  1340  M11  0^M     DS# FS CA YA EQ VA
4  CA983    PEKSHA 1310  1455  74E  0 M     DS# FS PS CS JS YS SS HS KS MS TS*
5  NW5983   PEKSHA 1310  1455  EQV  0 M         * JZ CZ YZ BZ MZ HZ QZ VZ
6  MU5102   PEKSHA 1320  1535  M11  0 M     DS# CA YA EQ VA QA ZS
7+ CA991    PEKSHA 1340  1540  74M  0 M     DS# FS CS YS SS HS KS MS TS GS XS*
**  SHA-HONGQIAO AIRPORT  PVG-PUDONG AIRPORT
```

〉SD:1C/1   输入

〉NM:1WANG/JUN   输入

〉CT:66017755　　　输入
〉TK:TL/1200/7DEC/BJS123　　输入
〉OSI:CA VIP WANG/JUN IS MOUSHENG FUSHENGZHANG TCP3/P1
〉@

航班变更信息应该及时通知旅客,并用OSI备注信息:

〉OSI:HU INFMD PAX

(八) 备注组

备注组是用来记录某些可能有助于了解旅客情况的信息。备注组可以分为两类:第一类为代理人手工加入的信息;第二类是当本系统与PNR中所订的航空公司系统存在记录编号反馈的时候,由系统自动加入的,用以记录该PNR与航空公司系统对应的PNR的记录编号。

❶ 手工加入备注组的格式

〉RMK:备注组类型 自由格式文本/旅客标识

例如,为旅客建立备注组。输入:

```
> RMK: PLS KEEP SEATS
```

```
1.GAO/FENG  2.HAO/HAIDONG  3.LI/MING M4MMV
4.CA1321      Y        SU13DEC       PEKCAN    HK3  0900  1200
5.CZ3196      Y        MO14DEC       CANHKG    HK3  0825  0905
6.C2526
7.TL/1200/01DEC/PEK099
8.MA/LI/MING,EAST CHANGAN STREET    NO 15/P3
9.OSI  YY    VIP  CORPORATE VP/P3
10.RMK PLS KEEP SEATS
11.RMK  CA/JV3N0
12.PEK099
```

❷ 系统自动加入备注组的格式

〉RMK:航空公司代码/航空公司相对应的记录编号

例如,代理人建立一个PNR。

〉SS:CZ3196 Y 10DEC PEKCAN NN1
〉NM:1.GAO/FENG
〉CT:2526
〉TK:TL/1200/1DEC/PEK099
〉@

系统输出为：

CZ3196 Y TH10DEC PEKCAN HK1 0805 1105

MD55D

＞RT MD55D

```
1.GAO/FENG       MD55D
2.CZ3196 Y       TH10DEC       PEKCAN HK1      0805        1105
3.2526
4.TL/1200/01DEC/PEK099
5.RMK            CA/HZDY3
6.PEK099
```

注意：此备注组表明该 PNR 建立已成功，"HZDY3"为航空公司的代码。订取中国民航的航空公司的航班，备注组的航空公司代码均为"CA"。

三、特殊旅客订座编码的建立

（一）儿童旅客

（1）指令查询航班：AVH/HAKCAN/28DEC/CZ/D

（2）建立航段组：SD1Y1

（3）儿童姓名项：NM1谢妮CHD

（4）证件信息项：SSR FOID CZ HK/NI170553201308202422/P1

（5）备注信息项：OSI CZ CTCm15008991223/P1

（6）预订封口：封口后，产生编码。

```
1.谢妮CHD  HMK6EG
2.   CZ6773  Y    TH28DEC   HAKCAN HK1    0700 0815            E T2T2
3.HAK/T HAK/T 0898-66666088/HAINAN COMETOUR BUSINESS TAVEL SERVICE CO.,LTD./
4.BY OPT 166A01 2023/12/22 1016A
5.TL/0500/28DEC/HAK166
6.SSR FOID CZ HK1 NI170553201308202422/P1
7.SSR ADTK 1E BY HAK22DEC23/1516 OR CXL CZ BOOKING
8.SSR CHLD CZ HK1 01JUN13/P1
9.OSI CZ CTCM15008991223/P1
```

（二）婴儿旅客

（1）指令查询航班：AVH/HAKCAN/28DEC/CZ/D

（2）建立航段组：SD1Y1

（3）婴儿姓名项：XN:IN/许多 INF(MAR22) /P1

（4）婴儿座位申请项：SSR INFT CZ NN1 HAKCAN 6773 Y28DEC CHENG/YIXIANG 09MAR22/P1

(5)备注信息项:OSI CZ CTCm15008991266/P1

(6)预订封口:封口后,显示KK状态。

```
1.许多 HM88EG
2.  CZ6773 Y   TH28DEC  HAKCAN HK1    0700 0815          E T2T2
3.HAK/T HAK/T 0898-66666088/HAINAN COMETOUR BUSINESS TAVEL SERVICE CO.,LTD./
4.BY OPT 166A01 2023/12/22 1016A
5.TL/0500/28DEC/HAK166
6.SSR FOID CZ HK1 NI130103201306012421/P1
7.SSR ADTK 1E BY HAK22DEC23/1516 OR CXL CZ BOOKING
8.SSR INFT CZ  KK1 HAKCAN 6773 Y28DEC CHENG/YIXIANG 09MAR22/P1
9.SSR CHLD CZ HK1 01JUN13/P1
10.OSI CZ CTCM15008991223/P1
11.OSI CZ CTCT15008992923
12.OSI YY 1INF CHENGYIXIANG INF/P1
13.RMK CA/NG7HOF
14.XN/IN/许多 INF(MAR22)/P1
15.HAK166
```

■ **行动指南**

1.尝试写出为旅客建立预订编码的完整指令。

2.如果身边具备实操条件,请在订座系统中为自己预订一张机票。

相关知识
▼

团体旅客
订座编码
的建立

 任务四 电子客票出票

一、电子打票机的配置

(一)电子客票出票授权的查询

BSP ET 对代理人授权采用两级授权机制,即对代理人(Office)授权和对工作人员的工作号(Agent)授权。代理人只有获得以上两级授权才能够出 BSP 电子客票。代理人在申请授权时应该同时上报用于 BSP ET 的工作人员的工作号。

❶ **BSP ET 授权代理人信息查询(DDI:)**

代理人使用DDI指令,可以查询代理人是否得到某航空公司的BSP ET授权。如果得到航空公司授权,在该航空公司代码后会显示"#"。

例如,〉DDI:

```
**********TKT DEVICE INFORMATION DISPLAY*********
= OFFICE : HAK999        = IATA-NBR : 081234567   = TKT:ALLOW
= AMS : ENABLE
= AUTHORIZED AIRLINE CODES :
HU  3U  SC  CZ  ZH  CA  MF  MU  FM  CZ #

=== AGENCY INFORMATION ===:
HAK/T 0898-1234567/HAI NAN ABC DEFGH INDUSTRY CO. LTD./
HAK HAI NAN ABC DEFGH INDUSTRY CO. LTD.
ADDRESS:HAK AA BBBB ROAD CCC DDDD BUILDING
CONTACT:
PHONE: 0898-12345678
FAX:   0898-23456789         PID:11066,17400T 45367-8T 45366T 19709
TYPE:                        AGENT: 5404,5405 31174-5

=== DEVICE INFORMATION ===:
DEV PID  TYPE   CTL- CTL- CURRENCY    TKT NUMBER RANGE    IATA OFF-
              PID  AGENT                                 NUMBER
--- ---- ----  ---- ---- --------    -------------------  --------
 1 17400 4-BSPD            CNY       BSP 5450495750-95899 08022766
 2 45368 4-BSPD            CNY       BSP 5450479750-79849 08022766
 3 45366 4-BSPD            CNY       BSP 5450479850-79999 08022766
 4 63002 4-BSPD 34348 29817 CNY      BSP 5440202000-02499 08022766 +
_x0010_
```

2 代理人工作号电子客票出票授权

如果代理人已经获得某航空公司的BSP ET的授权（即已对Office授权），还不能够出BSP电子客票，工作人员的工作号还需要得到授权。

如果用户登录（SI）的工作号没有得到电子客票出票的授权，则不能出票，并会返回"THIS AGENT IS NOT AUTHORIZED FOR ETDZ!"提示信息，此时需要和中国航信联系获得授权。

（二）电子客票票证库存和使用查询及上票号

TOL指令是票证管理系统中的报表统计查询指令，用户可以用它查看本单位的票号库存和使用情况。

指令格式：〉TOL:选项/航空公司代号

说明：

（1）选项："A-"显示所有的票证信息；"D-"显示票证的卸票历史信息。不加选项时，默认显示本单位中已经使用和当前正在使用的票。

（2）航空公司代号：航空公司BSP两位代号，对于BSP ET，航空公司代号使用"XB"。

（三）电子客票出票台配置建控、退控

电子客票采用虚拟打票机。配置电子客票打票机与配置普通BSP打票机的方法类似，配置指令的使用方法也相同。其指令格式说明如表5-2所示。

表 5-2　电子客票打票机指令格式说明

编号	指令格式	指令说明
1	DI:打印机号	显示打票机状态(Device Information Display)
2	EC:打印机号	建立控制(Establish Control)
3	TI:打印机号	打开输入(Start Ticketing Input)
4	XI:打印机号	关闭输入(Stop Ticketing Input)
5	TO:打印机号	打开输出(Start Ticketing Output)
6	XO:打印机号	关闭输出(Stop Ticketing Output)
7	XC:打印机号	退出控制(Release Control)

在进行电子客票打印前,必须建立打票机控制,同时必须打开打票机输入。

1 显示待配置打票机状态(DI:)

例如,〉DI:4

说明:显示当前4号打票机状态。

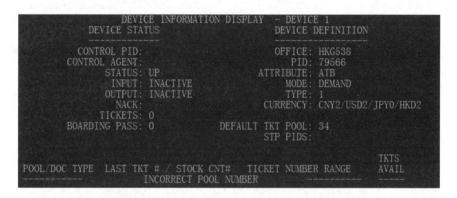

该输出内容分为三个部分:设备状态、设备定义情况和票号信息。

(1)左侧状态部分的各项内容分别如下。

CONTROL PID:控制终端PID。若建立了控制,则在此处显示控制终端的PID号,否则为空白。

CONTROL AGENT:建立控制的工作人员的工作号。若未建立控制,此处为空白。

STATUS:打票机的工作状态。它有两种形式,即UP(工作状态)、DOWN(非工作状态)。

INPUT:输入状态。它是指打票机是否允许将需要打印的客票送入打印队列。它有两种状态,即ACTIVE(工作状态)、INACTIVE(非工作状态)。

OUTPUT:输出状态。它是指打票机是否允许输出。它有两种状态,即ACTIVE(工作状态)、INACTIVE(非工作状态)。

NACK:数据传输是否正常的标志。正常情况下,此处为空白,若不正常,此处为"X"。

TICKET:等待打印的客票数。数字前若有一个星号"*",即表示打票机状态正确。

BOARDING PASS:等待打印的登机牌数。

(2)右侧的设备定义部分的各项内容分别如下。

OFFICE:该打票机定义的部门号,如 HKG538。
PID:该打票机的 PID 号。
ATTRIBUTE:打票机属性。
MODE:打票机的工作方式。可以分为定时式、请求式和并存式。
TYPE:打票机的类型。可以分为四种类型,即普通国际、BSP 国际、普通国内、BSP 国内。
CURRENCY:打票机可以接收的货币代码,以及各种货币所要求保留的小数点位数。

(3)最后两行分别记录了最后一张打印客票的票号,以及工作人员定义的这台打票机所允许的票号范围。

❷ 建立打票机控制(EC:)

例如,〉EC:4

```
ACCEPTED
```

〉DI:4

```
              DEVICE INFORMATION DISPLAY  - DEVICE 4
         DEVICE STATUS                    DEVICE DEFINITION

    CONTROL PID: 34348              OFFICE: CAN999
  CONTROL AGENT: 29817                 PID: 63002
         STATUS: UP                ATTRIBUTE: ATB/ET
          INPUT: INACTIVE              MODE: DEMAND
         OUTPUT: INACTIVE              TYPE: 4
           NACK:                   CURRENCY: CNY2
        TICKETS: 0
  BOARDING PASS: 0
        AMS PID:
```

说明:

(1)一台打票机只有在某台终端建立了控制之后才能使用,而建立控制的这台终端就称为控制终端。

(2)一台打票机只能有一个控制终端,而一台控制终端可以最多控制 5 台打票机。使用该功能建立控制时,终端与打票机必须定义在同一 Office 中,并且打票机不能再被其他的终端控制。

❸ 打开打票机输入(TI:)

例如,〉TI:4

```
ACCEPTED
```

>DI:4

```
            DEVICE INFORMATION DISPLAY  - DEVICE 4
         DEVICE STATUS                DEVICE DEFINITION
         ─────────────                ─────────────────
        CONTROL PID: 34348           OFFICE: CAN999
      CONTROL AGENT: 29817              PID: 63002
             STATUS: UP             ATTRIBUTE: ATB/ET
              INPUT: ACTIVE              MODE: DEMAND
             OUTPUT: INACTIVE            TYPE: 4
               NACK:                 CURRENCY: CNY2
            TICKETS: 0
       BOARDING PASS: 0
             AMS PID:
```

说明：

（1）该功能允许指定的打票机接收打票请求，允许本部门中的终端向打票机输送打票的命令，并将需要打印的客票送入打印队列。

（2）若 DI 中 INPUT 项的状态是 INACTIVE，由终端做 DZ 命令时，会显示 INPUT INACTIVE，这时需要输入〉TI:1。

4 关闭打票机输入（**XI**：）

例如：

〉XI:4

```
ACCEPTED
```

〉DI:4

```
            DEVICE INFORMATION DISPLAY  - DEVICE 4
         DEVICE STATUS                DEVICE DEFINITION
         ─────────────                ─────────────────
        CONTROL PID: 34348           OFFICE: CAN999
      CONTROL AGENT: 29817              PID: 63002
             STATUS: UP             ATTRIBUTE: ATB/ET
              INPUT: INACTIVE            MODE: DEMAND
             OUTPUT: INACTIVE            TYPE: 4
               NACK:                 CURRENCY: CNY2
            TICKETS: 0
       BOARDING PASS: 0
             AMS PID:
```

说明：

（1）该功能将 DI 中的 INPUT 项由 ACTIVE 变为 INACTIVE，终止由终端向打票机发送打印客票的命令。

（2）打票机出现故障时，若继续打票，会产生更多的问题。此时，应暂时终止输入〉XI:1，待打票机恢复正常时，再将输入打开〉TI:1。

5 打开打票机输出（**TO**：）

例如，〉TO:4

```
               ACCEPTED
```

说明：

（1）该功能允许指定的打票机将打印队列中的客票打印出来。系统接收后，DI中的OUTPUT项由INACTIVE变为ACTIVE。如果票在输出队列中等待，则打印命令立即开始。

（2）若DI中OUTPUT项的状态是INACTIVE，打票机不能进行打印。重新启动应输入〉TO:1。

❻ 关闭打票机输出（XO:）

例如，〉XO:4

```
               ACCEPTED
```

说明：

（1）该功能可以终止第一台打票机的输出，系统接收后，DI中的OUTPUT项由ACTIVE变为INACTIVE。如果有票在输出队列中等待，则积压在打票机中。

（2）在打票过程中发现问题时，应及时终止输出〉XO:1，以免产生更多的错误，待打票机恢复正常时，再将输出打开〉TO:1。

❼ 退出打票机控制（XC:）

例如：

〉XC:4

```
               ACCEPTED
```

〉DI:4

```
           DEVICE INFORMATION DISPLAY  - DEVICE 4
           DEVICE STATUS                DEVICE DEFINITION
           ─────────────                ─────────────────
           CONTROL PID:                 OFFICE: CAN999
           CONTROL AGENT:               PID: 63002
                  STATUS: UP            ATTRIBUTE: ATB/ET
                  INPUT: INACTIVE       MODE: DEMAND
                  OUTPUT: INACTIVE      TYPE: 4
                  NACK:                 CURRENCY: CNY2
                  TICKETS: 0
           BOARDING PASS: 0
                  AMS PID:
```

XC功能是与EC功能相反的一对指令。退出控制之后，DI显示中的CONTROL PID和CONTROL AGENT随之变为空项。

说明:

(1)在退出打票机的控制之前,首先应该查看DI中打票机的状态:确认在打票机中没有等待输出的打印客票请求,即DI显示中的TICKETS项为"0",且NACK项是空白而不是"X";输入INPUT的状态应为INACTIVE,否则〉XI:1,不是在测试状态下。然后才可以退出打票机的控制。

(2)营业员在没有退出打票机的控制之前,不能做SO指令,否则终端上会显示TICKET PRINTER IN USE,即打票机正在使用,未退出控制,应输入〉XC:1后,营业员才可以做SO指令退出工作号。

二、电子客票的出票与打印

(一)电子客票的出票操作

如果已经预订好编码,则将编码提取后,检查各项的完整性(包括身份证号码、FC、FN、FP、EI项等),然后删除TK项,就可以使用电子客票出票指令ETDZ出票。指令格式与纸票DZ指令相同。出票指令格式说明如表5-3所示。

表5-3 出票指令格式说明

编号	指令格式	指令说明
1	ETDZ:打票机号	出电子客票
2	ETDZ:打票机号/旅客编号或编号范围	出指定旅游的电子客票

〉ETDZ:36

```
CNY780.00        QXD0N
ET PROCESSING...PLEASE WAIT!
ELECTRONIC TICKET ISSUED
```

说明:代理人执行ETDZ指令之后,系统首先会返回金额和CRS PNR记录编号,然后出现"ET PROCESSING...PLEASE WAIT!"提示,最终出票成功后,系统返回信息提示"ELECTRONIC TICKET ISSUED"。

〉RT:QXD0N

```
**ELECTRONIC TICKET PNR**
1.测试人 QXD0N
2. CZ3913 Y  SU25DEC  CANCSX RR1   0815 0925           E
3. CAN/T CAN/T 020-87774512/CAN KONG YUAN CENTER/LIN HUAI JING ABCDEFG
4. NC
5. T
6. SSR FOID CZ HK1 NI1101017001001/P1
7. SSR TKNE CZ HK1 CANCSX 3913 Y25DEC 7842273833356/1/P1
8. RMK CA/FN86V
9. FN/FCNY690.00/SCNY690.00/C3.00/XCNY90.00/TCNY50.00CN/TCNY40.00YQ/ACNY780.00
10. TN/784-2273833356/P1
11. FP/CASH,CNY
12. CAN276
13. HAK128
```

说明：电子客票出票后，系统在PNR中加入电子客票标识"**ELECTRONIC TICKET PNR**"、电子客票票号项（SSR TKNE）和票号项（TN）。在完成电子客票出票后，PNR中会自动产生TKNE项。

〉SSR TKNE 航空公司二字代码 HK1 城市对 航班号 舱位 日期 票号/票面航段序号/P旅客序号

例如：〉SSR TKNE HX HK1 HKGSYX 161 C28MAY 8519596695405/1/P

```
>rt1
   **ELECTRONIC TICKET PNR**
1.TONG/PO FONG NT5PWJ
2.  HX161  C   MO28MAY12HKGSYX RR1    1145 1320    .    E T1--
3.  HX162  C   WE30MAY  SYXHKG HK1    1405 1525         E --T1
4.T PEK/PEK/T010-65001850/BEIJING DONGTAI AIR SERVICE CO. LTD
5.T PEK//WENG NING
6.SSR TKNE HX HK1 HKGSYX 161 C28MAY 8519596695405/1/P1
7.SSR TKNE HX HK1 SYXHKG 162 C30MAY 8519596695405/2/P1
8.SSR DOCS HX HK1 P/CHN/H0743851801/CHN/14AUG53/F/17MAY20/TONG/PO FONG/P1
9.OSI CA CTC 10-65916992 LIUWEI
10.OSI HX TKNA TICTKED
11.PEK1E/HFR7B3/PEK448
```

```
>rt4
   **ELECTRONIC TICKET PNR**
1.JI/YONG KYU MR 2.LEE/GEUM HA MS NT3M2C
3.  HX161  D   SA26MAY12HKGSYX HK2    1145 1320         E T1--
4.  HX162  D   WE30MAY  SYXHKG HK2    1405 1525         E --T1
5.P HKG/NAN HWA TRAVEL TEL 3118 1688 FLORENCE LI FAX 3118
6.SSR SEAT HX HK2 HKGSYX 161 D26MAY 01CN01AN/P1/2
7.SSR SEAT HX HK2 SYXHKG 162 D30MAY 01CN01AN/P1/2
8.SSR TKNE HX HK1 HKGSYX 161 D26MAY 8519580393251/1/P1
9.SSR TKNE HX HK1 HKGSYX 161 D26MAY 8519580393250/1/P2
10.SSR TKNE HX HK1 SYXHKG 162 D30MAY 8519580393250/2/P2
11.SSR TKNE HX HK1 SYXHKG 162 D30MAY 8519580393251/2/P1
12.SSR INFT HX HK1 HKGSYX 161 D26MAY JI/MINJOON 11NOV11/P2
```

出票失败举例：重订一个PNR，ETDZ出票。

```
CNY780.00         QPWOT
ET PROCESSING...PLEASE WAIT!

153 ERROR
```

说明:此电子客票出票失败,系统返回"153 ERROR"的错误提示。

>RT:QPW0T

```
1.测试人 QXD0N
2. CZ3913 Y  SU25DEC  CANCSX RR1   0815 0925         E
3.CAN/T CAN/T 020-87774512/CAN KONG YUAN CENTER/LIN HUAI JING
ABCDEFG
4.NC
5.T
6.SSR FOID CZ HK1 NI110101700101001/P1
7.SSR TKNE CZ HN1 CANCSX 3913 Y25DEC 7842273833356/1/DPN63006/P1
8.RMK CA/FN86V
9.FN/FCNY690.00/SCNY690.00/C3.00/XCNY90.00/TCNY50.00CN/TCNY40.00YQ
/ACNY780.00
10.TN/784-2273833356/P1
11.FP/CASH,CNY
12.CAN276
```

说明:提取该出票失败的电子客票 CRS PNR,发现 PNR 的第一行没有电子客票标识"**ELECTRONIC TICKET PNR**",并且 SSR TKNE 项中存在 DPN63006,63006 为电子客票打票机 PID 号。

(二)提取电子客票票面

1 电子客票票面信息阅读

电子客票票面信息显示如图 5-10 所示。

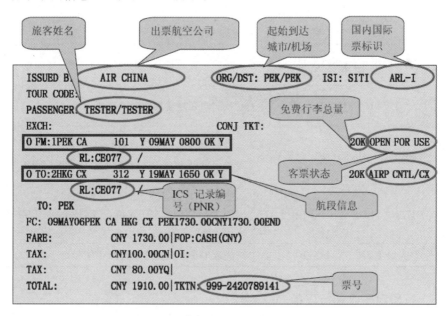

图 5-10 电子客票票面信息说明

其中,右上角 ET 标识含义如下。

BSP-D:航协电子客票—国内。

BSP-I:航协电子客票—国际。

ARL-D：航空公司电子客票—国内。
ARL-I：航空公司电子客票—国际。
电子客票状态代码说明如表5-4所示。

表5-4 电子客票状态代码说明

编号	客票状态	说明
1	Open for Use	客票有效
2	Void	已作废
3	Refund	已退票
4	Check in	正在办理登机
5	Used/Flown	客票已使用
6	Suspended	挂起状态,客票不能使用
7	Lift/Boarded	已登机
8	Exchanged	电子客票换开

2 提取电子客票票面信息

提取电子客票票面信息的指令说明如表5-5所示。

表5-5 提取电子客票票面指令说明

编号	指令格式	指令说明
1	DETR:TN/票号	按照票号提取电子客票记录
2	DETR:NI身份证号	按照旅客的身份识别号(身份证号)提取电子客票记录
3	DETR:NM/旅客姓名	按照旅客姓名提取电子客票记录
4	DETR:CMICS订座记录编号	按照航空公司系统订座记录编号(ICS PNR)提取电子客票记录(目前不支持代理人系统订座记录编号)
5	DETR:CNICS订座记录编号,C	按照航空公司系统订座记录编号(ICS PNR)提取该PNR对应的全部电子客票记录(是指令DETR:CNICS订座记录编号的补充)
6	DETR:TN/票号F	提取电子客票旅客的身份识别号码

（三）打印电子客票行程单

电子客票行程单上所打印的旅客信息、航班信息应保持一致。对电子客票打印应遵循以下操作步骤。

第一步，打开eTerm系统插件(见图5-11)。

图 5-11　打开 eTerm 系统插件

第二步,根据插件功能选用,对应点击打印报销凭证(见图 5-12)。

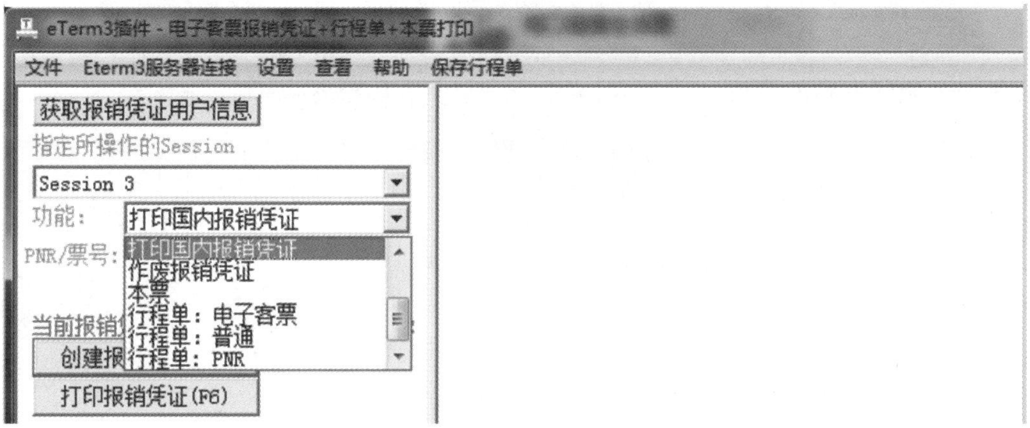

图 5-12　点击打印报销凭证

第三步,创建报销凭证,输入旅客票号或者 PNR(见图 5-13)。

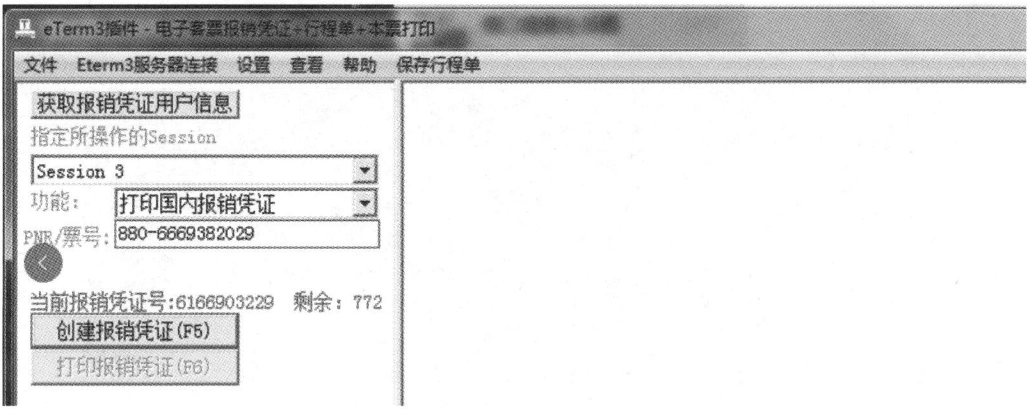

图 5-13　创建报销凭证

第四步,打印报销凭证,核实对应好相关旅客信息、航段信息、行李公斤数等信息,确认打印即可(见图 5-14)。

图 5-14 打印报销凭证

三、电子客票的更改、作废和退票

（一）电子客票的更改

电子客票允许更改航班，所更改的航班在航段、航空公司和舱位上应保持一致。

1 更改的操作步骤

对电子客票进行航班变更需要遵循以下操作步骤。

（1）提取电子客票旅客记录（PNR）。

（2）更改航班。

（3）更改电子客票票号项（SSR TKNE）。

（4）PNR 封口（@）。

2 操作实例

第一步，提取电子客票旅客记录。

>RT:QY80P

```
**ELECTRONIC TICKET PNR**
1.测试人 QXDON
2.  CZ3913 Y   SU25DEC  CANCSX RR1   0815 0925        E
3.CAN/T CAN/T 020-87774512/CAN KONG YUAN CENTER/LIN HUAI JING ABCDEFG
4. NC
5. T
6.SSR FOID CZ HK1 NI110101700101001/P1
7. SSR TKNE CZ HK1 CANCSX 3913 Y25DEC 7842273833356/1/P1
8. RMK CA/FN86V
9.FN/FCNY690.00/SCNY690.00/C3.00/XCNY90.00/TCNY50.00CN/TCNY40.00YQ/ACNY
780.00
10. TN/784-2273833356/P1
11. FP/CASH,CNY
12. CAN276
```

›DETR:TN/784-2273833356

```
ISSUED BY: CHINA SOUTHERN AIRLINES    ORG/DST: CAN/CSX    ISI: SITI
BSP-D
TOUR CODE:
PASSENGER: 测试人
EXCH:                              CONJ TKT:
O FM:1CAN CZ    3913   Y 25DEC 0815 OK Y         21DEC/25DEC 20K
AIRPORT CONTROL
           RL:FN86V    /QXDON 1E
   TO: CSX
FARE:           CNY    690.0 |FOP:CASH
TAX:            CNY 50.00CN  |OI:
TOTAL:          CNY    780.0 |TKTN: 784-2273833356
```

说明:查看电子客票记录,可以看到客票变更前的状态。

第二步,变更电子客票航班。

›XE:2

SS:CZ3923/Y/26DEC/CANCSX/1

```
   **ELECTRONIC TICKET PNR**
1. 测试人 QXDON
2.  CZ3923 Y  MO26DEC  CANCSX DK1   1520 1630        ERJ  O R E A
3. CAN/T CAN/T 020-87774512/CAN KONG YUAN CENTER/LIN HUAI JING ABCDEFG
4. NC
5. T
6. SSR FOID CZ HK1 NI1101017001001001/P1
7. SSR TKNE CZ HK1 CANCSX 3913 Y25DEC 7842273833356/1/P1
8. RMK CA/FN86V
9. FN/FCNY690.00/SCNY690.00/C3.00/XCNY90.00/TCNY50.00CN/TCNY40.00YQ/ACNY780.
00
10. TN/784-2273833356/P1
11. FP/CASH, CNY
12. CAN276
```

说明:订新的航班。

第三步,删除原电子客票票号项 SSR TKNE,输入新的电子客票票号项 SSR TKNE(目前系统只能支持每次输入一个 SSR TKNE 项,若需要输入多个 SSR TKNE 项,则需要多次输入)。

›XE 7

›SSR TKNE CZ HK1 CANCSX 3923 Y26DEC 7842273833356/1/P1

›SSR TKNE 航空公司二字代码 HK1 城市对 航班号 舱位日期 票号/票面航段序号/P旅客序号

```
**ELECTRONIC TICKET PNR**
1.测试人 QXD0N
2. CZ3923 Y  MO26DEC CANCSX DK1  1520 1630    ERJ 0 □ R□ E□ A□
3.CAN/T CAN/T 020-87774512/CAN KONG YUAN CENTER/LIN HUAI JING ABCDEFG
4.NC
5.T
6.SSR FOID CZ HK1 NI110101700101001/P1
7.SSR TKNE CZ HK1 CANCSX 3923 Y26DEC 7842273833356/1/P1
8.RMK CA/FN86V
9.FN/FCNY690.00/SCNY690.00/C3.00/XCNY90.00/TCNY50.00CN/TCNY40.00YQ/ACN
Y780.00
10.TN/784-2273833356/P1
11.FP/CASH,CNY
12.CAN276
```

说明:新输入的SSR TKNE存在于PNR当中,原SSR TKNE被删除。

第四步,变更完成,PNR封口。

〉@

```
  CZ3923   Y  MO26DEC  CANCSX DK1   1520 1630
QXD0N -EOT SUCCESSFUL, BUT ASR UNUSED FOR 1 OR MORE SEGMENTS
```

说明:封口,完成变更。

第五步,提取电子客票票面,查看变更后的状态。

〉DETR:TN/784-2273833356

```
DETR:TN/784-2273833356,AIR/CZ
ISSUED BY: CHINA SOUTHERN AIRLINES   ORG/DST: CAN/CSX
ISI: SITI  BSP-D
TOUR CODE:
PASSENGER:测试人
EXCH:            CONJ TKT:
O FM:1CAN CZ  3923  Y 26DEC 0815 OK Y     21DEC/25DEC
20K OPEN FOR USE
      RL:FN86V  /QXD0N 1E
  TO: CSX
FARE:       CNY  690.0|FOP:CASH
TAX:        CNY 50.00CN|OI:
TOTAL:      CNY  780.0|TKTN: 784-2273833356
```

说明:航班与日期已经更新。

(二)电子客票的作废

作废电子客票时,使用VT指令来实现。

指令格式:

VT:打票机号/起始票号-结束票号/代理人系统订座记录编号(CRS PNR)

例如,〉VT:36/784-2273833356/QXD0N

说明:将36号打票机出的784-2273833356这张票作废。

注意:

(1) 使用VT指令前首先要建立打票机控制。

(2) VT指令只能在出票当天使用。客票作废后,应注意将所订的PNR删除。

＞DETR:TN/784-2273833356

```
DETR:TN/784-2273833356,AIR/CZ
    ISSUED BY: CHINA SOUTHERN AIRLINES    ORG/DST: CAN/CSX    ISI: SITI    BSP-D
    TOUR CODE:
    PASSENGER: 测试人
    EXCH:                                CONJ TKT:
O FM:1CAN CZ    3913    Y 25DEC 0815 OK Y           21DEC/25DEC 20K VOID
            RL:FN86V    /QXDON 1E
    TO: CSX
    FARE:            CNY    690.0 FOP:CASH
    TAX:             CNY    50.00CN OI:
    TAX:             CNY    40.00YQ
    TOTAL:           CNY    780.0 TKTN: 784-2273833356
```

说明:票号作废后,使用DETR。指令检查电子客票作废情况,发现票已经作废。

(三) 电子客票的退票

电子客票退票是指在系统里进行电子退票——客票状态为"REFUNDED",对行程单退票视为无效退票,但行程单或打印的票面信息是作为退票申请后附的辅助凭据。电子客票退票指令说明如表5-6所示。

表5-6 电子客票退票指令说明

编号	指令格式	指令说明
1	TRFD:AM/1/D	自动生成半屏退票单(国内1号打票机)
2	TRFD:A/1/D	自动生成退票单号,并全屏显示退票记录
3	TRFD:M/1/D/40000001	已知退票单号创建半屏退票单
4	TRFD:H/1/D/40000001	打印并用半屏方式显示退票单
5	TRFD:TM/1/D/999-1234567890	用票号和半屏方式提取退票单
6	TRFD:TH/1/D/999-1234567890	用票号提取并打印退票单

■ 知识链接

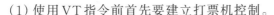

提防航班延误理赔诈骗

不少网友称,2023年国庆黄金周前后,自己遭遇过机票的"退改签"类诈骗,套路出奇一致。来电号码一般是手机号,对方在电话里都能准确报出航班号和个人信息,并以"航班取消""航班延误""飞机出现故障,改签至下一班"等借口为由,提出可以给旅客提供相应赔付,或可在其指定的支付软件中领取补偿金。但是在赔付过程中,对方往往会要求旅客下载录屏软件、出示支付宝收款码、开启屏幕共享,甚至要求旅客在其指定的网站内输入银行卡账号和密码。据报道,国庆前夕有旅客因为"退改签"诈骗,损失了200余万元。

事实上,这类诈骗手法并非2023年才出现。有业内人士介绍,十多年前"退改签"类诈

相关知识
▼

退票的操作步骤及操作实例

骗就已出现，只是随着乘飞机出行的旅客人数增加，才让越来越多的旅客遭遇此骗局。这一类诈骗往往抓住了旅客出行前担忧行程有变的心理，再辅以退款补偿等诱惑，加之繁杂的操作流程，诱导旅客进入陷阱。

由于诈骗分子在电话里都能准确报出航班号和个人信息，"退改签"类短信也发送得十分精准，网友们据此怀疑是平台泄露了客户个人信息。不过，大部分平台都否认了这一点。知情人士表示，若非专业技术力量，确实比较难追查。机票预订流程烦琐、涉及方众多，一张机票其实涉及售票平台、航空公司、代理人、中国航信、运营商等各个中间方或终端系统，任何一个环节都可能有数据泄露的风险。此外，随着平台提供的服务增多，机票信息还可能涉及保险公司、租车平台等其余服务方。这些环节都可能出现个人信息泄漏，需要监管部门加大对信息贩卖的查处和打击力度，共同加强用户信息安全保护。

那么，如何提防"退改签"类诈骗？

随着旅游业复苏，出行领域也被诈骗分子重点关注。旅客如果接到相关电话或短信，一定要冷静，请牢记以下注意事项：如果对方开口就称可以进行赔付，并要求下载App，基本可以判断为骗局；如果被告知需"退改签"，一定要通过航空公司和平台官网等官方渠道核实航班信息；最重要的一点，千万不要按照对方要求进行屏幕共享协助操作，更不能在陌生网站上随意输入自己的银行卡账号、密码、验证码等涉及财产安全的重要信息。

资料来源：https://news.carnoc.com/list/611/611087.html

项目小结

计算机旅客订座系统由航空公司系统(ICS)和代理人分销系统(CRS)两部分组成。两个系统的数据库虽然相互独立，却紧密联接，数据传递实时进行，都可以直接、准确地看到航班舱位的状态。订座系统的常用指令包括进入退出系统指令、修改密码指令、查询指令、计算指令等。PNR是旅客订座记录，即英文"Passenger Name Record"的缩写，是计算机为订座旅客建立的完整的订座信息的记录。它反映了旅客的航程、航班座位占用的数量以及旅客信息。在订座系统中预订成功以后，可以为旅客进行出票、打印电子客票行程单的操作，也可以进行电子客票变更、作废和退票的操作。

项目训练

一、选择题

1."VOID"代表客票状态为（　　）。

　　A.已购票　　　　B.已退票　　　　C.已作废　　　　D.已值机

2.订座系统中"NM"的含义是（　　）。

　　A.姓名组　　　　B.航段组　　　　C.联系组　　　　D.票价组

3.DETR:NI指令是利用旅客（　　）来提取票面信息。

　　A.票号　　　　　B.身份证号　　　C.姓名　　　　　D.订座记录编号

4.婴儿旅客的特殊代码是（　　）。

　　A.CHD　　　　　B.INF　　　　　　C.UM　　　　　　D.VIP

二、系统操作指令

1. 请练习DA、SI、AI、AO、SO指令。

2. 查询以下城市的全称：WUH、KHN、NZH、WEF、KHG、URC、CGQ、ENY、KMG、NDG。

3. 查询以下城市的三字代码：南宁、九寨沟、兰州、潍坊、长沙、沈阳、佳木斯、三亚、大连、南京。

4. 查询以下航空公司的全称：8L、8C、KN、EU、BK、GS、JD、PN、3U。

5. 查询以下航空公司的二字代码：中国国际航空、中国南方航空、东方航空、海南航空、深圳航空、上海航空、厦门航空、山东航空。

三、航班信息查询

1. 查询以下航班的利用情况、票价及航距。

(1) 海南航空10月10日海口飞北京。

(2) 8月22日海口飞上海虹桥。

(3) 6月17日南方航空广州飞大连。

(4) 当天海口飞北京直达航班。

(5) 明天国航北京飞海口。

(6) 9月1日广州飞乌鲁木齐。

2. 查询以下航班始发地、经停地及目的地。

(1) 9月6日HU7139。

(2) 10月8日HU7317。

(3) 8月11日HU7227。

(4) 8月15日CZ6402。

(5) 11月14日CA4112。

(6) 8月22日MU6515。

四、简答题

1. PNR中包含哪些内容？

2. 直接建立航段组和间接建立航段组的区别是什么？

3. 旅客李文计划11月25日从海口飞往上海，请为他查询上午10点前最便宜的票价并进行预订。

4. 旅客张飞计划12月1日从深圳前往宁波，他想申请一张南航的CZ6326航班的机票，请为旅客订座。

项目六　不正常航班情况

职业知识目标

1. 掌握不正常航班原因分类。
2. 掌握不正常航班服务相关规定。
3. 熟悉航班和旅客运输不正常情况的处理。

职业能力目标

能够根据有关运输规定,准确、熟练地处理航班和旅客运输不正常情况。

职业素质目标

学习不正常航班的相关运输规定以及案例情景实操,培养学生具备良好的应变处事能力、沟通能力。

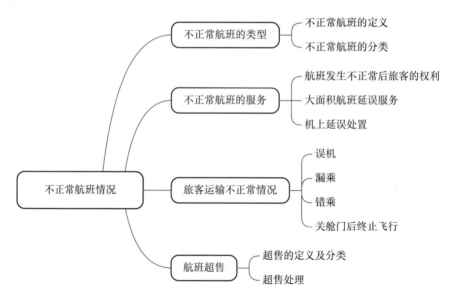

航班大面积延误

2023年,某机场因大雾天气导致航班大面积延误,约7500名旅客滞留。次日,天气好转,航班可以起降,但滞留旅客和新增旅客人数过多,资源有限,现场保障能力相对不足。

在负面情绪的影响下,出现人员冲突事件。旅客对于该情况提出了质疑:质疑航班受影响,为何不提前通知;质疑如何应对如此大的航班量;质疑航班不正常预警措施等。

通过这起事件,我们可以了解到保障航班正常的重要性。如果出现航班不正常,我们应该如何处理?行业具体规定是什么?航空运输相关主体对于保障航班正常应履行哪些义务以及应负哪些法律责任?

任务一　不正常航班的类型

为提高航班正常率,有效处置航班延误,提升民航服务质量,维护消费者合法权益和航空运输秩序,2016年交通运输部发布《航班正常管理规定》,主要内容包括:明确运行主体及行业管理部门的责任分工;明确航班延误、航班出港延误、航班取消的定义;填补监管空白;明确航班正常保障能力要求;细分航班延误处置工作;对航班延误补偿机制重新进行了规定;对机上延误进行了规定;突出构建协调联动机制;加强航空消费者投诉管理;规范信息报告制度;加大了对航班正常工作的监督检查力度。民航局负责对全国航班正常保障、延误处置、旅客投诉等实施统一监督管理。民航地区管理局负责对所辖地区的航班正常保障、延误处置、旅客投诉等实施监督管理。

一、不正常航班的定义

(一)航班离港不正常

凡有下列情况之一,则该航班判定为离港不正常。
(1) 不符合离港正常航班全部条件的航班。
(2) 当日取消的航班。
(3) 未经批准,航空公司自行变更航班计划的航班。

(二)航班延误

航班延误是指航班实际到港挡轮挡时间晚于计划到港时间超过15分钟的情况。

(三)航班出港延误

航班出港延误是指航班实际出港撤轮挡时间晚于计划出港时间超过15分钟的情况。

(四)航班到港不正常

航班到港正常是指航班实际到港挡轮挡时间不晚于计划到港时间15分钟的情况。凡有下列情况之一,则该航班判定为到港不正常。
(1) 不符合到港正常航班全部条件的航班。

(2)当日取消的航班。

(3)未经批准,航空公司自行变更航班计划的航班。

备注:当航班备降或返航时,如继续前往目的地机场,且实际到港时间较计划到港时间在规定范围内,则该航班为到港正常航班。

(五)航班取消

航班取消是指因预计航班延误而停止飞行计划或者因延误而导致停止飞行计划的情况。

(六)机上延误

机上延误是指航班飞机关舱门后至起飞前或者降落后至开舱门前,旅客在航空器内等待超过机场规定的地面滑行时间的情况。

(七)大面积航班延误

大面积航班延误是指机场在某一时段内一定数量的进、出港航班延误或者取消,导致大量旅客滞留的情况。某一机场的大面积航班延误由机场管理机构根据航班量、机场保障能力等因素确定。

二、不正常航班的分类

航班不正常的原因主要分为天气、航空公司、航班时刻安排、军事活动、空管、机场、联检、油料、离港系统、旅客、公共安全等。按造成航班不正常的责任性质,可以分为承运人原因和非承运人原因两类。

(一)承运人原因

承运人原因包括飞机故障、航班计划、航材保障、航务保障、飞行机组保障、乘务组保障、安全员保障、地面保障、货运保障、运力缺失、运力调配、公司原因等。

(二)非承运人原因

非承运人原因包括天气、空管、军事活动、公共安全、民航局航班时刻安排、机场、联检、油料、离港系统、旅客原因等。

■ **知识链接**

航班不正常旅客常见问题解答

一、航空公司原因

问题1:旅客即将登机或上了飞机后因为飞机出现机械故障,不得不下飞机等待,有时候飞机起飞后才被告知飞机出现故障不得不返航或就近降落。旅客除了要忍受航班延误

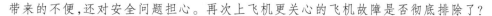

带来的不便,还对安全问题担心。再次上飞机更关心的飞机故障是否彻底排除了?

回答:首先请旅客放心,飞机的安全系数是在不断提高的。飞机越来越先进,在飞机的所有重要特性方面都具有设计裕度和多重备份系统。每架飞机都有详细的定期维护计划,每隔一段时间都要对其相应的系统、设备进行彻底检查和更换部件。即使该系统、设备工作一切正常,根据长期以来形成的维修经验,绝大部分的故障隐患都会在这些例行检查中得到及时处理。维修人员、机组人员和先进的机载计算机也会随时监视着飞机的任何情况,凡对飞行安全构成威胁的问题都将在继续飞行之前解决。但例行维护有时无法保证飞机设备不会突然出现故障,这不是正常的例行检查可以避免的。

飞机一旦在执行航班任务期间出现故障,维修人员按照维护程序要进行必要的检查,加以判断,对故障现象进行分析,找到故障源头。再进行相应的排除故障工作,比如换掉故障件等。排除故障后,还需要填写相关维修记录,可能还要进行一定的测试工作,以确定是否修复好。整个排除故障的过程是需要一定时间的,即使是一些小故障,是否能放行也要用一套严格的维修检测程序进行控制。这些都是为了确保飞行安全。

问题2:为什么不能确定故障飞机所需修复时间,使航班起飞时间一推再推?

回答:发生故障后,维修人员在查找故障原因过程中,无法知道到底需要多长时间,维修部门只能大致估计用时。检修中,若发现新的故障或维修过程中出现某些意外情况,会导致时间延长。此时,旅客急于询问到底需要多长时间才能修好,是很难得到满意答复的,待维修人员查清故障原因后,才会确定大概需要的时间,这时会通知相关部门做好相应准备工作。

问题3:航班因为种种原因延误,航空公司为什么没有备用飞机及时疏解?

回答:航空公司是备有备用飞机的,但是数量不可能很多,也不可能在每个机场都配备,因为这将会大大增加公司运营成本。实际上,航空公司有这方面的准备,在做航班计划时都会留有一些余地。每一天都会有备份运力和备勤机组随时待命,以备临时调配应对意外情况,尽量缩短某些航班延误的时间。

问题4:航空公司因为航班出现延误而取消航班、合并航班,是否侵犯了旅客权益?

回答:取消航班、合并航班通常发生在因天气原因导致航班大面积延误时。航空公司取消、合并航班正是为了维护旅客利益。为避免前一段航班延误导致后面航班继续延误,使航班运行秩序尽快恢复,航空公司会选择取消或合并航班的方案。

二、天气原因

问题1:目的地机场所在城市天气状况良好,能见度佳,为什么还会因天气原因延误?

回答:目的地机场所在城市天气状况良好不代表该机场适宜飞机降落,如果在机场起飞和降落航路附近覆盖有低云、雷雨区,不满足飞机起飞条件,也会导致航班延误。

为了确保飞行安全,飞机即使处在自动降落状况,在降落前的高度,飞行员也必须完全能看见跑道及地面状况,如果此时无法看见跑道,是不允许降落的。

问题2:目的地机场所在城市天气状况良好,能见度佳,该机场也在正常起降飞机,为什么我的航班还是因天气原因延误?

回答:这种情况往往是因为飞行航路的气象状况不宜飞越,比如雷雨区无法通过。这种情况飞机往往只能在地面等待。

一旦在狭窄的航路上出现雷雨区等状况,有时可采取绕过雷雨区的方式通过,但出于飞行安全和国防需要,民航航路是严格受限的,可绕飞、回旋的余地很小,雷雨区较大时,此方法就行不通了。

问题3:同样是飞往某地的航班,为什么有些能走,有些却被告知因天气原因走不了?

回答:出现这种情况的可能性很多,首先要明确的是飞机起降的标准与飞机机型有关。同样的机型在各航空公司规定的具体安全标准也可能有差异,机长对当前气象及趋势做出决策也会有所不同。能否起飞取决于机长对飞机状态、机场、气象条件等因素判断后决定。民航法规定,机长发现民用航空器、机场、气象条件等不符合规定,不能保证飞行安全的,有权拒绝飞行。

问题4:为什么快到目的地机场才告知因天气原因无法降落而备降其他机场或返航,而有些飞机又能正常落地?

回答:民航气象部门依靠先进的设备会不断发布比较准确的气象变化趋势预报,以利于航班运作和调度。但是天气情况是不断变化的,有时难以作出很准确的判断。飞机快落地时天气情况突然恶化导致飞机无法降落,出于安全考虑,或飞机油量不足难以继续盘旋等待天气好转,飞机就不得不备降到其他机场。

天气的不断变化,可能会导致短时间的恶劣天气。这就会导致5分钟前和5分钟后的天气都允许飞机降落,而有的飞机正好赶上那5分钟恶劣的天气状况而无法降落。同时,当天气处于标准边缘时,能否降落由机长决定。机长认为天气不宜降落,出于安全的考虑有权决定备降到其他机场或是返航。

总之,天气原因绝不仅仅是指目的地机场所在城市的天气状况,飞机起降不怕大风大雨,关键是气象因素,如能见度、机场起飞降落航道附近的低云、雷雨区、强侧风等。航班因天气原因而延误是正常的。

三、流量控制

为了保证飞行安全,在航班流量较大的航路或机场,空中交通管制部门为避免各个飞机之间出现危险接近或空中相撞,会对飞机的流量进行控制;或者由于机场繁忙,跑道有限,飞机排队起飞或目的地机场流量繁忙,始发机场受到控制。

空中交通管制原因航班延误:首先,民航的航路并非是在广阔的天空任我飞,而是在限定的空域范围内飞行的。同时,民航飞机在空中就如同汽车在地面一样,会受到诸多因素的限制和影响。民航飞机是在有限的空间、有限的时间和有限的条件下起飞、降落和飞行的。目前,部分繁忙机场空中交通处于超负荷运转,飞机起飞前往往会在地面滑行甚至等待较长时间。

问题1:飞机上完客,舱门关闭,一切准备就绪。为什么长时间不走,旁边的飞机怎么能走?

回答:飞机排队等候,乘务员一般会向旅客解释目前处于流量控制,正在等待航管指令。其他飞机能正常起飞,可能是目的地和方向不一致,因而没有受到本次流量控制的影响。

问题2:飞机一切准备就绪,滑行一段时间又停下来,走走停停的,为什么长时间不能起飞?

回答：由于机场跑道有限，此时可能落地和起飞的飞机较多，正在按一定的安全间隔依次进入跑道起飞。部分繁忙机场或一般机场的高峰时段，空中交通处于超负荷运转，飞机起飞前往往会在地面滑行甚至等待较长时间，这也是正常现象。

问题3：既然有流量控制，为什么不晚点登机，让旅客长时间闷在狭小的客舱里？

回答：流量控制是常事，一般时间不会太长。但是同一方向的航班可能很多，你的航班准备就绪，就可以向管制部门及早申请，越早申请，等待时间会越短。如果长时间等待，那可能就不是通常的流量控制啦！另外，由于其他原因导致管制而没有预计时间，这就要求飞机预先准备好，空域随时都有可能开放，不可能等到管制解除后再登机，到时可能还会遇到新情况。

问题4：为什么因流量控制长时间等待后，又不走了，要旅客下飞机回到候机楼等待？甚至到了跑道上准备起飞又滑回来等待，这不折腾人吗？

回答：正常流量控制一般是有预计时间的，机组会根据情况决定旅客登机时间。但是，如果遇上空中交通管制则无法预计时间，可能随时解除管制，这就要求飞机预先做好起飞准备工作。如果等待时间已经很长，又没有接到空管部门很明确的起飞消息，机组考虑到旅客舒适的问题，就有可能会让旅客下飞机到候机楼等待。另外，当空中或目的地机场出现一些意外情况，也可能会发生旅客坐上飞机临近起飞不得已又滑回等待的情况。

四、旅客原因

当发生旅客由于某种原因漏乘或登机后要求下飞机中止旅行时，为了对旅客负责，航空公司须进行清舱，并将该旅客所交运的行李从飞机上卸下，飞机才可以起飞。这是为了避免发生旅客在甲地，而行李在乙地，从而给旅客的工作、生活带来不便的情况。更重要的是为了防止不法分子将危险物品交运后，故意不乘机而引起航空运输事故的发生。

此外，由于旅客办理手续后未能按时登机、旅客突发疾病临时取消旅行或是在经停站，过站旅客未通知航空公司而终止旅行等原因，也会造成航班不能按时起飞。

资料来源：中国民用航空局官方网站

任务二　不正常航班的服务

一、航班发生不正常后旅客的权利

当航班不正常时，旅客可以根据情况选择改签或退票。航空公司应当制定并公布运输总条件，明确航班出港延误及取消后的旅客服务内容，并在购票环节中明确告知旅客。当发生航班出港延误或者取消时，航空公司应当根据《航班正常管理规定》《公共航空运输旅客服务管理规定》中的航空公司运输总条件、客票使用条件，为旅客做好服务保障工作。

（一）获取信息

（1）当航班出现不正常情况后，航空公司应在掌握航班状态发生变化之后的30分钟内通过公共信息平台、官方网站、呼叫中心、短信、电话、广播等方式，及时、准确地向旅客发布航班出港延误或者取消的信息，包括航班出港延误或者取消原因及航班动态。

（2）机场管理机构应利用候机楼内的公共平台及时向旅客通告航班出港延误或者取消的信息。

（3）航空销售代理人接到航空公司通告的航班出港延误或者取消的信息后，应及时通告旅客。

（二）客票退改签

航班出港延误或者取消时，航空公司应根据运输总条件、客票使用条件，为旅客妥善办理退票或者改签手续。

（1）由于航空公司原因导致旅客非自愿变更客票的，航空公司或者其航空销售代理人应在有可利用座位或者被签转航空公司同意下，为旅客办理免费改期或者签转。

（2）由于非航空公司原因导致旅客非自愿变更客票的，航空公司或者其航空销售代理人应按照所适用的运输总条件、客票使用条件办理。

（三）航班延误/取消证明

旅客遇到航班出港延误、航班到港延误、航班取消的情形，可根据实际发生情况及需求，要求承运人出具航班延误/取消的书面证明。如果旅客对航空公司所提供的航班延误/取消证明有异议，可以通过民航服务质量监督平台（网址 www.12326.cn）进行航班延误/取消原因的确认，经确认有误的，旅客要求承运人重新提供时，承运人将自旅客要求之日起（含当日）7日内以信函、传真或电子邮件等方式重新提供。

（四）航班延误或取消食宿服务

发生航班出港延误或者取消后，航空公司或者地面服务代理人应按照下列情形为旅客提供食宿服务。

（1）由于机务维护、航班调配、机组等航空公司自身原因，造成航班在始发地出港延误或者取消，航空公司应当向旅客提供餐食或者住宿等服务。

（2）由于天气、突发事件、空中交通管制、安检以及旅客等非航空公司原因，造成航班在始发地出港延误或者取消，航空公司应当协助旅客安排餐食和住宿，费用由旅客自理。

（3）国内航班在经停地延误或者取消，无论何种原因，航空公司均向经停旅客提供餐食或者住宿服务。

（4）国内航班发生备降，无论何种原因，航空公司均应当向备降旅客提供餐食或者住宿服务。

（五）补偿

航空公司的运输总条件中应当包括是否对航班延误进行补偿，应当明确补偿条件、标准和方式等相关内容。

二、大面积航班延误服务

由于大雪、大雾等恶劣天气或突发事件,会导致大面积、长时间的航班延误、取消或机场关闭等特殊状态。此时,航空公司和机场应启动应急预案,实时向旅客和社会发布信息。大面积航班延误后,航空公司要弥补和调整延误期间的航班。

三、机上延误处置

机上延误是指飞机关舱门后至起飞前,或者降落后至开舱门前,旅客在航空器内等待,超过机场规定的地面滑行时间的情况。

发生机上延误后,承运人应当每30分钟向旅客通告延误原因、预计延误时间等航班动态信息。由于流量控制、军事活动等原因造成机上延误的,空管部门应当每30分钟向承运人通告航班动态信息。

机上延误期间,在不影响航空安全的前提下,承运人应当保证盥洗室设备的正常使用。机上延误超过2小时(含)的,应当为机上旅客提供饮用水和食品。

机上延误超过3小时(含)且无明确起飞时间的,承运人应当在不违反航空安全、安全保卫规定的情况下,安排旅客下飞机等待。

机场管理机构、地面服务代理人应当协助承运人做好机上延误后的各项服务工作。

■ 知识链接

乘机时违反的法律法规条款

航班不正常时,航空公司和旅客都要承担很大损失,航班延误原因比较复杂,当航班延误时,旅客应以合理合法的方式维护自己的权利。一些旅客采取了罢机、占机和毁坏机场、飞机设施、殴打工作人员等不正当行为,不仅自己不能顺利成行,也影响了其他旅客的旅行。

当出行遇到航班延误,如果旅客情绪失控,出现冲击柜台、占领停机坪、扰乱机场秩序的其他行为等,均属于违反哪些法律法规?将受到什么样的处罚?

《中华人民共和国民用航空安全保卫条例》明确规定了机场内禁止随意穿越航空器跑道、滑行道,强行登、占航空器,谎报险情制造混乱,扰乱机场秩序的其他行为。冲击柜台、占领停机坪,违反了《中华人民共和国民用航空安全保卫条例》的规定。

根据《中华人民共和国治安管理处罚法》,如果实施了扰乱机场、航空器秩序,非法拦截或者强登、扒乘航空器,影响其正常行驶的,处警告或者二百元以下罚款;情节严重的,处五日以上十日以下拘留,可以并处五百元以下罚款。聚众实施上述行为的,对首要分子处十

相关知识

《航班正常管理规定》中相关主体义务及法律责任要求(节选)

日以上十五日以下拘留,可以并处一千元以下罚款。

资料来源:中国民用航空局官方网站

■ 相关案例

飞机因强侧风延误7小时 旅客滞留机场过夜

2023年,某航空公司一航班受当地强烈侧风影响,两度尝试降落目的地机场失败,随后备降其他机场。当晚,飞机再次飞往目的地机场,成功降落,但航班延误时间达7个小时,该飞机的返回航班由此也受影响。航空公司决定将该回程航班与另一航班合并,随后因为机组超时、机场宵禁等因素,航班无法起飞,300余名旅客不得不滞留机场过夜。

在长时间的等待起飞过程中,旅客因航空公司提供的保障性服务不足而不满。在后续处理中,航空公司给该航班所有旅客提供全额退款,并全力协助后续行程事宜。

该事件发生后,引发了社会的广泛关注。航空公司对于不正常航班的处理,会影响旅客对航空公司的评价。在应对不正常情况时,如何为旅客提供更好的服务,是值得思考的问题。

任务三 旅客运输不正常情况

旅客运输不正常情况发生时,有关人员应及时、慎重、妥善处理,并采取措施设法挽救。非旅客原因导致的,航空公司必须主动承担责任,做好解释工作;旅客原因导致的,航空公司也要弄清情况,按照规定实事求是处理。

一、误机

误机是指旅客未按规定时间办妥乘机手续或因旅行证件不符合规定而未能乘机的情况。

(一)由于旅客自身原因导致误机

由于旅客自身原因导致旅客不能按行程单上注明的航班日期乘机,或者由于飞机起飞前旅客未能办妥乘机手续而未能乘机的情况称为旅客自身原因误机。

旅客误机后,应及时与航空公司或者航空销售代理人联系。通常,承运人或者航空销售代理人应当按照所适用的运输总条件、客票使用条件,为误机旅客办理自愿变更客票或者自愿退票。

（二）由于承运人原因导致旅客误机

由于承运人原因导致旅客误机，造成旅客非自愿变更客票的，承运人或者航空销售代理人应当在有可利用座位或者被签转承运人同意的情况下，为旅客办理改期或者签转，承运人或者其航空销售代理人不得向旅客收取客票变更费；造成旅客非自愿退票的，承运人或者其航空销售代理人不得收取退票费。

二、漏乘

漏乘是指旅客在航班始发站办理乘机手续后或在经停站时未搭乘上指定的航班的情况。如果是因为航空公司原因未能搭乘上指定的航班，航空公司会为旅客改签后续航班；如果由于旅客自身原因造成漏乘，按旅客误机的规定处理。

三、错乘

错乘是指旅客乘坐了不是客票上列明的航班的情况。若发生旅客错乘，承运人将尽早安排旅客搭乘后续航班飞往旅客客票上列明的目的地，或安排旅客返回始发地。如旅客在错乘的到达站提出中止旅行，按非自愿退票的规定办理。

四、关舱门后终止飞行

当航班正常时，旅客在航班始发地关舱后自愿提出终止旅行，按照承运人现行规定中计划出港时间后自愿变更及退票的规定处理，并扣取相应的手续费；若旅客在航班经停地自愿提出终止旅行后，其客票作废，承运人不予以变更或退票。

当航班不正常时，无论旅客是自愿或被动终止旅行，承运人都应按照非自愿原则，为旅客办理客票退改签业务。特殊产品以提前约定的特殊退改签规定为准。

■ **相关案例**

一旅客因自身原因误机 掌掴机场工作人员

某旅客因迟到误机，工作人员告知其所乘坐航班已停止办理值机手续，建议其改签或退票，并主动帮其联系航空公司协调。该旅客坚持要求为其办理值机，在与工作人员交涉未果后，竟冲入值机柜台，用手掌连续击打工作人员面部及头部，随后被警方控制。

事后，该旅客被该航班承运人列入"黑名单"，在全球范围内拒绝承运该旅客。经过调查取证，该旅客的行为已构成违法。根据《中华人民共和国治安管理处罚法》，依法对该旅客处以行政拘留10日的处罚。

任务四 航班超售

一、超售的定义及分类

超售是指承运人为避免座位虚耗,在某一航班上销售座位数超过实际可利用座位数的行为。

超售的种类包括:因收益原因经济舱超售;重要乘客超售;扩编飞行机组休息区控座超售;计划性禁座超售;机组保障经济舱超售;机务保障经济舱超售;航班不正常超售以及系统故障超售等。

二、超售处理

根据《公共航空运输旅客服务管理规定》,承运人超售客票的,应当在超售前充分考虑航线、航班班次、时间、机型以及衔接航班等情况,最大限度避免旅客因超售被拒绝登机。

如因承运人超售导致实际乘机旅客人数超过座位数时,承运人或者其地面服务代理人应当根据征集自愿者程序,寻找自愿放弃行程的旅客。未经征集自愿者程序,不可以使用优先登机规则确定被拒绝登机的旅客。在征集自愿者时,承运人或者其地面服务代理人应当与旅客协商自愿放弃行程的条件。

承运人或者其地面服务代理人应当在经征集自愿者程序未能寻找到足够的自愿者后,方可根据优先登机规则确定被拒绝登机的旅客。通常,承运人的优先登机规则应当符合公序良俗原则,考虑的因素至少包括老幼病残孕等特殊旅客的需求、后续航班衔接等。

发生超售时,承运人或者其地面服务代理人应当按照超售处置规定向被拒绝登机旅客给予赔偿,并提供相关服务。旅客因超售自愿放弃行程或者被拒绝登机时,承运人或者其地面服务代理人应当根据旅客的要求,出具因超售而放弃行程或者被拒绝登机的证明。

通常,因超售导致旅客自愿放弃行程或者被拒绝登机的,承运人或者其航空销售代理人应当在有可利用座位或者被签转承运人同意的情况下,为旅客办理改期或者签转,不得向旅客收取客票变更费。旅客非自愿退票的,承运人或者其航空销售代理人不得收取退票费。

航班超售后,承运人或其地面服务代理人具体操作如下。

(一)值机柜台操作

(1)根据预处理方案的要求,为旅客办理乘机手续。

（2）按照提前制定的升舱旅客名单顺序进行升舱操作。航班截载后经济舱仍有空余座位，经升舱处理的旅客座位不做调整。

（3）按照提前制定的降舱旅客名单顺序进行降舱操作。

（4）寻找自愿放弃座位的旅客。

（二）实超后被拉减旅客的处理

（1）提供补偿。

（2）在提供现金补偿的基础上，如旅客选择退票，按照非自愿退票的规定处理。

（3）在提供补偿的基础上，如果旅客选择变更至承运人后续航班或签转至其他航空公司的航班，按照非自愿变更和签转的规定处理票务问题，免费改签至后续最早有空余座位的航班。

■ 知识链接

机票"超售"的法律责任及损失赔偿认定（节选）

2014年，某旅客及其丈夫购买了两张国际机票。乘机当日，承运人告知旅客航班超售，他们不能乘机。旅客接受承运人安排改乘次日航班，并成行。但双方就因航班超售而被耽误的一天的赔偿问题协商未果。旅客提起诉讼，将承运人告上法庭，请求判令赔偿其因改乘航班造成的直接损失，包括酒店费用、交通延误费、浪费的一天带薪休假折合的补偿费用，以及该承运人未提前告知旅客航班超售应赔偿的费用等。

承运人辩称，同意赔偿原告因被告航班超售引起的直接损失，但原告应当提供直接证据证明其酒店和交通费的损失，对于带薪休假的补偿费用不属于原告的直接经济损失，不同意赔偿。并且原告公司扣发其工资的情况无法证明，在赔偿方案中可以通盘考虑原告的各项损失。超售系行业惯例，并非航空公司的刻意隐瞒，被告在网站中也有告知部分航班存在超售的情况的内容，但并非每个航线的航班都会特别告知，在告知义务履行上被告确实不充分，但并不存在对乘客的刻意隐瞒。

本案的争议焦点在于：①被告因机票超售承担违约责任的赔偿范围；②被告销售暗含超售性质的机票是否构成欺诈。

关于争议焦点一：本案中，被告向原告告知因机票超售导致迟延运输后，为原告安排了改乘航班，且在现场也提出了补偿方案，被告在航班超售后对原告采取了相应的补救措施。但在航班延误时间较长的情况下，对旅客产生的实际损失被告应当承担赔偿责任。

关于争议焦点二：被告辩称已通过民航局官网和被告官网对超售进行旅客公示，法院认为该种告知方式欠缺明确性和指向性，在本案原告的购票过程中并不能有效地进行提示，且超售对合同履行具有重大影响，应当向旅客予以特别提示，从而旅客能自行考虑是否选择购买存在超售可能的机票。因此，本案中被告未尽到经营者的告知义务。关于是否构成欺诈，首先，法律上对超售行为未予明令禁止，民航局在公开网站上对超售进行介绍和许可，对超售尚未作出明确的禁止性规范，航空承运人基于市场竞争、运营成本、客源流失等考虑,对航班进行超售也符合国际航空业的售票惯例。其次,被告通过官网对旅客须知进行公示的方式向旅客告知航班存在超售可能以及补偿方案,原告系从其他购票网站上进行购票,在购票时并未予以注意。本案中被告未对原告明确告知航班存在超售,法院认为,被告未能有效掌握好涉案航班的机票预订情况,在订立合同时出现超售,从主观上而言更多的是由于过分自信导致的过失,并非对包括原告在内的该航班所有购票人进行虚假宣传或者故意隐瞒真实情况,事后被告也采取了为原告安排改乘航班的补救措施,与经营者欺诈的主观恶意性存在区别,故原告认为被告构成欺诈索要三倍赔偿的主张法院不予支持。鉴于被告存在未尽告知义务的行为,客观上已造成原告延误一天旅游行程而产生相关利益损失,综合考虑原告延长候机、另行安排出行承受的舟车劳顿、经济支出以及被告因超售增加客源收益等情况,法院酌定被告赔偿原告人民币2500元。被告辩称《蒙特利尔公约》不适用惩罚性赔偿的意见,本案系由于被告航班超售导致延误的违约行为造成原告损失给予赔偿,符合国际条约和我国法律的规定,且赔偿数额尚未超过该公约规定的责任限额,对被告的上述抗辩法院不予采纳。综上所述,因被告超售机票致使原告航班延误,被告应向原告承担违约赔偿合计人民币3369元。据此,按照《统一国际航空运输某些规则的公约》第十九条、第二十九条、《中华人民共和国合同法》第一百一十二条、第一百一十三条、第二百九十条、第二百九十九条之规定,判决如下:①被告应于本判决生效之日起十日内赔偿原告人民币3369元;②驳回原告的其余诉讼请求。

资料来源:中国法院网

项目小结

本项目学习了不正常航班的定义与分类、不正常航班的服务、旅客运输不正常情况,以及航班超售。保障航班正常是民航服务的重要内容。在处理航班不正常的情况时,需要确认原因。不同原因导致的航班不正常,其处理以及服务流程不尽相同。为提高航班正常率,有效处置航班延误,提升民航服务质量,维护消费者合法权益和航空运输秩序,2016年交通运输部发布了《航班正常管理规定》。根据规定,航空运输相关主体需要遵守相关要求,履行相关义务。旅客运输发生不正常的情况时,需要根据具体原因,提供不同服务。

项目训练

简答题

1. 导致不正常航班的原因有哪些?
2. 请简述航班发生不正常后,旅客享有哪些权利。
3. 请简述机上延误相关规定。
4. 请简述承运人处理航班超售的流程。
5. 什么是误机?什么是漏乘?什么是错乘?

项目七　国际客票销售基础知识

项目目标

○ **职业知识目标**

1. 掌握国际航空区域划分的知识。
2. 掌握国际航程的类型及国际运输方向性代号的含义。
3. 掌握时差的换算和货币转换规则。
4. 掌握航班资料和运价资料的内容。
5. 掌握常见的城市及机场的三字代码。

○ **职业能力目标**

1. 能够判断国家、城市所在的航空区域。
2. 能够判断国际航程的类型和方向性代号。
3. 能够根据规则完成不同货币之间的转换。
4. 能够查阅对应的资料，以便于完成客票销售相关业务。

○ **职业素质目标**

1. 学习民航国际客票销售的基础知识，拓宽国际视野。
2. 学习国际航协的运价规则，培养严谨细致的工作作风。

知识框架

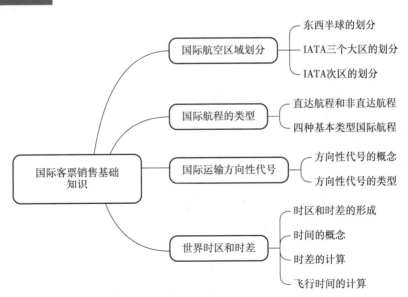

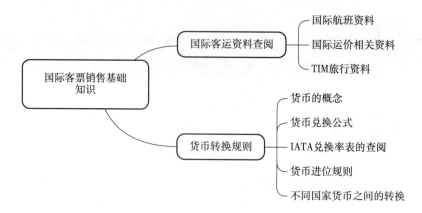

国际航协:北方夏季旅游季强劲开局

国际航空运输协会2023年6月客运定期数据显示,航空客运市场持续复苏。

1. 国内客运市场

2023年6月,国内客运量同比2022年同期增长27.2%,比2019年6月水平高5.1%。2023年上半年,国内客运需求同比增长33.3%。

2. 国际客运市场

2023年6月,国际客运量同比2022年6月增长33.7%,所有市场均呈现强劲增长,国际客运量恢复至2019年6月水平的88.2%。2023年上半年,国际客运量同比2022年上半年增长58.6%。

国际航协理事长威利·沃尔什先生表示:"北半球夏季旅游旺季在6月强劲开局,需求增长达到两位数,平均载客率超过84%。航班满员对航空公司、当地经济以及依赖旅游业的工作岗位来说都是利好消息。所有这些都得益于行业的持续复苏。"

亚太航空公司客运量同比2022年6月增长128.1%,在各地区中增幅最大。运力同比增长115.6%,载客率增长4.6个百分点,达到82.9%。

欧洲航空公司客运量同比2022年6月增长14.0%。运力同比增长12.6%,载客率增长1.1个百分点,达到87.8%,在各地区中位列第二。

中东航空公司客运量同比2022年6月增长29.2%。运力同比增长25.9%,载客率增长2.0个百分点,达到79.8%。

北美航空公司客运量同比2022年6月增长23.3%。运力同比增长19.5%,载客率增长2.7个百分点,达到90.2%,位列各地区榜首。

拉美航空公司客运量同比2022年6月增长25.8%。运力同比增长25.0%,载客率增长0.6个百分点,达到84.8%。

非洲航空公司客运量同比2022年6月增长34.7%,增幅在各地区中排名第二。运力同比增长44.8%,载客率下降5.1个百分点,至68.1%,不仅在各地区中排名最低,也是唯一一个月度国际载客率低于2022年同期的市场。

资料来源：http://news.carnoc.com/list/608/608209.html

思考：

(1) 国际航协的主要职责是什么？

(2) 你知道亚太地区是哪个区域吗？

(3) 国际客运市场的客运量受到哪些因素的影响呢？

任务一　国际航空区域划分

一、东西半球的划分

全世界可以分为东半球（Eastern Hemisphere）和西半球（Western Hemisphere）。为了不将某些国家分在两个半球，特意将划分半球的经线设定在西经20°和东经160°。

东半球是从西经20°开始至东经160°，西半球是从东经160°至西经20°。经这样划分后，东半球包括亚洲、欧洲、非洲和大洋洲及其邻近岛屿，西半球包括南、北美洲和中美洲及其邻近岛屿。东西半球的划分如图7-1所示。

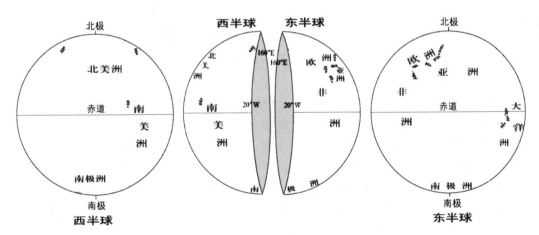

图7-1　东西半球的划分

二、IATA三个大区的划分

为了协调世界各国之间的航空运输业务，根据国家之间航空运输往来的密切程度以及地理位置，国际航空运输协会（简称国际航协，International Air Transport Association，IATA）将世界划分为三个大区和若干个次区，称为国际航协航空区划（IATA Traffic Conference Areas）。三个大区包括IATA一区（Area 1或TC 1）、IATA二区（Area 2或TC 2）、IATA三区（Area 3或TC 3）（见图7-2）。

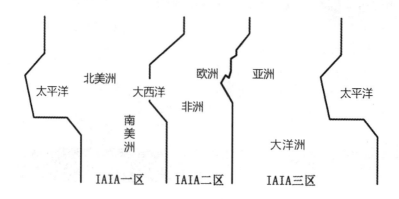

图7-2 国际航协航空区域划分

国际航协的航空区域划分是进行国际航空运价计算的基础,是非常重要的基本概念,但是它与地理上通常的区域划分并不完全一致,这一点需要特别注意。

(一)IATA一区(Area 1或TC 1)

IATA一区(Area 1或TC 1)包括:南、北美洲大陆及其邻近的岛屿,格陵兰、百慕大、西印度群岛及加勒比海群岛,夏威夷群岛(含中途岛和棕榈岛)。

TC 1与TC 2的分界线:北起0°经线,向南约至74°N纬线处折向西南,穿过格陵兰岛与冰岛之间的丹麦海峡,在60°N处沿40°W经线至20°N处,再折向东南,到赤道处再沿20°W经线向南止于南极洲。

IATA一区由南、北美洲大陆及其邻近岛屿组成。美洲大陆东临大西洋,西濒太平洋。大洋天堑阻隔了美洲和其他大洲之间的陆路交通,只有通过海洋运输和航空运输来实现与其他各大洲之间的联系。

北美是世界航空运输发达的地区之一。全美有近700个民用机场,每年运输了接近全世界运输量一半的旅客。北美许多的航空公司在世界的航空公司中占有重要地位。而中美、南美的一些国家,虽然经济上不是十分发达,但由于其地理位置的特殊性,航空运输是其主要的交通工具。如南美,地处安第斯山脉与亚马孙河流域,主要交通工具是水路与航空。特别是南美的一些内陆国家,类似玻利维亚等国,四面不临海,国际运输必须通过智利、巴拉圭或阿根廷等国,国际交通运输方面非常受限。

(二)IATA二区(Area 2或TC 2)

IATA二区(Area 2或TC 2)包括:欧洲(含俄罗斯联邦的欧洲部分)和邻近的岛屿,冰岛、亚速尔群岛,非洲及其邻近的岛屿,阿松申岛以及亚洲的一部分,即伊朗以西(包括伊朗)。

TC 2与TC 3分界线:北起80°E经线,在75°N处向南弯折,沿乌拉尔山南下,绕经里海西岸、南岸、伊朗北界、东界,再沿60°E经线向南止于南极洲。

IATA二区的欧洲、非洲、中东地区在政治、经济、种族、宗教、发展历史等方面有着较大的差异。在航空运输的发展水平上,也很不平衡。

欧洲一直是航空运输的发达地区。其定期航班完成的运输周转量仅次于北美,而不定期的航班业务也很发达,其业务量与定期航班相当。但是,基于航空资源的不足,机场容量、航路使用等已经接近饱和的状态,因此,欧洲和北美洲一样,都存在航空运输发展速度减慢的趋势,它们在世界航空运输中所占的比重将比过去有所下降。高速列车、高速公路等地面交通方式将在其洲内运输中受到高度重视。

中东是连接欧亚大陆的必经之地,有着优越的地理位置和丰富的石油资源,航空运输比较发达。中东是世界文化的发源地之一,伊斯兰教的圣地也在此。这一带面积虽小,但航线分布密集,航空运输业务量较大。

非洲地域辽阔、物产丰富、人口较多,非洲在殖民时期留下的铁路系统较为发达,但是不能适应非洲现有的经济网络,迫切需要投资改造。在南非,20世纪70年代后建成的高速公路非常发达。但是航空运输方面,非洲仍属于比较落后的地区之一。

(三) IATA 三区(Area 3 或 TC 3)

IATA 三区(Area 3 或 TC 3)包括:伊朗以东的亚洲部分及其邻近的岛屿,东印度群岛,澳大利亚,新西兰及其邻近的岛屿,太平洋岛屿中除去属于IATA一区的部分。

TC 3 与 TC 1 分界线:北起170°W经线,向南穿过白令海峡后,向西南折至50°N、165°E,再折经7°N、140°W 和 20°S、120°W 等处,最后沿 120°W 经线向南止于南极洲。

IATA 三区主要包括亚太地区,除日本、新加坡、韩国以及澳大利亚、新西兰等经济比较发达之外,这一地区绝大多数国家为发展中国家和地区,但是亚太地区是未来经济发展的重要地区,其航空运输具有很大的发展潜力。

三、IATA 次区的划分

(一) IATA 一区中的次区

1 第一种划分

1) 北美次区(North America Sub-area)

北美次区(North America Sub-area)的国家及地区包括:加拿大、墨西哥、美国、法属圣皮埃尔和密克隆岛等。

2) 中美次区(Central America Sub-area)

中美次区(Central America Sub-area)的国家包括:伯利兹、哥斯达黎加、萨尔瓦多、危地马拉、洪都拉斯、尼加拉瓜等。

3) 加勒比次区(Caribbean Area Sub-area)

加勒比次区(Caribbean Area Sub-area)的国家及地区包括:巴哈马、百慕大、加勒比群岛等。

其中,加勒比群岛包括:安圭拉、安提瓜和巴布达、阿鲁巴、巴巴多斯、开曼群岛、古巴、多米尼加、格林纳达、瓜德罗普岛、海地、牙买加、英属蒙特塞拉特岛、荷属安的列斯群岛、圣基茨和尼维斯、圣卢西亚、圣文森特和格林纳丁斯、特立尼达和多巴哥、英属特克斯和凯科斯群岛、英属维尔京群岛等。

4）南美次区（South America Sub-area）

南美次区（South America Sub-area）的国家及地区包括：阿根廷、玻利维亚、巴西、智利、哥伦比亚、厄瓜多尔、法属圭亚那、圭亚那、巴拿马、巴拉圭、秘鲁、苏里南、乌拉圭、委内瑞拉等。

② 第二种划分

1）北大西洋次区（North Atlantic Sub-area）

北大西洋次区（North Atlantic Sub-area）的国家及地区包括：加拿大、格陵兰岛、墨西哥和美国（包括阿拉斯加、夏威夷、波多黎各和美属维尔京群岛）等。

2）中大西洋次区（Mid Atlantic Sub-area）

中大西洋次区（Mid Atlantic Sub-area）的国家及地区包括：加勒比海地区、中美、南美和巴拿马运河区域，不包括阿根廷、巴西、智利、巴拉圭和乌拉圭。

3）南大西洋次区（South Atlantic Sub-area）

南大西洋次区（South Atlantic Sub-area）的国家包括：阿根廷、巴西、智利、巴拉圭和乌拉圭。

（二）IATA二区中的次区

① 欧洲次区（Europe Sub-area）

欧洲次区（Europe Sub-area）的国家及地区包括：阿尔巴尼亚、阿尔及利亚、安道尔、亚美尼亚、奥地利、阿塞拜疆、波斯尼亚-黑塞哥维那、白俄罗斯、比利时、保加利亚、克罗地亚、塞浦路斯、捷克共和国、丹麦、爱沙尼亚、芬兰、法国、格鲁吉亚、德国、直布罗陀、希腊、匈牙利、冰岛、爱尔兰、意大利、拉脱维亚、列支敦士登、立陶宛、卢森堡、黑山、北马其顿、马耳他、摩尔多瓦、摩纳哥、摩洛哥、荷兰、挪威、波兰、葡萄牙、罗马尼亚、俄罗斯联邦（乌拉尔山以西）、圣马力诺、斯洛伐克共和国、斯洛文尼亚、西班牙、瑞典、瑞士、突尼斯、土耳其、乌克兰、英国。

② 中东次区（Middle East Sub-area）

中东次区（Middle East Sub-area）的国家及地区包括：巴林、埃及、伊朗、伊拉克、以色列、约旦、科威特、黎巴嫩、阿曼、卡塔尔、沙特阿拉伯、苏丹、叙利亚、阿拉伯联合酋长国（由阿布扎比、阿治曼、迪拜、富查伊拉、哈依马角、沙迦及乌姆盖万等组成）、也门。

③ 非洲次区（Africa Sub-area）

非洲次区（Africa Sub-area）的国家及地区包括：中非、东非、印度洋群岛、利比亚、南非和西非。

其中，中非是指马拉维、赞比亚、津巴布韦。

东非是指布隆迪、吉布提、厄立特里亚、埃塞俄比亚、肯尼亚、卢旺达、索马里、坦桑尼亚和乌干达。

印度洋群岛是指科摩罗、马达加斯加、毛里求斯、马约特、留尼汪岛和塞舌尔群岛。

南非是指博茨瓦纳、莱索托、莫桑比克、南非、纳米比亚、斯威士兰。

西非是指安哥拉、贝宁、布基纳法索、喀麦隆、佛得角、中非共和国、乍得、科特迪瓦、刚果(布)、刚果(金)、赤道几内亚、加蓬、冈比亚、加纳、几内亚、几内亚比绍、利比里亚、马里、毛里塔尼亚、尼日尔、尼日利亚、圣多美和普林西比、塞内加尔、塞拉利昂、多哥。

(三) IATA 三区中的次区

❶ 南亚次大陆次区(South Asian Sub-area)

南亚次大陆次区(South Asian Sub-area)的国家及地区包括:阿富汗、孟加拉国、不丹、印度(包括安达曼群岛)、马尔代夫、尼泊尔、巴基斯坦、斯里兰卡。

❷ 东南亚次区(South East Asia Sub-area)

东南亚次区(South East Asia Sub-area)的国家及地区包括:文莱、柬埔寨、中国、圣诞岛、关岛、印度尼西亚、哈萨克斯坦、吉尔吉斯斯坦、老挝、马来西亚、马绍尔群岛、密克罗尼西亚(包括加罗林群岛中除去帕劳群岛部分)、蒙古国、缅甸、北马里亚纳群岛(包括除关岛外的马里亚纳群岛)、帕劳、菲律宾、俄罗斯联邦(乌拉尔山以东)、新加坡、塔吉克斯坦、泰国、土库曼斯坦、乌兹别克斯坦、越南。

❸ 西南太平洋次区(South West Pacific Sub-area)

西南太平洋次区(South West Pacific Sub-area)的国家及地区包括:美属萨摩亚、澳大利亚、库克群岛、斐济群岛、法属波利尼西亚、基里巴斯、瑙鲁、新喀里多尼亚、萨摩亚、所罗门群岛、汤加、图瓦卢、瓦努阿图、瓦利斯和富图纳群岛。

❹ 日本/朝鲜次区(Japan,Korea Sub-area)

日本/朝鲜次区(Japan,Korea Sub-area)的国家包括:日本、朝鲜和韩国。

需要注意的是,IATA 所定义的次区,有一些地方与地理上所定义的内容不同,在今后计算运价时,规定中所指的区域均以 IATA 定义的区域为准。例如,IATA 所定义的欧洲不但包括地理上的欧洲,而且还包括下列的一些国家、地区及岛屿:三个非洲国家——摩洛哥、阿尔及利亚和突尼斯;亚速尔群岛、马德拉岛和加那利群岛;亚洲的亚美尼亚、阿塞拜疆、土耳其、塞浦路斯。又如,尽管在地理上,埃及和苏丹属非洲大陆,但是在这里被划为 IATA 的中东次区。而地理位置上位于中东的塞浦路斯,则属于 IATA 二区定义中的欧洲次区。

■ 知识链接

亚太地区

亚太地区(Asia Pacific)是亚洲地区和太平洋沿岸地区的简称。

广义上,亚太地区包括整个环太平洋地区。太平洋东西两岸的国家和地区,包括加拿大、美国、墨西哥、秘鲁、智利等南、北美洲的国家和太平洋西岸的俄罗斯远东地区、日本、韩国、中国、东盟各国和大洋洲的澳大利亚、新西兰等。

微课

国际航空
市场的
增长

狭义上，亚太地区指西太平洋地区，主要包括东亚的中国、日本、韩国、俄罗斯远东地区和东南亚的东盟国家，有时还延伸到大洋洲的澳大利亚和新西兰等国。

亚太地区包括的国家及地区：中国、文莱、柬埔寨、印度尼西亚、日本、朝鲜、韩国、老挝、马来西亚、马绍尔群岛、密克罗尼西亚联邦、瑙鲁、新西兰、澳大利亚、帕劳、巴布亚新几内亚、菲律宾、萨摩亚、新加坡、所罗门群岛、泰国、东帝汶、汤加、图瓦卢、瓦努阿图、越南、蒙古国。

环太平洋地区在自然和经济方面具有丰富的多样性，经济发展上有世界上排在前面的国家，如美国、中国、日本、韩国、新加坡等。国际货币基金组织（IMF）在其发布的2017年《亚洲及太平洋地区经济展望》中表示，亚太地区的经济增长率位居全球前列，在过去几年对全球经济增长的贡献率高达66%，这种趋势仍将持续。

资料来源：https://baike.baidu.com/item/%E4%BA%9A%E5%A4%AA%E5%9C%B0%E5%8C%BA/11009505?fr=ge_ala

■ 知识链接

地球小知识

东西半球是指根据本初子午线，将地球分成东半球和西半球。简单来说，位于本初子午线以东的地区属于东半球，位于本初子午线以西的地区属于西半球，因为地球自转的方向是从西向东，所以在本初子午线以东的地区先于本初子午线以西的地区进入新的一天。

1. 经度的作用

本初子午线也叫格林尼治子午线，是经度的基准线。经度是用来表示地球表面上一个点距离本初子午线的角度大小，可以从0°到360°，其中180°为本初子午线的反面。根据经度的不同，地球表面上的不同地区处于不同的半球。

2. 自转方向

地球从西向东自转，一个地区的太阳升起时间和日落时间以及白天和黑夜的时长也与经度有关。当太阳从本初子午线那边升起时，即东半球的早晨，西半球的部分地区还是昨天的晚上；当太阳从西半球那边落下时，即西半球的傍晚，东半球的部分地区还是白天。根据自转方向，地球表面上不同经度的地区处于不同的时刻。

3. 文化和历史的影响

东半球和西半球在文化和历史上也存在较大的差异。东半球的文明，如古希腊、古罗马、古印度、中国文化等，对世界历史和文化的发展产生了深远的影响；而西半球，则出产了古代的玛雅文明、阿兹特克文明、殖民时期的西班牙和葡萄牙等殖民文化，这些文化差异，也是东半球和西半球在许多方面表现出不同特征的原因之一。

总的来说，东西半球的区分是由经度和自转方向决定的。这种区分不仅仅是对地球的分区，更是对世界历史和文化的分区，因此，了解和认识东西半球的差异，有助于我们深入了解世界不同地区的文化和历史，进一步增强对全球化发展趋势的认识和理解。

■ **行动指南**

1. 请同学们上网查询资料,了解国际航协所分大区和次区的航空业发展现状。
2. 同学们课后多看地图,积累地理知识,以便于在实际工作中熟练应用。

任务二　国际航程的类型

航程(Journey)是指在旅客客票中标明的旅客从始发地直至目的地的整个旅程。相对于国内旅客运输来说,国际旅客运输必须考虑航程类型。由于地球是一个球体,从同样的一个始发站前往同样一个目的地,可以有多种旅行方向,而不同旅行方向的运价和里程截然不同。国际航程的类型在国际客票运价计算中起着举足轻重的作用,因此,要求每一位工作人员对这一基本概念必须了如指掌,以便工作的正常进行。

一、直达航程和非直达航程

国际航程的类型按照航程中有无中间转机点,可以分为直达航程(Direct Route)和非直达航程(Indirect Route)。

(一)直达航程

直达航程(Direct Route)是指两点之间(单程或来回程)没有转机点的航程。例如,单程BJS—LON;来回程HKG—PAR—HKG。

直达航程中,可以有经停地,也可以没有经停地。在有经停地的航班中,旅客只在经停地做短暂停留,整个航程中使用同一个航班号,大多数情况下是乘坐同一架飞机的。也有少数情况,通过航空公司之间的代码共享,需要旅客在经停地换飞机继续前往目的地,在这个过程中旅客不用提取托运行李,旅客在整个航程中使用同一张机票、同一个登机牌和同一个行李牌。

(二)非直达航程

非直达航程(Indirect Route)也称联程运输,是指在航程中有中间转机点的航程。例如,非直达航程CAN—MNL—SYD。

按照国际航空旅客运价计算规则,非直达航程可以联程出票,在满足里程制运价计算规则要求的前提下,运价计算优先使用两点之间的直达运价,例如,CAN—MNL—SYD航程,优先使用CAN—SYD的直达运价。

对旅客而言,非直达航程相对于直达航程,意味着旅行时间的增加,但也往往会带来票价优惠和其他方面的好处。旅客选择非直达航程一般有以下三种情况。

（1）在始发地和目的地之间没有直达航班可供选择，旅客只能选择中转航班才能到达目的地。前往国外的二线中小城市或前往经济较为落后国家时，这种情况非常常见。

（2）在始发地和目的地之间有直达航班，但是旅客要求在中间某地做逗留，停留时间在24小时以上，叫作中途分程。

（3）在始发地和目的地之间有直达航班，但是直达航班不符合旅客的要求，例如日期、舱位、承运人、时间等。这种情况最常见的是票价因素致使旅客选择非直达航班。

■ **知识链接**

世界最短客运航班全程仅1.7公里

英国《都市报》7月14日报道，近日，国外博主Noel Philips分享了一段视频，记录了他所乘坐的世界最短客运航班的飞行过程。

这趟航班由洛根航空公司运营，往返于苏格兰奥克尼群岛的帕帕韦斯特雷岛和韦斯特雷岛，全程仅5.4公里，飞行时间只有1分14秒。航班每天有两趟，机上最多可搭乘8名乘客。由于飞机很小，所以乘客不能携带任何手提行李，在登机的时候需要将所有东西都放进行李箱里托运。Noel表示，这些短航线受到游客和航空爱好者的欢迎，他自己就喜欢乘坐这样的飞机环游世界上最偏远的地区。

"苏格兰有很多这样的小型航班，它们连接着岛屿上的偏远地区。服务这些岛屿的飞机都很小，就像坐上了一辆小型公共汽车。在我乘坐的航班上，有人只是想体验一下世界上最短的飞行，但当地人却依靠这架航班离开或者回到岛上。"Noel说。他的这次飞行总共花了17英镑，如果按照每英里的成本比例来计算，这也是世界上非常昂贵的航班。

据悉，当地议会一直在讨论修建一座桥来连接帕帕韦斯特雷岛和韦斯特雷岛，但到目前为止还没有得到批准。

资料来源：https://baijiahao.baidu.com/s?id=17384095957052273589&wfr=spider&for=pc

二、四种基本类型国际航程

按照航程的路径，航程可以分为四种基本类型。

（一）单程

单程（One Way Trip, OW）是指航程的始发地和目的地在不同的国家，使用单程运价进行计算的航程。单程根据运价计算区的情况可以分为两种。

❶ 单个计算区的单程

单个计算区的单程，例如CAS—NYC—MEX，该航线为单程，因为始发地是在北非的摩洛哥,目的地在北美的墨西哥,运价的计算方向为CAS—MEX。

❷ 两个计算区的单程

两个计算区的单程,例如TPE—SGN—KUL—BWN,航程分为TPE—KUL和KUL—BWN两个计算区,运价的计算方向为TPE—KUL和KUL—BWN。

(二)来回程

来回程(Round Trip,RT)是指由始发地前往某一中途折返点再回到始发地的航程,它仅包含两个运价计算区,使用相同的1/2来回程运价。来回程的特点如下。

(1)有两个运价区:去程和回程,并且两个计算区的运价相同。

(2)两个计算区都需要采用1/2来回程运价计算。

(3)始发地和目的地为同一国家的同一地点。

(4)运输始发地和目的地在一国。因此,第二运价计算区的价格应选择从始发国出发的方向,也就是与实际旅行方向相反的价格。

来回程根据路线情况可以分为两种。

一是路线相同,运价相同。例如SEZ—GVA—SEZ,该航程的去程和回程路线相同,使用相同的SEZ—GVA的1/2 RT运价。

二是路线不同,运价相同。例如TYO—HKG—BKK—MNL—TYO,去程为TYO—HKG—BKK,回程为BKK—MNL—TYO。该航程去程和回程路线虽然不同,但是都可以使用相同的TYO—BKK的1/2 RT运价。

除此以外,还有特殊情况的来回程,当有下列情况出现时,去程和回程的路线相同但价格可能不同,仍然被认为是来回程,如不同承运人造成的运价差别(Different Carriers)、季节差别(Seasonality Difference)、舱位等级运价差别(Class Difference)、工作日和周末的运价差别(Midweek or Weekend Variations)。

例如:

AA　　SQ
SIN—SFO—SIN
1562.94　1604.40

该航程去程和回程由于选用了不同的航空公司,所以造成去程和回程的运价不同,但是该航程仍然属于来回程。

例如:

YH　　YL
BJS—PAR—BJS
1000　　900

该航程去程和回程的季节不同,所以造成去程和回程的运价不同,但是仍然属于来回程。

例如:

YW　　YX
CAN—SYD—CAN

1200.11　1168.14

该航程去程和回程是由于日期的不同(工作日和周末),所以造成运价不同,但是仍然属于来回程。

例如:

$$\begin{array}{cc} C & F \\ SHA—MOW—SHA \\ 1300 & 2900 \end{array}$$

该航程去程和回程是舱位等级的不同,所以造成运价不同,但是仍然属于来回程。

(三) 环程

环程(Circle Trip,CT)是指从始发地出发,经过连续的、环绕的路线后再返回到始发地的航程。环程的始发地和目的地相同,但去程和回程的路线不同。环程的特点如下。

(1) 环程可以有两个或以上的运价计算区。

(2) 每个运价计算区都应采用1/2 RT运价计算。

(3) 对于航程中返回始发国的运价计算区,应采用自始发国出发的价格。

(4) 对于航程在美国、加拿大之间或者在斯堪的纳维亚三国(挪威、瑞典、丹麦)之间的运价计算区,采用与实际旅行方向相同的价格。

(5) 环程的最后价格应进行环程最低限额检查。

例如:BJS—HKG—SYD—MEL—SIN—BJS;BJS—KHI—SIN—SYD—TYO—BJS。

(四) 缺口程

缺口程(Open Jaw Trip,OJ)是指含有地面运输段缺口的航程,该地面运输段必须在一个国家境内,并且地面运输段只允许出现在航程的始发国家和到达国家。在某些特殊情况下,地面运输段可以是在不同的国家,主要是特殊运价的缺口程。普通运价的缺口程只有两个国际运价区,每个运价区使用1/2 RT运价。

根据地面运输段所在的位置,缺口程可以分为单缺口和双缺口。

❶ 单缺口

单缺口(SOJ)是指地面运输段发生在一个国家境内(始发国家或到达国家)。SOJ又可以分为OSOJ和TSOJ,即始发地缺口和目的地缺口。

❷ 双缺口

双缺口(DOJ)是指航程中出现两个地面运输段为双缺口,即在始发国家和到达国家均有地面运输段。

例如HAN—BKK—SGN,该航程为单缺口航程OSOJ,缺口发生在始发国家。第一段适用HAN—BKK的1/2 RT运价,第二段适用SGN—BKK的1/2 RT运价。

例如FRA—ROM……MIL—FRA,该航程为单缺口航程TSOJ,缺口发生在到达国家。第一段适用FRA—ROM的1/2 RT运价,第二段适用FRA—MIL的1/2 RT运价。

例如BJS—TYO……OSA—SHA,该航程为双缺口航程DOJ,缺口发生在始发国家和到达国家。第一段适用BJS—TYO的1/2 RT运价,第二段适用SHA—OSA的1/2 RT

运价。

值得注意的是一国原则(One Country Rule)，根据国际航协的规定，在国际航空运输中，美国和加拿大、斯堪的纳维亚三国均视作一个国家。某些特殊规则中，例如欧洲国家、东盟国家、日韩等也有可能被视作一个国家看待。在这些国家内的地面段为国内地面段，并且运价使用的方向和实际旅行的方向相同。

在进行运价计算的检查时，缺口程中不进行BHC检查，但缺口程需要进行方向性检查DMC和缺口程的共同点检查CPM。

■ 知识链接

环球飞行

1.最快的环球航行

国际航空协会规定，环球航行的距离必须超过北回归线或南回归线的长度(36787.6公里)。符合这一规定的最快纪录是由一架法国航空公司的协和式飞机(机长米歇尔·杜邦和克劳德·希特鲁)创造的31小时27分49秒。该机自1995年8月15日至8月16日，从美国纽约的肯尼迪国际机场出发向东飞行，途经图卢兹、迪拜、曼谷、关岛、夏威夷和阿卡普尔科，机上有80名乘客和18名机组人员。

2.最快的按预定航程的环球飞行

最快的对跖点环球飞行是由英国人戴维·索尔创造的，他于1995年5月2日至5月5日在64小时零2分的时间内飞行了41709公里。

英国贝斯郡桑迪的迈克尔·巴特利特于1995年完成了安排好预定航程的环球飞行，所选择的起飞和降落机场最接近对跖点，飞行时间58小时44分，航程41547公里。

世界上最快的按照国际航空协会规定的预定航程环球飞行时间是44小时6分，是由英国人戴维·J·斯普林贝特创造的。戴维·J·斯普林贝特于1980年1月8日至10日完成了37124公里的航程。

3.最快的直升飞机环球飞行

1996年，美国飞行员罗恩·鲍维尔和约翰·威廉姆斯共同驾驶一架贝尔直升飞机，历时17天6小时14分25秒完成环球飞行。鲍威尔还于1994年驾驶一架贝尔"漫游者"号喷气直升机以24天4小时36分创下了向东环球飞行的最快纪录。

4.最快超轻型飞机环球飞行

1998年7月21日，英国飞行员布赖恩·米尔顿驾驶一架超轻型飞机，完成环球飞行后在英国萨里郡的布鲁克兰兹机场降落，航程38623公里，共飞行了120天，其间他曾被俄罗斯当局扣留了27天，在沙特阿拉伯被迫紧急降落7次。

5.年纪最大的环球飞行员

弗雷德·拉斯比以82岁的高龄驾驶着他的单引擎派波尔-科曼切飞机完成了单人环球飞行。他于1994年6月30日从美国佛罗里达州的迈尔斯堡开始向西飞行，途中在21处着陆停留,航程37366公里,于1994年8月20日飞回迈尔斯堡。

6. 最远的不停歇气球飞行

1999年3月20日,"布赖特灵轨道飞行器3号"气球经过42810公里的长途飞行到达毛里塔尼亚,成为第一个不停歇环球飞行的气球,这只气球的驾驶员是瑞士的贝特朗·皮卡德和英国的布莱恩·琼斯。此次飞行的始发地是瑞士的厄堡,共飞行了19天1小时49分。

7. 年纪最小的单人环球航行者

完成单人环球航行年纪最小的人是戴维·狄克斯(澳大利亚人),他经过264天16小时49分的环球航行,于1996年11月16日回到西澳大利亚州弗里曼特尔时,年仅18岁零41天。

2014年7月14日晚,一架单引擎飞机在美国加州成功着陆,一名年仅19岁的飞行员独自完成了历时45天的环球飞行,这宣告了世界最小年纪飞行员驾机环球飞行的吉尼斯纪录被打破。马特·高斯米勒(Matt Guthmiller),这个来自美国南达科他州的大男孩刚刚结束了他46670千米的环球飞行。

8. 完成单引擎环球飞行的首位中国公民

2011年5月22日,陈玮驾驶法国1991年生产的Socata TBM-700单引擎螺旋桨飞机开始环球飞行。他从美国孟菲斯出发,往东,经欧洲、中东、中国等21个国家和地区,经停40个城市,回到孟菲斯。行程4万公里,于7月29日结束飞行,成为"中国环球飞行第一人",也是第一次飞越中国领空的国际环球飞行人。

■ **行动指南**

1. 请同学们查看世界地图,设计一条环程的国际航线。
2. 你认为旅客更倾向于选择直达航班还是转机航班呢?

 任务三　国际运输方向性代号

 一、方向性代号的概念

国际旅客运输中,根据旅行目的地不同,旅客会选择不同的航线,即使始发地和目的地相同,不同的旅客也会选择不同的转机点。因此,在世界上任意两点之间旅行都有可能涉及若干条航线,经过不同的地区,运价也各不相同。根据旅客旅行涉及的范围以及经过的地区,国际航协分别确定了不同的代号表示不同的方向,这就是方向性代号(Global Indicator, GI)。方向性代号表示的是航程始发地与目的地之间的全程的代号,并非某一航段的代号,它是准确计算国际旅客运价十分重要的依据。

二、方向性代号的类型

(一) WH(West Hemisphere,西半球航线)

国际航协对于西半球航线的定义为适用于IATA一区(西半球)范围内的旅行。西半球航线是连接南、北美洲的航线,又称拉丁航线。例如,YVR—LAX—NYC;MIA—MEX—RIO。

(二) EH(East Hemisphere,东半球航线)

国际航协对于东半球航线的定义为适用于IATA二区或者IATA三区(东半球)范围内的旅行,或者在IATA二区和IATA三区之间的旅行(注意这里不包含后面要介绍的RU、TS、FE航线)。东半球区域是全球航线数量最多的区域,东半球航线包括以下三种情况。

1 IATA 二区内的航线

例如,LON—PAR—MIL—NBO;MOW—IST—CAI。

2 IATA 三区内的航线

例如,BJS—HKG—SIN—MNL—SYD。

3 IATA 二区和 IATA 三区之间的航线

例如,HKG—DXB—MOW。

(三) AT(Via the Atlantic Ocean,跨越大西洋航线)

国际航协对于跨越大西洋航线的定义为适用于IATA一区和IATA二区之间,跨越大西洋的旅行,或者IATA一区和IATA三区之间,经过IATA二区跨越大西洋的旅行(注意这里不包含后面要介绍的SA航线)。大西洋航线包括以下两种情况。

1 IATA 一区和 IATA 二区之间的航线

IATA 一区和 IATA 二区之间的航线也称为北大西洋航线,它是跨越北大西洋上空,连接北美和欧洲的重要航线,其航线始发地、经停地和目的地都在IATA 一区和 IATA 二区内。由于北美和欧洲是世界上航空非常发达的地区,欧洲西岸的伦敦、巴黎、法兰克福、马德里、里斯本和北美东部的纽约、费城、波士顿、蒙特利尔等主要城市相连,使北大西洋航线成为世界上非常繁忙的国际航线,同时也是目前世界上历史悠久的国际航线。例如,ZRH—NYC—SAO;RIO—MAD—CAI—IST。

2 IATA 一区和 IATA 三区之间,经过 IATA 二区的航线

例如,HKG—LON—YTO;RIO—FRA—BKK;KHI—KWI—NYC。

(四) PA(Via the Pacific Ocean, 跨越太平洋航线)

国际航协对于跨越太平洋航线的定义为适用于 IATA 一区和 IATA 三区之间,跨越太平洋的旅行(注意这里不包含后面要介绍的 PN 航线)。这是连接美洲和亚洲之间的重要航线。例如,BJS—HNL—SFO;SEA—TPE;BOG—SFO—MNL。

(五) AP(Via the Atlantic and Pacific Oceans, 跨越大西洋和太平洋航线)

国际航协对于跨越大西洋和太平洋航线的定义为适用于同时跨越大西洋和太平洋的旅行。例如,HKG—YVR—LON;BJS—SFO—MIA—LIS。

(六) PN(Via the Pacific and North America, 太平洋经北美航线)

国际航协对于太平洋经北美航线的定义为适用于在南美洲和南大西洋之间,经过北美洲但不经过北中太平洋的旅行。它也是属于跨越太平洋的航线。例如,SYD—LAX—MEX—SCL。

(七) SA(South Atlantic, 南大西洋航线)

国际航协对于南大西洋航线的定义为适用于在东南亚和南大西洋之间,经过中非、南非、印度洋岛国,或者直达的旅行。它也是属于跨越大西洋的航线。相比北大西洋航线而言,南大西洋航线开辟较晚。例如,RIO—JNB—HKG;SIN—MRU—JNB—SAO。

(八) RU(Russia, 俄罗斯航线)

国际航协对于俄罗斯航线的定义为适用于俄罗斯的欧洲部分和 IATA 三区之间的旅行,包含一个俄罗斯和日本/韩国之间直达的航段,且不经过欧洲其他国家。例如,MOW—TYO;HKG—SEL—MOW—LED。

(九) TS(Trans Siberia, 西伯利亚航线)

国际航协对于西伯利亚航线的定义为适用于 IATA 二区和 IATA 三区之间的旅行,包含一个欧洲和日本/韩国次区之间直达的航段,但是不属于 RU、FE、EH 代号的情况。例如,TYO—STO;BKK—TYO—PAR;JED—IST—TYO;HKG—SEL—MOW—LCA;MOW—PAR—OSA。

(十) FE(Far East, 远东航线)

国际航协对于远东航线的定义为适用于俄罗斯的欧洲部分或者乌克兰和 IATA 三区之间的旅行,包含一个俄罗斯的欧洲部分或者乌克兰和 IATA 三区(除日本/韩国次区)之间的直达航段。例如,MOW—HKG—POM;MOW—SIN;IEV—MOW—BJS—TYO。

■ 知识链接

全球最忙国际航线 Top 5

民航资源网 2022 年 10 月 18 日消息:据 Simpleflying 消息,全球旅行数据平台 OAG 发布最新"国际繁忙路线 Top 5"报告,该报告分析了不同市场和指标的世界最繁忙航线,以 2021 年 10 月至 2022 年 9 月的可用座位数来衡量。

Top 5 吉隆坡—新加坡

在 2021 年 10 月至 2022 年 9 月,各大航空公司在该航线上共提供了 2443176 个座位。这条航线连接了东南亚两个最大的航空枢纽。这条航线的客运航班主要由亚航、捷星亚洲、荷兰皇家航空、马来西亚航空、酷航和新加坡航空等航空公司运营。

Top 4 迪拜—伦敦希思罗

这条航线有较少航空公司运营,但在 2021 年 10 月至 2022 年 9 月,这条洲际航线总共提供了 2697593 个座位。目前,只有英航和阿联酋航空运营,文莱皇家航空也将加入。

Top 3 纽约肯尼迪—伦敦希思罗

在 2021 年 10 月至 2022 年 9 月,这条历史悠久的航线共提供了 2848044 个座位。目前,该航线的四家运营商是美航、英国航空、达美航空和维珍大西洋航空。

Top 2 迪拜—利雅得

在 2021 年 10 月至 2022 年 9 月,迪拜—沙特阿拉伯利雅得航线座位数共有 3191090 个,由阿联酋航空、沙特阿拉伯航空、迪拜航空、Flyadeal 和 Flydubai 航空等运营。

Top 1 开罗—吉达

在 2021 年 10 月至 2022 年 9 月,可用座位数排在首位的是开罗国际机场(CAI)和吉达国王阿卜杜勒阿齐兹国际机场之间的航线,共计 3234683 个,由阿拉伯航空、开罗航空、埃及航空、Flyadeal、FlyEgypt、Flynas、Nesma 航空、尼罗河航空和沙特阿拉伯航空等多家航空公司运营。

资料来源:http://news.carnoc.com/list/593/593365.html

任务四　世界时区和时差

一、时区和时差的形成

(一)时差

由于太阳的公转和地球的自转,太阳照射至地球的角度不同,形成了一年四季以及白昼和黑夜的交替变化。自古以来,人们习惯把天亮作为白天的开始,天黑作为白天的结束。将太阳在正顶的时刻作为正午 12 时,再向前或向后推算形成各地的时间。由于地球的自转和公转,地球上不同经度位置的人会在不同的时间看到日出和日落,这就是时差。当飞机飞越不同的地区时,就产生时刻上的不统一。

(二)时区

为了解决时间计量的问题,人们将地球划分为24个标准时区(Time Zone),每个时区跨15个经度(见图7-3)。以0°经线为中心线,向西和向东各7.5°为0时区(也称中时区)。向西或向东每15°各划分一个时区,向东为东时区,向西为西时区,东12区和西12区为同一时区,称东西12时区,全球共划分为24个时区。每个时区的标准时间称为区时,每相邻两个时区相差一个小时。其中,0°经线通过英国格林尼治天文台原址,0时区的区时被称为格林尼治标准时或世界标准时。东西12时区的中心线称为国际日期变更线,东西12时区时间相同,但是日期相差一天。

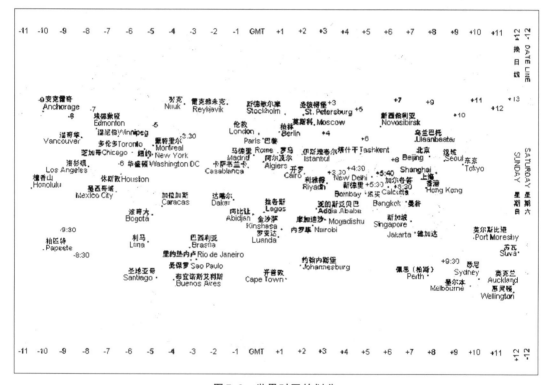

图7-3 世界时区的划分

二、时间的概念

(一)世界标准时间

世界标准时间(Greenwich Mean Time,GMT),它是以英国伦敦格林尼治0°经线穿过的地区为世界标准时间。向东为东时区,向西为西时区。

(二)国家标准时间

国家标准时间(Standard Clock Time,SCT),也就是当地时间,指一个国家和GMT之间的时间差别。

微课

世界时区

(三)夏令时间

夏令时间(Daylight Saving Time,DST),指一个国家在某一个特殊阶段使用的时间标准,它比标准时间快一个小时,在夏天使用。这是一种为节约能源而人为规定地方时间的制度,在这一制度实行期间所采用的统一时间称为夏令时间。一般在天亮早的夏季人为将时间调快一小时,可以使人早起早睡,减少照明量,以充分利用光照资源,从而节约照明用电。各个采纳夏时制的国家具体规定不同。全世界有近110个国家每年要实行夏令时。

(四)多时区国家

多时区国家(Multial Time Zone Country),指某些国家由于地域辽阔而根据实际情况制定的当地时间,比如,美国、俄罗斯、澳大利亚、巴西、印度尼西亚等,这些国家在国际时间换算表中,在国家名称后面右上角用"**"以示区别。

■ 知识链接

北京时间是怎么来的?

时间,现在已经成为我们生活中的一个基本参量,现代人的生活分秒必争,所以每天我们都要看无数次时间:起床要看,上班要看,走路要看,吃饭也要看……可以说,没有时间就无法生活。

但是,如果时间不准该怎么办?你可能会说,不会呀,我的手机时间是基站提供的,我的手表可以不断与电台对表。可是,手机基站和电台又是和谁对的时间呢?最后的最后,一切会归结到中国的标准时间——北京时间。那么,"北京时间"指的是北京的时间吗?到底是如何规定的呢?

中国科学院国家授时中心

北京时间是北京的地方时吗?

北京时间是中国采用北京东8时区的区时作为标准时间。

北京时间并不是北京(东经116.4°)地方的时间,而是东经120°地方的地方时间。

东经120°并不是北京的当地时间。因为北京处于国际时区划分中的东8区,同格林尼治时间(世界时)整整相差8小时,即北京时间＝世界时＋8小时。而中国东西相跨5个时区(即东5区、东6区、东7区、东8区、东9区5个时区)授时台必须建在中心地带,从而也就产生了长短波授。"北京时间"的发播不在北京,而在陕西渭南蒲城。

北京时间为什么是在陕西发布的？1966年3月26日,周恩来总理亲自主持召开国务会议,把建设我国标准时间授时台的计划正式确定下来,随之面临的第一大问题便是选址。经过数百位科研的人员辛勤努力,决定把授时中心定制在陕西渭南蒲城。

蒲城地处大陆腹地,离中国大地原点仅100公里,发射的时间信号便于覆盖全国；当地地质构造稳定,授时中心因地震等自然灾难被毁坏的系数极小；由于其重要性,建立在内陆地区比较安全。

大地原点就是中国的地理中心。在西安市临潼区,也称大地基准点。

1970年12月15日,国家授时中心开始向全国进行短波广播。在半径达3000公里的范围内,人们第一次从收音机里听到日后耳熟能详的"嘀嘀嘀"的报时声和"刚才最后一响,是北京时间×点整"。

资料来源：https://mp.weixin.qq.com/s?__biz=MjM5ODIwOTQ5NQ==&mid=2649271300&idx=3&sn=2d54fda1062fbef4fe8141f20879777f&chksm=bed23ebc89a5b7aa71e22044b93bdfa27f31d8692c5b92ac0483b8568e85473e6d9bee195e35&scene=27

三、时差的计算 ✈

(一)计算时差时应查阅的资料

计算时差时应查阅的资料主要是OAG(Official Airline Guide)的国际时间换算表(International Time Calculator, ITC)。

在国际时间换算表中,当地时间是以GMT加或减数字表示的。例如,当地时表示为GMT＋1,表示当地时间比格林尼治时间快1小时；当地时表示为GMT－1,表示当地时间比格林尼治时间慢1小时。

(二)同时差区的时差计算

所谓同时区的时差,是指两地均在东时区或西时区。此时如果计算两地的时差,只需将大时区减去小时区,即能得到我们所要的时差。如果需要进一步求出某一地的时间,只需将求出的时差根据东加西减的原则分别加减即可。

例如,当GMT为12:30,北京的当地时间是多少？

解析：在国际时间换算表中,北京时间为GMT＋8,则表示北京时间比GMT快8小时,12:30＋08:00＝20:30,即北京时间为20:30。

例如,当3月20日东京15:00,法兰克福的当地时间是多少？

解析：查国际时间换算表,日本Standard Time＝GMT＋9,德国Standard Time＝GMT＋1,时差8小时,日本时间早于德国,15:00－08:00＝07:00。所以,法兰克福当地时间是3月20日07:00时。

(三)不同时区的时差计算

所谓不同时区的时差,是指两地在不同的时区。此时若要计算两地的时差,应加上两地的时差。如果需要进一步求出某一地的时间,就要根据东加西减的原则分别计算。

例如,纽约位于西5区,当地时间为1月5日08:30,新加坡位于东8区,两地之间时差是多少?

解析:纽约的时间为GMT－5,表示纽约时间比GMT慢5个小时,新加坡的时间为GMT＋8,表示新加坡时间比GMT快8个小时,8＋5＝13,两地时差为13个小时,新加坡当地时间为1月5日21:30。

(四)超过24小时的计算

当求出的时间超过24小时,说明我们计算的时间对于另一地点而言已经超过24小时的范围,应根据计算的方法得到是前一天或后一天。

例如:当美国洛杉矶时间为2月10日18:25,请计算日本东京的当地时间。

解析:本题中,我们可以利用GMT来进行计算。

洛杉矶与格林尼治时间的时差为GMT－8,东京与格林尼治时间的时差为GMT＋9。当洛杉矶时间为2月10日18:25,GMT为18:25＋08:00＝26:25,即为2月11日02:25。东京时间比格林尼治时间快9小时,为02:25＋09:00＝11:25,即2月11日11:25。

四、飞行时间的计算

在国际航空运输中,经常会遇到时差换算和飞行时间(Flying Time)计算的问题,以合理地安排旅客的旅行。由于航班时刻表、计算机预订系统等均采用当地时间公布航信息,如果旅客需要了解全程或某一航段的飞行时间,都可以通过航班的起飞时间和到达经停地或目的地的时间进行换算。

计算公式:飞行时间＝航班的到达时间－航班的起飞时间

计算步骤:第一,从国际时间换算表中找出始发地和目的地的标准时间;第二,将起飞时间和到达的当地时间换算成世界标准时;第三,用到达时间减去起飞时间,即得到飞行时间。

例如,航班BA027,2月1日21:30从英国伦敦起飞,2月2日17:30到达中国香港。请计算该航班的飞行时间。

解析:

步骤一:确定始发地、目的地与GMT的关系。

伦敦:采用GMT

香港:GMT＋8

步骤二:将始发时间和到达时间转换为GMT。

伦敦始发时间:2月1日21:30

香港到达时间:2月2日17:30－08:00＝2月2日09:30

步骤三:计算飞行时间。

飞行时间＝航班的到达时间—航班的起飞时间

2月2日09:30－2月1日21:30＝12小时

即航班BA027的飞行时间为12小时。

例如,航班AFO33执行法国巴黎到加拿大蒙特利尔的任务。航班的起飞时间为3月15日10:30,航班共飞行了7小时25分。请问该航班到达目的地的当地时间是几点?

解析:

步骤一:确定始发地、目的地与GMT的关系。

巴黎:GMT＋1

蒙特利尔:GMT－5,采用加拿大东部时间

步骤二:将始发时间转换为GMT,并计算出到达的GMT。

巴黎始发时间:3月15日10:30－01:00＝3月15日09:30

蒙特利尔到达时间:3月15日09:30＋07:25＝3月15日16:55

步骤三:将蒙特利尔到达时间GMT转化为当地时间。

3月15日16:55－05:00＝3月15日11:55

即该航班于当天11点55分到达蒙特利尔。

■ 知识链接

格林尼治天文台

世界著名的格林尼治天文台建于公元1675年。当时,英国的航海事业发展很快。为了解决在海上测定经度的需要,公元1674年,乔纳·摩里爵士向国王查理二世提议,应该为军械署的测量工作建设一个天文台,英国当局决定在伦敦东南郊距市中心约20千米的泰晤士河畔的皇家格林尼治花园中建立天文台。公元1675年,国王查理二世下令安放奠基石,格林尼治天文台的创建工程正式开始。天文台修建完工后,国王查理二世设立皇家天文学家职位,由约翰·弗兰斯蒂德担任。约翰·弗兰斯蒂德上任后,致力于校正天体运动星表和恒星位置的工作.并负责测量正确的经度。1835年以后,格林尼治天文台在杰出的天文学家埃里的领导下,得到扩充并更新了设备。他首创利用"子午环"测定格林尼治平太阳时。该台成为当时世界上测时手段较先进的天文台。

第二次世界大战前夕,伦敦已发展成为世界著名的工业城市。战后,格林尼治地区人口剧增,工厂增加,空气污染日趋严重,尤其是夜间灯光的干扰,对星空观测极为不利。这样就迫使天文台于1948年迁往英国东南沿海的苏塞克斯郡的赫斯特蒙苏堡。这里环境优美,空气清新,观测条件好。迁到新址后的天文台仍叫英国皇家格林尼治天文台。但是,格林尼治天文台并不在0°经线上,地球上的0°经线通过的仍是格林尼治天文台旧址。格林尼治天文台旧址后来成为英国航海部和全国海洋博物馆天文站,里面陈列着早期使用的天文仪器,尤其是子午馆里镶嵌在地面上的铜线——0°经线,吸引着世界各地的参观者。到这里的游人都喜欢双脚跨在0°经线的两侧摄影留念,象征着自己同时脚踏东经和西经两种经度。

1997年,皇家天文台被联合国教科文组织列为世界珍贵遗产。在格林尼治,游人可以调手表,对准世界上最标准的时间。

资料来源:https://baike.baidu.com/item

■ 行动指南

1.请同学们上网查询自己感兴趣的其他国家或地区的时区,算一算与自己所在地区的时差。

2.你认为时差是否会影响到旅客的出行体验呢?

任务五 国际客运资料查阅

一、国际航班资料

(一)OAG航班指南简介

OAG公司成立于1853年,总部位于英国,自1929年开始专注于全球民航数据领域,成为全球民航航班数据的源头和领导者。OAG公司作为全球航班计划数据库的管理和维护方,在全球航班换季和日常计划更新时,由OAG接收来自全球航空公司的航班计划,经过OAG的校准和整理,发布到全球分销系统,以支撑全球机票销售,因此,OAG是全球航班计划数据的源头。OAG公司掌握着最精准、最全面和最快更新频率的航班计划数据,数据库中包含近1000家全球航空公司的数据和近4500个机场的数据,各数据库可以实现每天更新和动态更新。

图7-4 OAG航班指南封面

OAG航班指南是一种综合性的国际航班信息手册(见图7-4),每月出版一期,全年共有12期。OAG航班指南的主要内容为世界范围内的航班时刻表,除此以外,还包括航空公司的共享承运人、航空公司代码、飞机机型代号、国家/城市/机场代码,以及按航班号划分的航班路线、机场航站楼等信息。

OAG航班指南(Flight Guide)的内容包括如下几点。

(1)全球城市之间航班时刻表:介绍全球主要城市之间的航班时刻,按照始发城市的英文字母顺序排列。

(2)世界各国的航空公司代码:介绍各国的航空公司的二位字母代码、名称信息。

(3) 航空公司的代码共享承运人：介绍航空公司的二字代码和代码共享航班情况，并列出实际承运人。

(4) 飞机机型代号：介绍不同飞机机型的名称及其三字代码。

(5) 国家/州的代码：介绍全球主要国家和州的二字代码。

(6) 城市/机场的代码：介绍全球主要城市和机场的所在国家和三字代码信息。

(7) 机场航站楼：介绍全球主要机场基本情况，按照国家的字母顺序排列，包括机场航站楼的名字和不同航站楼航班所属的航空公司。

(8) 日历：介绍出版物当月及之后共12个月的日历。

(9) OAG办事处及销售代理：介绍各地客户服务的邮件地址和工作时间。

(10) OAG联系方式：介绍OAG在全球的办事处地址及联系方式。

图7-5为OAG手册的航班信息示例。

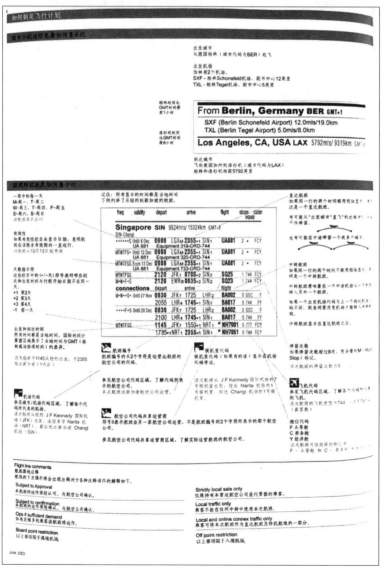

图7-5 OAG航班时刻表导读

（二）OAG 航班指南查阅

在 OAG 的航班时刻表中，通常会有两类航班：直达航班、中转衔接航班。

1 直达航班

直达航班（Direction），航班的始发地到目的地为同一个航班号，出发时间和到达时间在同一行，都用黑色粗体字显示。航班中间可能有经停地，也可能没有经停地。航班信息按照出发时间的顺序排列。

2 中转衔接航班

中转衔接航班（Connection），航班的始发地到目的地显示多个航班号，只有最初的出发时间和最终的到达时间用黑色粗体字显示，其他时间用普通字体显示。航班信息按照始发地的时间顺序排列。如果在时间右下角出现"+1"或"+2"，表示时间为行程开始日期的"第二天"或"第三天"。需要注意的是，当转机城市有多个机场时，到达和出发的机场可能会不同。

下面举例说明航班时刻表的使用，图 7-6 是香港到伦敦的航班时刻表。

```
London, UK   LON   5978mls/9618km   GMT+1
LGW-Gatwick Apt, LHR-Heathrow Apt
··WTF·· From 28Jun   0805 HKG₁  1515 LHR₃  CX257 - 359 FCY
MT·T··· Until 8Jun   0810 HKG₁  1515 LHR₃  CX257 - 359 FCY
·TW·FS· 9-16Jun      0810 HKG₁  1515 LHR₃  CX257 - 359 FCY
M·W··S  18-26Jun     0810 HKG₁  1515 LHR₃  CX257 - 359 FCY
·TWTFS·              1105 HKG₁  1810 LHR₃  CX239 - 351 FCY
·TWTFSS Until 9Jun   1325 HKG₁  2035 LHR₃  CX253 - 351 FCY
MTW·FSS 11-19Jun     1325 HKG₁  2035 LHR₃  CX253 - 351 FCY
MTWTFS· 21-29Jun     1325 HKG₁  2035 LHR₃  CX253 - 351 FCY
MTWTFSS              2230 HKG₁  0540+1 LHR₃  CX251 - 77W FCY
·····SS              2305 HKG₁  0615+1 LHR₃  CX237 - 351 FCY
MTWTFSS              2310 HKG₁  0620+1 LHR₃  CX255 - 77W FCY
MTWTFSS              2310 HKG₁  0540+1 LHR₃  BA032 - 351 CY
MTWTFSS Until 8Jun   2320 HKG₁  0650+1 LHR₅  BA028 - 789 FCY
MTWTFSS From 23Jun   2320 HKG₁  0650+1 LHR₅  BA028 - 789 FCY
MTWT·SS 10-22Jun     2320 HKG₁  0650+1 LHR₅  BA028 - 789 FCY
connections          depart       arrive          flight
MTWTFSS              0025 HKG₁  0405 DOH    QR815 - 77W FCY
                     0755 DOH   1315 LHR₄   QR003 - 388 FCY
MTWTFSS              1930 HKG₁  2310 DOH    QR817 - 77W FCY
                     0105+1 DOH 0620+1 LGW₅ QR5943 - 777 FCY
```

图 7-6 HKG—LON 航班时刻表

例如，旅客希望预订 6 月 5 日（星期一）从香港（HKG）直达伦敦（LON）的航班，时间要求在中午 12 点之前。

解析：查询图 7-5 中的直达航班，能够同时满足旅客的日期、时刻要求的为 CX257 航班，08:10 从香港机场出发，当日 15:15 到达伦敦希思罗机场。

例如，旅客要求预订 7 月 1 日（星期六）从香港（HKG）到伦敦（LON）的航班，假如直达航班已经订满，请为旅客选择适合的中转衔接航班。

解析：查询图 7-5 中的中转衔接航班，能够满足旅客日期、航程要求的，有两组航班可供选择。

(1) QR815航班,00:25从香港机场(HKG)出发,04:05到达卡塔尔多哈机场(DOH)。转QR003航班,07:55从卡塔尔多哈机场(DOH)出发,13:15到达伦敦希思罗机场(LHR)。

(2) QR817航班,19:30从香港机场(HKG)出发,23:10到达卡塔尔多哈机场(DOH)。转QR5943航班,第二天01:05从卡塔尔多哈机场(DOH)出发,06:20到达伦敦盖特威克机场(LGW)。此机场距离伦敦市区45千米。

图7-7是上海到阿布扎比(阿联酋首都)的航班时刻表。

From **Shanghai, China SHA** GMT+8

SHA (Hongqiao) 7.0mi/12km
PVG (Pu Dong) 19mi/30km

Abu Dhabi AUH 4058mls/6529km GMT+4

AUH-International

••W•F•S	**1750**	PVG2	**2310**	AUH3	***MU4392**	- 789	CY
••W•F•S	**1750**	PVG2	**2310**	AUH3	***CZ7863**	- 789	CY
••W•F•S	**1750**	PVG2	**2310**	AUH3	**EY867**	- 789	CY
connections	depart		arrive		flight		
MT••FS• Until 17Jun	**0035**	PVG2	0540	DOH	**QR871**	- 77W	FCY
	0815	DOH	**1025**	AUH1	**QR1044**	- 320	FCY
MTWTFSS From 18Jun	**0035**	PVG2	0540	DOH	**QR871**	- 77W	FCY
	0815	DOH	**1025**	AUH1	**QR1044**	- 320	FCY

图7-7　SHA—ABU航班时刻表

例如,旅客要求预订6月14日(星期三)从上海(SHA)直达阿布扎比(ABU)的航班,时间没有要求。

解析:查询表中的直达航班,发现有三个直达航班都是满足旅客需求的,其中前面两个航班号"MU4392"和"CZ7863"都带有"*"号,意味着这是代码共享航班,实际运营的航空公司为EY,即阿联酋航空公司。因此,从上海直达阿布扎比的航班为同一个,都是周三17:50从上海浦东机场出发,当日23:10到达阿布扎比机场,预订任何一个航班都可以。

例如,若旅客要求预订从上海(SHA)到阿布扎比(ABU)的中转航班,请为旅客选择本周内最早的中转航班。

解析:查询表中的中转航班,本周内最早的中转衔接航班为周一的QR871航班,00:35从上海浦东机场出发,05:40到达卡塔尔多哈机场,转QR1044航班,08:15从卡塔尔多哈机场出发,10:25到达阿布扎比机场。

■ 知识链接

OAG:全球多个地区计划运力全面复苏

据OAG消息,新年伊始,旅游业保持复苏势头。过去几周有很多值得回顾的内容,接下来的一年也令人期待。在此之前,先来回顾一下2022年最后几周的航空数据。

2022年,全球计划运力为47亿个座位数,达到预期。OAG表示,由于骤强暴风雪的影响,再加上中国航空公司不断调整运力,实际运力可能会略低于计划的数字。不过与2021年相比,仍实现了31%的同比增长,而且大部分运力都是在2022年下半年增加的。

OAG 的数据显示,2022 年全球航空公司运营的航班数量约为 3120 万架次,同比增长 25%;每个航班的平均运力从 2021 年的 146 个座位上升至 152 个座位。2022 年,运力最大的航空公司是美国航空,超过 2.48 亿个座位数。尽管西南航空上周取消大量航班,但美国仍是最大的航空市场,亚特兰大则是运力最大的城市,达到 5490 万个座位。

过去几周,大多数地区航班规划人员似乎都在度假,未来三个月的计划运力变化幅度极小。目前来看,2023 年 Q1 的计划运力为 12.7 亿个座位数,相比 2019 年的 13.4 亿个座位,差距明显缩小,但实际情况可能并非如此。上周,中国宣布放松国际旅行限制,相应影响尚未在运力变化上体现出来。由于航空公司和旅客都在为航线运营的重启做准备,Q1 的运力可能不会有太大变化。

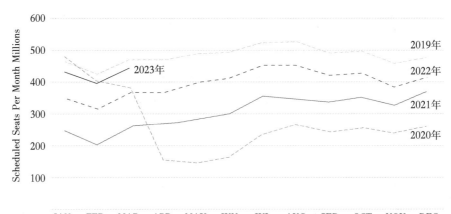

2019 年 1 月至 2023 年 3 月计划运力

尽管受到暴风雪的影响,北美地区本周运力已经十分接近 2020 年同期水平,仅有 2.4% 的差距。由于资源短缺,航空业不太可能在夏季之前实现这样的突破,但令人惊讶的是,北美市场在 1 月的第一周就达到了该水平。

随着圣诞和元旦假期的结束,很多人已经返回工作岗位,本周全球大部分地区的计划运力都实现了环比增长,有两个地区除外。其中,加勒比地区的运力相比上周下降了 2.2%,反映了休闲旅游需求的下降。在全球 17 个地区中,有 6 个地区本周的计划运力超过了 2020 年同期水平,还有 6 个地区与 2020 年同期的差距保持在 10% 以内。东南亚、北非和中亚等三个地区本周的计划运力相比 2022 年同期大幅增长,增幅超过了 50%。

资料来源:http://news.carnoc.com/list/597/597591.html

二、国际运价相关资料

(一) IATA 运价资料简介

在国际客票销售中,运价信息复杂多变,航空公司在为旅客订票时,运价的选择和计算规则最初是由国际航空运输协会来制定的。与旅客运价相关的概念有以下几个。

图7-8　THB封面

① 运价工具包

目前，国际航协的出版物中关于运价计算的有五本手册：票务手册（THB）（见图7-8）、预订手册（RHB）、旅客服务决议手册（PSCRM）、旅客运价综合手册（PTCCM）、航空业预订联运程序（AIRIMP）。内容涵盖旅客行程的构建、运价使用的规则、运价计算的方法、变更的规则、里程原则、行李规则、货币转换等。

② 最大允许里程（Maximum Permittde Mileage，MPM）

MPM查阅手册包含近700万个MPM距离，可以通过选择始发地城市名称或城市代码以及目的地城市名称或城市代码来搜索MPM值。MPM手册中使用的三个字母和数字的城市代码以及两个字母的省/地区和国家代码发布在城市代码目录（CCD）中。

③ 客票点里程（Ticketed Point Mileage，TPM）

在计算运价或确定比例运价时，需要首先确定客票点里程（TPM）。TPM代表一张客票的一张乘机联所覆盖的距离。所有地点之间飞行里程的官方来源是TPM手册，其中包括超过65000个城市对里程。TPM手册中使用的三字代码以及两个字母的省/地区和国家代码发布在城市代码目录（CCD）中。

（二）原PAT运价资料

国际航协原来的运价资料叫作PAT（Passenger Air Tariff），即旅客航空运价。下面以此为例，介绍运价的查阅。

① 运价表的内容

在PAT手册中的运价表按城市的英文字母顺序公布，始发地城市的全称用大号黑体字表示，后接城市三字代码，下标国家名称和当地货币名称及代码，目的地城市用小号黑体字表示，后接城市三字代码。

查找运价时，应按运价计算方向，首先查找始发地城市，然后在其后顺序查找目的地城市。运价以始发国货币和NUC两种货币形式表示，运价是有方向性的，应该按照旅客实际旅行方向和航程选择合适的运价，不得反向使用。

图7-9为北京始发的运价表范例。

FARE TYPE	LOCAL CURRENCY	NUC	CARR CODE	RULE	GI	MPM & ROUTING
BEIJING(BJS)						
CHINA				YUAN RENMINBI(CNY)		
To AMSTERDAM (AMS)					EH	7300
Y	23280	3275.15		Y146	EH	
Y	35810	5037.94		Y146	EH	
C	29270	4117.86		Y146	EH	
C	45020	6333.65		Y146	EH	
F	44020	6192.96		Y146	EH	
F	67710	9525.80		Y146	EH	
YLPX3M	16660	2343.81		Y149	EH	
YKPX3M	17280	2431.04		Y149	EH	
YHPX3M	17930	2522.48		Y149	EH	
YLEE6M	21591	3037.39		Y153	EH	
YKEE6M	22210	3214.62		Y153	EH	
YHEE6M	22840	3213.25		Y153	EH	
To BANGKOK (BKK)					EH	3410
Y	5510	775.17		Y275	EH	
Y	9180	1291.49		Y275	EH	
C	7100	998.86		Y275	EH	
C	11830	1664.30		Y275	EH	
F	8120	1142.36		Y275	EH	
F	13520	1902.06		Y275	EH	
YEE45	6170	868.02		Y366	EH	
YOW4	5510	775.17	CA	E1136	EH	
YRT4	9180	1291.49	CA	E1136	EH	
COW4	7100	998.86	CA	E1136	EH	
CRT4	11830	1664.30	CA	E1136	EH	
FOW4	8120	1142.36	CA	E1136	EH	
FRT4	13520	1902.06	CA	E1136	EH	
YEE45G	6170	868.02	CA	E1137	EH	
To BUENOS AIRES (BUE)					EH	14971
					AT	14384
					PA	14541
Y	38340	5405.53		X0870	SA	
Y	59120	8317.31		X0870	SA	
Y	46620	6558.75		X0870	AT	
Y	71720	10089.95		X0870	AT	
Y	23950	3369.41		X1102	PA	
C	49970	7001.91		X0870	SA	
C	76560	10770.87		X0870	SA	
C	55270	7775.68		X0870	AT	
C	85020	11961.06		X0870	AT	
C	38270	538402		X1151	PA	
BHSA0	15420	2169.36	CA	P0936	PA	0011
BHSA	26300	3700.02	CA	P0936	PA	0011
To NEW YORK (NYC)					AT	11204
					PA	8180
Y	47790	6723.35		X0864	AT	
Y	73520	10343.18		X0864	AT	
YLAP3M	36160	5087.18		X0874	AT	
YHAP3M	39760	5593.65		X0874	AT	
YLEE6M	43380	6102.93		X0867	AT	
YHEE6M	47730	6714.91		X0867	AT	
Y1	15700	2208.76	CA	P0922	PA	
DXOLYM2	31160	4383.75	CA	P0921	PA	
DXROLYM2	51920	7304.38	CA	P0921	PA	
MLXAB0	6060	852.55	CA	P0925	PA	0084
MLXAB	10100	1420.92	CA	P0925	PA	0084

图 7-9 运价表范例

(1) FARE TYPE：运价等级，轻体字表示单程运价，黑体字表示来回程运价。

(2) LOCAL CURRENCY：以始发国货币表示的两点之间运价。

(3) NUC：以中间组合单位表示的两点之间运价。

(4) CARR CODE：承运人代码，此列若有承运人代码，则表示此运价只允许此承运人使用，若空白表示此运价为行业运价，各承运人均可使用。

(5) RULE：运价适用规则，表示该运价的适用条件需要到运价规则手册中查找规则号所对应的具体内容。

(6) GI：航程方向性代码，表示该运价对应的具体航程方向。

(7) MPM：以英里表示的最大允许里程，是指该运价用于非直达航程时，给定的运价区间里的各航段所允许经由的最大航行里程之和(一般为TPM之和)。

(8) ROUTING：指定航程代码，此列若有一个四位数代码，则表示该运价是指定航程运价。在运价规则手册的指定航程表中给出该航程的指定经由点或指定承运人。使用指定航程运价不用考虑里程问题，但要严格按指定的路线顺序旅行。

❷ 运价的类别

在PAT的运价表中，相同两点之间经常有多种不同的运价，应根据具体航程和运价规则选取适用的运价。可以将运价分成两大类。

1) 普通运价

普通运价通常高于特殊运价，但使用普通运价的限制条件较少。包括不受限制的普通运价和受限制的普通运价。

(1) 不受限制的普通运价，例如F、C、Y等。

(2) 受限制的普通运价，例如F2、Y2、Y1等。这种较低的运价可能有以下限制条件：对中途分程和转机次数的限制；对适用的季节性运价和平日/周末运价的限制；对承运人的限制等。

2) 特殊运价

特殊运价也叫促销运价，是航空公司为扩大销售量、提高客座率而推出的各种优惠运价，在使用时有严格的限制条件。主要是在停留时间、季节、转机次数等方面的限制。

例如，图7-10为首尔—法兰克福的PAT公布直达运价，其中价格最低的为Y2运价，Y2所在的规则列有注释号Y096，意味着该运价的使用有限制条件。

查阅运价规则手册，找到Y096的内容(见图7-11)。根据运价规则Y096，该运价为受限制的普通运价，适用于单程和来回程的运价区间。使用该运价时，单程航程不允许出现中途分程点，单程的运价计算区允许出现两个转机点，来回程的每个半程允许出现两个转机点。对于Y096中没有涉及的其他规则，需要参考标准条件SC101。

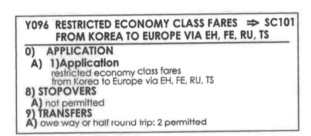

FARE TYPE	LOCAL CURRENCY	NUC	CARR CODE	RULE	GI MPM & ROUTING
SEOUL (SEL) KOREA					WON(KRW)
To FRANFURT (FRA)					EH 8473
					TS 8023
					AP 12118
Y	1585700	1662.73		Y094	EH TS
Y	**3020200**	**3166.92**		**Y094**	**EH TS**
Y2	1185600	1243.19		Y096	EH TS
Y	1733600	1817.81		Y094	AP
Y	**3302000**	**3462.41**		**Y094**	**AP**
C	2949600	3092.89		Y094	EH TS
C	**5618200**	**5891.13**		**Y094**	**EH TS**
C	3212500	3368.56		Y094	AP
C	**6118900**	**6416.16**		**Y094**	**AP**
YLPX3M	**1671800**	**1753.01**		**Y090**	**EH TS**
YHPX3M	**1755500**	**1840.78**		**Y090**	**EH TS**
YLEE6M	**1975700**	**2071.68**		**Y083**	**EH TS**
YHEE6M	**2074500**	**2175.28**		**Y083**	**EH TS**

图7-10　首尔—法兰克福运价表

Y096 RESTRICTED ECONOMY CLASS FARES ⇒ SC101
FROM KOREA TO EUROPE VIA EH, FE, RU, TS

0) APPLICATION
A) 1)Application
restricted economy class fares
from Korea to Europe via EH, FE, RU, TS
8) STOPOVERS
A) not permitted
9) TRANSFERS
A) owe way or half round trip: 2 permitted

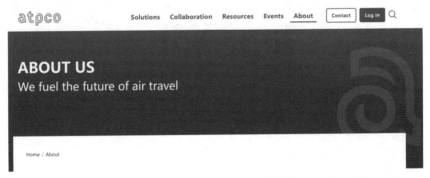

图7-11　运价规则Y096

（三）航空运价出版公司

航空运价出版公司（atpco）是美国的第三方数据公司，为航空公司、全球分销系统、旅行社和科技公司提供世界领先技术、价格和购物数据（见图7-12）。atpco将可靠的数据和系统与创新技术融合在一起，以为航空公司创造价值。atpco为440家航空公司管理超2亿条票价信息，也是全球航空公司零售和定价数据的主要来源。

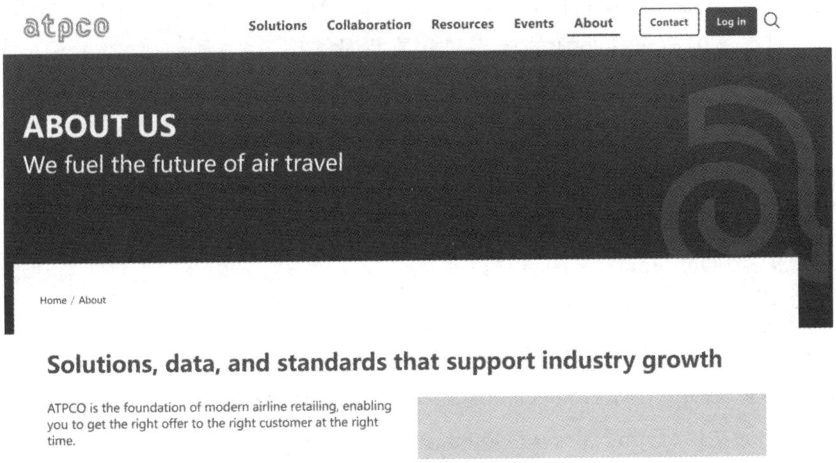

图7-12　atpco官方网站

图7-13 TIM手册

目前,大部分航空公司会根据预订指数和票价基础把票价报给航空运价出版公司。分销渠道大多从航空运价出版公司这个第三方获得航空公司票价数据,然后通过旅行中介把机票销售给旅客。

三、TIM旅行资料

(一) TIM旅行资料简介

Travel Information Manual(旅行信息手册)简称TIM手册(见图7-13)。该手册由国际航空运输协会出版发行,每月出版一本。TIM手册为国际航空旅客提供可靠和全面的旅行证件信息,例如护照、签证和健康等方面。从事国际客票销售的工作人员可以通过该手册了解不同国家的旅行要求,从而告知旅客完整而准确的信息,以避免由于旅客携带的旅行文件不完整而造成旅行受阻。由于实际工作中,这些旅行信息可能是经常变化的,因此,销售人员需要参考最新的手册内容。

(二) TIM手册的内容

TIM手册的主要内容包括:护照(Passport)、签证(Visa)、健康(Health)、海关(Customs)、税收(Tax)、货币(Currency)等。

1 护照

护照(Passport)是一个国家的公民出入本国国境和到国外旅行或居留时,由本国发给的一种证明该公民国籍和身份的合法证件。

每一位出国旅客必须持有护照或者其他有效的身份证明文件。在这些文件中,必须注明持有者的国籍和允许出国的授权章。而对于国际旅行者而言,在这些文件中要注明其有效期。有些特殊注明的情况下,一些过期护照也视为有效。除此之外,还应该含有护照持有者的照片、签证、所到国家的许可证等。护照的发放是政府的一种权利。如果在旅客的居住地以外,则由该国政府在当地的代表机构来发放。

在TIM手册的"术语及定义"章节中,护照有如下几种。

(1) 普通护照(Normal Passport)。

(2) 外侨护照(Aliens Passport)。

(3) 儿童身份证(Children's Identity Card)。

(4) 外交护照(Diplomatic Passport)。

(5) 合用护照(Joint Passport)。

(6) 其他护照(Other Passport)。

(7) 官方特别护照(Oficial, Special or Service Passports)。

(8) 其他旅行文件(Other Travel Documents)。

除了主要的这几种之外,还有其他官方证明文件,只有在一些特殊情形和特殊地区才可以使用。如果实际工作中遇到这种情况,最好查当月有效的TIM手册来确认一下。如果为了更保险一些,需要得到有关国家的证实。

护照上还会注明对哪些国家是有效的,如果适用于所有国家,也要注明;如果适用于多数国家,则要把那些不适用的国家做特别说明。

2 签证

签证(Visa)是由官方政府发放的,与护照或其他旅行文件一起使用的进入某一国家的许可证。它用来证明持有者有权利进入或再次进入相关国家。

签证通常附载于申请人所持的护照或其他国际旅行证件上。在特殊情况下,凭有效护照或其他国际旅行证件可做在另纸上。随着科技的进步,有些国家已经开始签发电子签证和生物签证,大大增强了签证的防伪功能。

世界各国的签证一般分为入境签证和过境签证两个类别,有的国家还有出境签证。中国的签证分为入境签证和过境签证两个类别。

TWOV(Trans Without Visa)为过境免签,是指一般对于在几个小时之内转机的旅客是不需要申请入境签证的,特殊情况除外。这些特殊情况在TWOV一项中可以找到。有些情况下,过境旅客可以离开机场但不能超过24小时、48小时或72小时。但这样的旅客必须持有再证实座位的后续航程的机票。

持有或免除某国签证不能自动视为可以进入任何国家,最后的决定权在于最终要进入的国家。其他一些进入的条件还包括:进入某国在停留期限内的所花费用的各种发票、回程或续程机票、检疫证明,以及护照的有效期、旅客进入其他国家的签证认可权等。

申请进入某国的签证需要考虑如下几个方面:旅行者的国籍;在旅行国的停留时间;到达某国的目的;持有者的护照类型等。

3 健康

健康(Health),即在国际旅行中,如果旅客来自传染病易感地区,一般需要出示国际认可的对于霍乱、黄热病的疫苗接种证明。易感区域会在TIM手册中列明。疫苗接种证明可以由家庭医生或者健康保健中心根据有关规定出具,世界卫生组织的国际通用接种证明可由承运旅客的航空公司或者保健中心出具,并且必须有检疫工作人员的签字和相关部门的公章。

需要注意的是,所有接种证明的有效期是自疫苗接种之日开始算。是否需要出示接种证明,要根据旅客的行程是否经过易感地区来判断。在一些霍乱易感区域的国家,对于进入该区域的旅客是不需要接种证明的,但是为了旅客的健康考虑,进入易感区域之前应该进行必要的健康检查。当旅客离开易感区域的国家回到始发国时,需要特别认真做好相应的疫苗接种。

4 海关

海关(Customs)的职责主要有以下几项。

(1) 对进出口货物、旅客行李和邮递物品、进出境运输工具,实施监督管理,有的称作通关管理,有的称作保障货物、物品合法进出境。

（2）征收关税和其他税费。许多国家海关除征收关税外,还在进出口环节代征国内税费,例如增值税、消费税和石油税等。

（3）查缉走私。各国海关部对逃避监管、商业瞒骗偷逃关税行为进行查缉,尤其对走私禁止和限制进出境的货物、物品。

TIM手册的海关(Customs)中,包括如下几项内容:进口允许额、出口允许额、宠物的有关规定以及禁止进、出口的物品。

海关(Customs)的规定中,对酒和香水等用品有所限制,个人用品一般不受限制。在TIM手册中,列出了对香烟、酒和香水的免税额,这些限量是根据旅客来自什么地方、哪种类型的旅客来决定其数量的。

此部分中,还规定了允许旅客携带宠物的条件。很多机场需要宠物的检疫证明,比如宠物的健康证明,有些国家还需要进口许可证。在有些情况下,动物主人还需要花费一定的金钱给所携带的动物做一个检疫,然后才被允许将动物带入某国。而对于过境的动物仍有限制。有些动物是不允许过境和进口的,比较明智的做法是在包装动物之前先查看TIM手册中的有关规定,同时还需要征得有关航空公司的同意,因为这方面航空公司可能有自己的一些规定。在进口方面,有些物品是受到严格限售制的,如食物、植物、药品及武器。而有些物品是明令禁止的,如麻醉剂等。

5 税收

TIM手册的税收(Tax)部分主要介绍了旅客在到达或者离开某国时所应缴纳的税的情况。主要包括税收的种类和金额、适用于哪种旅客的税收、税收的例外情况。

有些税收对于不同行程或者不同类型的旅客会给予免除缴纳的优惠,例如有些机场税对于过境旅客和婴儿旅客是免收的。

6 货币

TIM手册的货币(Currency)部分主要介绍了如下几项内容:当地货币的名称、该国货币的IATA三字代码,以及在一些限制条件之下的允许带入、带出的本国货币和外币金额、金、银币的进口限制。

所有这些规定都必须要严格遵守,如不按相应的规定去做,后果是很严重的。除交纳一定的罚金之外,严重者还可能需要负刑事责任。

■ **知识链接**

航空旅行的数字化趋势:数字身份、刷脸旅行和碳减排

《SITA 2022年旅客IT洞察》强调,受疫情影响的商务旅行和休闲旅行需求将迅速反弹,旅客进一步采用移动和非接触技术,使旅行尽可能便捷和无缝。旅客使用移动设备进行机票预订、登机和领取行李的情况有所增加。相比之下,自动化登机口在身份控制、登机和边境控制方面的应用有所增加。这些数据反映了自疫情以来航空旅行数字化的加速以及旅客采用技术的意愿。调查显示,旅行中使用的技术越多,旅客越快乐。高达87%的受

访旅客对身份控制有积极意愿,比2016年上升了11%;84%的受访旅客对行李领取的表现乐观(上升了9%)。在移动和自动登机口的推动下,这些领域也是技术应用增长最快的领域,目前有一半的旅客在领取行李之前就已及时收到实时信息。

当被问及旅途中使用生物识别技术的舒适度时,旅客给出的平均分为7.3分(10分代表最舒适),可视作人们希望疫情后的旅客能够轻松便捷。旅客在旅途中越来越多地使用移动和非接触式技术,确保他们的旅行尽可能方便和无缝。

随着复苏步伐的加快,旅客计划在2023年的航空旅行次数超过疫情前,预计每名旅客每年将平均搭乘2.93次商务航班和3.90次休闲航班。在权衡是否坐飞机时,主要的障碍是机票价格、健康风险和地缘政治风险。

旅客在选择飞行之前也会考虑可持续性。大约一半的旅客会重视机场和航空公司采用新的IT解决方案来支持可持续性(例如监测机场环境表现,以减少排放;航线优化,以减少燃油消耗)。在机场方面,这一举措超过了自2020年第一季度以来最受重视的绿色机场基础设施,表明所有人都聚焦在具体的、支持减排的技术承诺上。几乎所有的旅客都愿意支付机票价格的11%来抵消他们乘坐航班的碳排放。

随着旅行限制的放松,中国正为疫情后强劲的航空旅行复苏做准备。为了促进这种复苏,推动中国重要的国内航空旅行市场的持续增长,该地区的航空公司和机场正在大力投资于信息技术,以简化乘客体验,并加强运营以防中断。

2025年,100%的受访航空公司将升级核心旅客管理系统,90%的航空公司还将投资自助服务和非接触式解决方案。

机场在自助服务方面走在世界前列,80%—100%的机场已经在值机、行李托运、行李标签和登机等方面实施了自助服务技术。92%用于非接触式解决方案和移动应用程序。

在边境管制和登机阶段,投资的优先事项是使用生物识别技术的电子闸口。2025年,3/4的机场计划在所有接触点安装安全的生物识别令牌,远远超过53%的全球平均水平。

SITA生物识别技术在整个旅程中都得到应用(SITA Smart Path)。例如,在北京首都国际机场,SITA Smart Path生物识别技术被广泛应用于机场600多个生物识别检查站的多个检查站,包括250个自动门通道和80个检查站。400多名旅客只需用时不到20分钟,即可完成空客A380航班的登机。

数字化旅行可为旅客、航空公司、机场和政府创造巨大效益。不仅使旅行无缝衔接,还可减轻国际旅行日益增长对基础设施和资源方面造成的压力,同时提升旅行和旅游业的经济效益。数字化旅行的诸多惠益包括:加快旅客处理速度,大大改善旅客体验;最佳利用资源,提高能力和可扩展性;加强安保;是旅游业的新收入来源;对监管变化、新出现的健康或安全问题或商业需求引起的业务流程变化作出快速反应。

资料来源:http://news.carnoc.com/list/604/604703.html

■ 行动指南

1. 请同学们上网查询资料,说说目前办理签证的一般流程是怎样的。
2. 你认为数字化旅行的前景如何?

任务六　货币转换规则

全球有200多个国家和地区,大多数都开通了国际航线,且这些国家和地区使用的货币千差万别,大多数本国货币币值稳定的国家在国际航线运价以本国货币表示。还有一些经济欠发达国家,由于本国货币通胀严重,币值极其不稳定,往往采用美元等世界货币作为国际客票支付货币。除此之外,世界还有很多国家的货币并不能实现自由兑换,所有的这些现实情况都给国际航空运输的运价计算和运费支付带来了困难。为了解决以上问题,国际航协制定了一整套解决方案,在PAT(Passenger Air Tariff)运价表中,运价均以始发国当地货币运价LCF和中间组合单位NUC两种价格符号表示。下面分别介绍当地货币运价LCF和中间组合单位NUC及它们之间的兑换关系。

一、货币的概念

(一) 当地货币运价LCF

当地货币运价LCF(Local Currency Fare)就是以本国货币来表示的运价。在国际航线上,尤其是在联运的国际航线上,不仅会有多个不同国家的承运人参与市场,还大量存在经停几个不同国家的情况出现,若各国承运人都选择其本国货币公布和计算运价,其运价的表达和换算就会变得烦琐和出现混乱。为了便于协商制定运价,国际航空交输中通常以运输始发国货币作为制定和公布运价的基础货币,对应的国际运价称为货币运价。

世界货币

例如,从中国出发的运价用人民币表示,从日本出发的运价用日元表示。如前所述,在币值不稳定的国家和地区航空运输中,尤其是国际航空运输中,往往采用美元等世界货币作为运价公布的货币。

(二) 中间组合单位NUC

中间组合单位NUC(Neutral Unit of Construction)是一种中间单位,而不是真实的货币。在国际运价中,按照国际航协制定的里程制运价计算规则计算非直达航程运价时,通常需要对不同航段的运价进行比较组合,由此当涉及多个国家或地区的当地货币时,不同的货币单位很难进行比较或加减。为了解决这个问题,便于构成和计算国际运价,国际航协制定了统一的以美元为基础建立的货币计算单位,称为中间组合单位NUC,其"市值"与美元等值,同时规定中间组合单位保留到小数点之后两位,两位之后的小数位直接舍掉的进位规则。

在国际航协公布的直达运价中,所有两点的直达运价均是以当地货币运价和中间组合单位运价同时公布的。例如,2012年5.11版的"PAT-Worldwide Fares"中,SHA—HKG的单程普通经济舱全额票价是CNY2170/NUC280.24,HKG—HNL的单程商务舱全额票价是HKD10290/NUC1316.60,在计算全程运价时,两段都使用NUC,就可以方便地进行计算。

(三)国际航协货币兑换率IROE

国际航协货币兑换率(IATA Rate of Exchange,IROE)是中间组合单位和当地货币运价可以进行双向兑换的比率。它是IATA清算所(IATA Clearing House,ICH)定期公布的LCF和NUC的比价,每月更新一次,从而使得运价的兑换有章可循,并在某阶段内保持相对的稳定性。数据取每个月10日前连续5个银行工作日的平均值。

在当前的国际经济形势下,世界各国货币与美元的比价经常发生变动,货币兑换率也几乎每3个月随之发生变动。因此,即使当地货币运价在一定期间内保持不变,受货币兑换率的影响,中间组合单位仍会发生变化。

二、货币兑换公式

货币兑换率是当地货币运价LCF与中间组合单位NUC之间兑换的媒介,其兑换关系为:

$$NUC = LCF \div IROE \tag{1}$$
$$LCF = NUC \times IROE \tag{2}$$

这里的公式(2)是国际运价计算过程中最为常用的公式。

三、IATA兑换率表的查阅

国际航协公布了全球所有国家在国际航空运输所使用的货币(大多为本国货币)与中间组合单位的兑换率,并给出了当地货币的进位规则。国际航协货币兑换率如图7-14所示。

(1) IATA Rates of Exchange(IROE):国际航协货币兑换率。

(2) NOTE:该兑换率适用于将NUC运价转换成运输始发国货币,以出票时间为准。

(3) Country:国家名称,以国家英文首字母排序。"+"表示该国货币使用受限。

(4) Currency Name:该国的官方货币的英文名称。

(5) ISO Codes:货币国际标准代号,分为字母代号和数字代号。货币字母代号的前两位为国家代号,第三位是该国货币名称的缩写。

(6) From NUC:IROE兑换率,即NUC与当地货币的兑换关系。

(7) Rounding Units:货币进位法。

① Local Curr.Fares:票价的进位规定。

② Other Charges:其他收费的进位的规定,主要适合于税款、逾重行李费等运价以外费用的进位规定。

③ Decimal Units:货币显示法,即小数点之后保留的位数,以保留两位的情况居多。

IATA Rates of Exchange (IROE)

NOTE:
The ROE used to convert NUC into the currency of the country of commencement of transportation shall be that in effect on the date of ticket issuance.

Country (+ local currency acceptance limited)	Currency Name	ISO Codes Alpha	ISO Codes Numeric	From NUC	Rounding Units — Local Curr. Fares	Rounding Units — Other Charges	Rounding Units — Decimal Units	Notes
Afghanistan	US Dollar	USD	840	1.000000	1	0.1	2	5
+ Afghanistan	Afghani	AFN	971	49.500000	1	1	0	2, 8
Albania	euro	EUR	978	0.742833	1	0.01	2	
+ Albania	Lek	ALL	008	NA	1	1	0	22
+ Algeria	Algerian Dinar	DZD	012	70.440200	10	1	0	
American Samoa	US Dollar	USD	840	1.000000	1	0.1	2	5
Angola	US Dollar	USD	840	1.000000	1	0.1	2	5
+ Angola	Kwanza	AOA	973	74.967200	1	1	2	2, 8
Anguilla	US Dollar	USD	840	1.000000	1	0.1	2	5
Anguilla	East Caribbean Dollar	XCD	951	2.700000	1	0.1	2	2,5
Antigua Barbuda	US Dollar	USD	840	1.000000	1	0.1	2	5
Antigua Barbuda	East Caribbean Dollar	XCD	951	2.700000	1	0.1	2	5
Argentina	US Dollar	USD	840	1.000000	1	0.1	2	
+ Argentina	Argentine Peso	ARS	032	3.074730	1	0.1	2	1, 2, 5, 8
Armenia	US Dollar	USD	840	1.000000	1	0.1	2	
+ Armenia	Armenian Dram	AMD	051	345.215000	1	1	0	2, 8
Aruba	Aruban Guilder	AWG	533	1.790000	1	1	0	
Australia	Australian Dollar	AUD	036	1.191448	1	0.1	2	8, 17
Austria	euro	EUR	978	0.742833	1	0.01	2	8
Azerbaijan	US Dollar	USD	840	1.000000	1	0.1	2	5
+ Azerbaijan	Azerbaijanian Manat	AZN	944	0.859050	0.1	0.1	2	2, 8
Bahamas	US Dollar	USD	840	1.000000	1	0.1	2	5
Bahamas	Bahamian Dollar	BSD	044	NA	1	0.1	2	2
Bahrain	Bahraini Dinar	BHD	048	0.376100	1	0.1	3	
Bangladesh	US Dollar	USD	840	1.000000	1	0.1	2	5
+ Bangladesh	Taka	BDT	050	69.033000	1	1	0	2,19
Barbados	US Dollar	USD	840	1.000000	1	0.1	2	5
+ Barbados	Barbados Dollar	BBD	052	NA	1	0.1	2	2
Belarus	US Dollar	USD	840	1.000000	1	0.1	2	5
+ Belarus	Belarussian Ruble	BYR	974	2145.105000	10	10	0	2, 4, 8
Belgium	euro	EUR	978	0.742833	1	0.01	2	8
Belize	US Dollar	USD	840	1.000000	1	0.1	2	5
+ Belize	Belize Dollar	BZD	084	2.000000	1	0.1	2	2
Benin	CFA Franc	XOF	952	487.266189	100	100	0	
Bermuda	US Dollar	USD	840	1.000000	1	0.1	2	5
Bermuda	Bermudian Dollar	BMD	060	1.000000	1	0.1	2	2,5
Bhutan	Ngultrum	BTN	064	40.704000	1	1	0	
Bolivia	US Dollar	USD	840	1.000000	1	0.1	2	5
+ Bolivia	Boliviano	BOB	068	7.995000	1	1	0	1, 2, 8
Bosnia and Herzegovina	euro	EUR	978	0.742833	1	0.01	2	
+ Bosnia and Herzegovina	Convertible Mark	BAM	977	NA	1	1	0	22
Botswana	Pula	BWP	072	6.226715	1	0.1	2	

图 7-14 IATA 兑换率

④ Notes:注释,为正确判读、计算当地货币进位的关键。

另外,通常注释5的内容是有关四舍五入的,对应的当地货币尾数取舍按四舍五入的规则,其他注释号没有描述尾数的取舍,则认为是余额进位的规则。

需要注意美元的注释4,除了美国的税应该四舍五入保留到0.01,其他的票价和各种费用应四舍五入保留到相应的进位单元。如果不了解注释4的内容,可能会造成计算错误。美国的货币进位规则如表7-1所示。

表7-1 美国的货币进位规则

Country	Currency Name	ISO Code	Form NUC	Rounding Units			Notes
				Local Curr. Fare	Other Charges	Decimal Units	
USA/UST	US Dollar	USD	1.000000	1	0.1	2	4
美国	美元	USD	1.000000	票价保留到个位	其他收费保留到0.1	小数点之后保留两位有效数字	注释4

四、货币进位规则

几种常见的国际货币的进位规则总结如表7-2所示。

表7-2 几种常见的国际货币及进位规则

货币	货币代号	与NUC的兑换率	票价进位	税费进位	有效数字	注释	符号
人民币	CNY	7.645920	10	1	0	—	H10
美元	USD	1.000000	1	0.1	2	4	N1
欧元	EUR	0.802525	1	0.01	2	8	H1
英镑	GBP	0.503812	1	0.1	2	5,8	N1
澳元	AUD	1.301754	1	0.1	2	8,17	H1
日元	JPY	121.551000	100	10	0	7,8	H100

(一)当地货币运价转换成中间组合单位运价

当地货币运价与中间组合单位运价之间的转化,基于前述公式(1)和公式(2)。在已知当地货币运价的情况下,使用公式NUC=LCF÷IROE。

将取得的中间组合单位运价数值,从小数点之后的第三位开始全部舍掉,保留小数点之后两位有效数字即可,不需要考虑四舍五入。

例如,将澳大利亚元(AUD)3401.84转换成用NUC表示的运价。

$$AUD3401.84 \div 1.301754 = NUC2613.2741$$

将NUC值保留两位有效数字,从第三位开始全部舍掉,得到的结果为NUC2613.27。

(二)中间组合单位转换为当地货币

在进行这部分计算时,首先要了解当地货币的进位规则。当地货币进位规则较为复杂。一般在运价计算过程中,得出以中间组合单位表示的运价之后,要将中间组合单位通过公式 LCF = NUC×IROE 转换成当地货币表示的运价。这个过程中,最为重要的是对当地货币值尾数的取舍。

目前,计算当地货币的进位方法有两种,即全进位法和半进位法。

1 全进位法

全进位法(Full Adjustment)又称余额进位法,按照兑换率表中规定的舍入单位,计算结果的尾数只要不是0,就进到更高的一位,即"有数就进",英文为Higher,用"H"表示。

尾数按余额进位处理的货币主要有人民币、澳元、日元等。如果要求进位的进位单位为1、5、10等,应将当地货币的票价尾数取到小数点的后一位,舍去其余部分,然后检查该数字。若从其保留位数的后一位起,到十分位的个位上不全为0,则余数应进位;若全为0,则不进位。

例如,人民币(货币符号:CNY)的进位规则为余额进位,最小单位为10元,表示为H10,且小数点之后不要求保留有效数字。如CNY1234.5678,进位后的数字取CNY1240。

例如,澳元(货币符号:AUD)的进位规则为余额进位,最小单位为1澳元,表示为H1,小数点之后要求保留两位有效数字。如AUD1234.1567,进位后的数字取AUD1235.00。若为AUD1234.0567,进位后取AUD1234.00。

例如,日元(货币符号:JPY)的进位规则为余额进位,最小单位为100日元,表示为H100,小数点之后不要求保留有效数字。如JPY123456.789,进位后的数字取JPY123500。

例如,泰国货币(货币符号:THB)进位规则为余额进位,最小单位为5泰铢,即不到5的小数应进位至5,超过5的数字进到整10位数,表示为H5,且小数点之后不要求保留有效数字。如THB1234.56,进位后的数字为THB1235。如THB1235.67,则进位后的数字为THB1240。

2 半进位法

半进位法(Half Adjustment)又称四舍五入法。英文表示为Nearest,即进到最接近的小数位,用"N"表示。尾数按四舍五入处理的货币主要有美元,若其保留位数的后一位大于或等于5则进位,小于5则舍去。

例如,美元USD的进位规则为四舍五入,最小单位为1美元,表示为N1,小数点之后要求保留两位有效数字。如USD1234.56,进位后的数字为USD1235.00。若为USD1234.46,进位后的数字为USD1234.00。

掌握了以上进位规则后,现在利用公式 LCF = NUC×IROE 将中性货币转换为当地货币。

例如,将票价NUC306.68转换成澳大利亚当地货币AUD。

$$NUC306.68 \times 1.301754 = AUD399.221$$

澳大利亚元的进位规则为H1,小数点后要求保留两位有效数字,因此,进位后的LCF为AUD400.00。

例如,一张从中国出发的某国际客票票价为NUC1000.00,旅客用人民币元付款,计算票款。

$$NUC1000.00 \times 7.645920 = CNY7645.920$$

人民币的进位规则为H10,小数点后不要求保留有效数字,因此,进位后的LCF为CNY7650。

五、不同国家货币之间的转换

在国际客票销售中,不光需要考虑当地货币和中间组合单位的转换,而且很多情况下还涉及不同国家之间的货币转换问题。例如,在很多国家,对于国际航班的进出港旅客有各种各样名目繁多的税费要求,这些税费均是以当地货币为单位来表示,在销售客票时,需要以当日的外汇买卖价格将其转换成本国货币。

货币之间转换率是由外汇交易市场上买卖双方的交易决定的。银行作为金融机构,代理顾客用现钞在外汇交易市场上进行交易。货币转换的主要比率是现钞卖出价(Bankers Selling Rate,BSR)和现钞买入价(Bankers Buying Rate,BBR)。某日人民币对主要币种兑换率报价如表7-3所示。

表7-3 某日人民币对主要币种兑换率报价

币种	交易单位	中间价	现钞买入价	现钞卖出价
美元(USD)	100	714.51	712.31	721.01
港币(HKD)	100	91.4	91.13	92.23
欧元(EUR)	100	798.8	772.75	805.76
英镑(GBP)	100	922.84	894.28	933.87
日元(JPY)	100	5.067	4.9096	5.1122

人民币是中华人民共和国境内唯一合法流通使用的货币,所以售票业务人员不能收取旅客使用外币支付的票款,应及时按照银行兑换率进行兑换。

■ 知识链接

旅客出入境时可以携带多少现金?

根据相关规定,旅客出入境若携带人民币,中国公民及外国人进出境每人每次携带的人民币限额为20000元。

携带人民币现钞数额≤20000元,不需要向海关申报。携带人民币现钞数额＞20000元,应向海关书面申报,海关予以退运。不按规定申报的,海关根据《中华人民共和国海关行政处罚实施条例》有关规定予以处罚。

旅客若携带的是外币,携带外币出境凡不超过其最近一次进境时已书面向海关申报外币现钞数额的不需要申领携带外汇出境许可证(以下简称携带证),海关凭其最近一次进境时的申报单验放。

对于此前没有书面申报单,或携带金额已超过最近一次进境申报外币现钞数额的:

(1)携带不超过等值5000美元的外币现钞。不需要申领携带证,海关予以放行。(当天内多次往返及短期内多次往返者除外)

(2)携带超过等值5000美元的外币现钞。旅客按规定申领携带证,向海关申报,海关凭证验放。未申领携带证，应向海关书面申报，海关予以退运。不按规定申报的，海关根据《中华人民共和国海关行政处罚实施条例》有关规定予以处罚。

短期内多次出境（连续15个自然日内出境超过1次）人员携带外币现钞出境不超过等值1000美元，不需要申领携带证，海关凭此前的进境申报单验核予以放行；金额若超过等值1000美元的海关不予放行。

当天多次出境（1个自然日内出境超过1次）人员携带外币现钞出境可携带不超过等值500美元的外币现钞出境，不需要申领携带证，海关凭此前的进境申报单验核放行；金额超过等值500美元的海关不予以放行。

资料来源：https://baijiahao.baidu.com/s?id=1768126703356040712&wfr=spider&for=pc

项目小结

为了更好地协调世界各国航空运输业务，根据相关国家之间航空运输往来的密切程度以及地理位置，IATA把世界划分为三大区域，每个区域中又分为若干个次区域。区域和次区域的划分，与自然地理上的划分并不一致。旅客在某两点之间旅行，可能会选择不同的转机点，IATA采用不同的代号来表示不同的方向。方向不同，所选择的运价也会有所区别。由于地球的自转产生时差，因此为了时间计量的方便，按每15个经度划分为一个时区，因此全球共分为24个时区，每两个相邻的时区相差1个小时。在国际航空运输中，经常会遇到时差换算和飞行时间计算的问题，以合理地安排旅客的旅行。在时差换算时，还要考虑夏令时对时差计算的影响以及多时区国家中某城市所在时区的判断等问题。

项目训练

一、判断题

1. HAK—SIN—MOW 属于 TS 航线。
2. MOW—DXB—CAN 属于 EH 航线。
3. BJS—LAX—FRA 属于 PA 航线。
4. AKL—NYC—SAO—SCL 是 PA 航线。
5. AKL—SEL—SIN 属于 FE 航线。
6. SHA—LON 属于 EH 航线。
7. CAN—FRA—LAX 属于 EH 航线。
8. CAN—LAX 属于 PA 航线。
9. BKK—JNB—SCL 属于 AP 航线。
10. CAN—JED—MOW 属于 EH 航线。

二、简答题

1. 国际航协三个大区是如何划分的？
2. 中国属于哪个大区、哪个次区？

3. 来回程有几个运价计算区?

4. 什么是最大允许里程MPM?

5. TIM手册中包含的内容有哪些?

6. 当地货币运价与中间组合单位运价之间转换的公式什么?

7. 国际运价计算中,人民币的进位规则是什么?

8. LON—BOS—LON 的航程类型是什么?

9. NBO—DKR—MAD—LON—NYC—PAR—NBO 的航程类型是什么?

三、计算题

一位旅客乘飞机从北京去往华盛顿。旅客1月28日乘国航班机从北京启程,北京时间是9:44。到达华盛顿时,当地时间为1月28日15:30。请计算该旅客在途中经历了多长时间?

项目八　国际客票运价计算

 项目目标

○ 职业知识目标

　　1. 熟悉运价的分类,掌握运价的选择。
　　2. 了解 PTCCM 运价资料,掌握民航国际旅客两点之间运价的计算规则。
　　3. 掌握指定航程运价的计算规则。
　　4. 掌握里程制的概念、额外里程优惠运价的计算规则、超里程附加运价的计算规则。
　　5. 掌握中间较高点运价的计算规则、来回程与环程运价的计算规则。
　　6. 掌握特殊运价的计算规则。

○ 职业能力目标

　　1. 能够为国际旅客正确、高效地选择运价和计算两点之间的普通运价。
　　2. 能够计算非直达航程的普通运价、额外里程优惠运价和超里程附加运价。
　　3. 能够计算中间较高点运价、指定航程运价和来回程与环程运价。
　　4. 能够为国际旅客正确、高效地计算特殊运价。
　　5. 能够根据运价计算的表达式判断运价计算所采用的原理和方法。
　　6. 能够利用民航计算机系统计算和表达上述运价。

○ 职业素质目标

　　1. 学习民航国际客票运价计算的知识,拓宽国际视野。
　　2. 学习国际航协的运价规则,培养严谨细致的工作作风。

知识框架

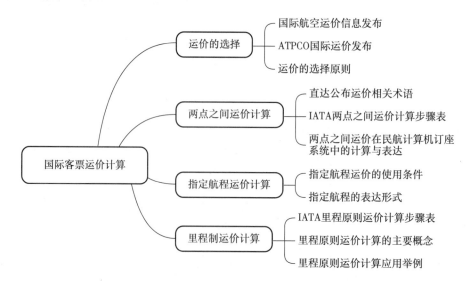

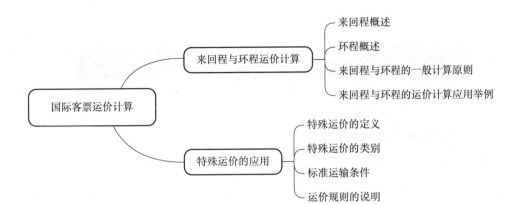

国际客票运价计算

近年来,航空公司之间的竞争越来越激烈,政府逐渐放松对航空运输业的管制,越来越多的航空公司开始结盟,越来越多的航空公司开始自由化地签署双边协议,各国反垄断法规的不断升级发展,再加上世界计算机技术不断提升、互联网的大范围普及,国际机票产品分销领域发生了巨大的变化。随着1945年创立的IATA多边联运票价产品YY票价(YY Fares)逐渐被航空公司推出的各种承运人票价产品所取代,IATA于2018年废止了YY票价。然而,IATA多边联运体系仍然为票价建设、里程原则和货币标准制定了全球准则,适用于国际联程客票的运价计算、票面表达等多个方面。

里程原则(Mileage Principles)指的是在始发地和目的地之间没有直达航班或由于旅客自身需要,必须在旅途中转机或中途分程时,应考虑联程始发地到目的地的直达运价及最大允许里程的限制等来计算这类联程航程的运价。国际航协的里程原则经过多年的发展,在理论方面已经构建了一套较为完备的体系。当旅客的航程确定以后,首先必须确定航程种类和方向性代号;接着需要知道是否属于指定航程,如果不是指定航程,则需要确认能不能直接使用特殊运价或者公布直达运价。如果上面的条件都不能满足,就要采用里程原则、中间较高点检查,对于来回程与环程,则需要选择运价组合点来确定全航程运价。

国际航空运价信息繁杂多变,销售代理人多以计算机订座系统CRS(Computer Reservation System,中国民航代理人计算机分销系统)、GDS(Global Distribution System,全球分销系统)终端查询的运价信息为准。为了更好地为旅客提供国际旅客客票销售服务,接下来我们就来学习国际客票运价计算中里程原则的有关内容。

任务一 运价的选择

一、国际航空运价信息发布

PTCCM(Passenger Tariffs Conference Composite Manual)是与航空旅客运价协调会议有关的出版物,可以减少公共航空运输企业票价构建、票价验证、重新定价、货币和行李选择规定中的错误数量。其封面如图8-1所示,包含IATA旅客运价收费相关的决议,分为以下五个重要方面:统一行业定义(Common Industry Definitions);里程原则(Mileage Principles);票价构建原则(Fare Construction Principles);统一货币应用(Common Currency Application);转机行李托运规则(Interline Baggage Acceptance Rules)。

航空公司和广大代理人可以在民航计算机系统CRS、GDS上查询该手册的所有信息。

(一)统一行业定义

统一行业定义(Common Industry Definitions),即允许行业对适用于乘客运价协调会议决议的票价相关定义有一个标准的应用和一个共同的理解。

图8-1 PTCCM封面

(二)里程原则

里程原则(Mileage Principles),即建立里程应用的通用标准,航空公司、GDS、CRS、结算服务提供商、销售代理人和旅行社使用里程资料集三本手册——MPM手册、TPM手册和CCD手册来进行票价构建、定价、收入核算、常旅客计划、行李运输等按比例分摊并确定比例分摊系数。

1 MPM手册

MPM手册公布有部分城市之间的最大允许里程(Maximum Permitted Mileages,MPM),每年出版一期。在票价计算中,最大允许里程距离表示根据直达航段的最短组合确定的两个指定国际点之间的最大距离,在适用的情况下,在指定构成点距离增加20%。MPM手册包含近700万个最大允许里程距离。MPM手册用于票价计算,以确定两个直飞目的地或中转点之间允许的售票点总里程,它随着定期航班的变化而不断变化。随着新航线的增加或其他航线的关闭,使用最新的最大允许里程数据集进行票价构建和定价非常重要。使用过时的数据可能会导致不正确的票价和收入损失。图8-2为MPM手册使用规则及方法。

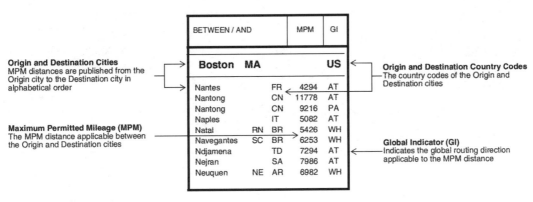

图8-2 MPM手册使用规则及方法

2 TPM手册

在计算机订票或确定比例分摊系数时,需要确定客票点里程(Ticketed Point Mileage,TPM)。TPM代表一张客票乘机联所覆盖的距离,以直飞或定期航班计算。所有点之间飞行里程的官方来源是TPM手册,其中包括超过65000个城市对里程。TPM手册中查询的实际里程表如图8-3所示:

```
Shanghai                    CN
Abu Dhabi        AE  4067  EH
Aksu             CN  2467  EH
Amsterdam        NL  5527  EH
Anqing           CN   231  EH
Atlanta    GA    US  7655  PA
Auckland         NZ  5833  EH
Baishan          CN   953  EH
Bandar Seri B    BN  1864  EH
Bangkok          TH  1787  EH
Baotou           CN   915  EH
Beihai           CN  1021  EH
Beijing          CN   676  EH
Bengaluru        IN  3101  EH
Boston     MA    US  7551  PA
Busan            KR   518  EH
Cairns     QL    AU  3689  EH
Changchun        CN   902  EH
```

图8-3 TPM手册中查询的实际里程表

CRS、GDS系统查询的实际里程与最大允许里程如下所示:

```
>XS FSM BJSSFOSEACHI
FSM   BJS .YY. SFO .YY. SEA .YY. CHI
CTY   TPM   CUM   MPM  LVL  <HGL  >LWL   25M  XTRA  EXC  GI
BJS
SFO  5898  5898  7077   0M  1179     0  8846     0       PA
SEA   679  6577  6471   5M   217   106  8088     0       PA
CHI  1723  8300  7885  10M   373    21  9856     0       PA
*ALTERNATIVE GLOBAL ROUTE AT EXISTS FOR BJS-SFO
FSKY/1E/AXMXPFRQBUTM322/FCC=D/PAGE 1/1
```

3 《城市代码目录手册》

CCD手册(*the City Code Directory Manual*)是数字和字母代码、货币和IATA运价会议区域的参考工具。它包含城市、机场、国家、省、州和地区名称的全球列表,其中城市包含当前票价和费率决议、MPM手册和TPM手册中包含的所有必要城市。CCD手册旨在满足航空公司运价和预订部门的需求,用于计算运价、费率和创建里程距离。通过CRS、GDS系统可以查询CCD手册的所有信息。

系统指令通过全称查询代码:

```
▶CNTZ:T/HAIKOU
 CNTZ:T/HAIKOU
 HAK,HAIKOU                              海口                        00/CN   1
```

系统指令通过代码查询全称：

```
▶CD LHR
 LHR,LON/AA,LONDON HEATHROW APT,LONDON,GB,Z1,00,S51:28.6,W0:27.7
```

系统指令通过国家代码查询全称：

```
▶CNTZ C/CN
 CNTZ C/CN
 CN,CHN,CHINA                            中国                        BJS,SEA
▶CNTZ C/GB
 CNTZ C/GB
 GB,GBR,UNITED KINGDOM                   英国                        LON,EUR
```

系统指令通过国家全称查询代码：

```
▶CNTZ N/SINGAPORE
 CNTZ N/SINGAPORE
 SG,SGP,SINGAPORE                                                    SIN,SEA
                                         新加坡
```

（三）票价构建原则

票价构建原则（Fare Construction Principles）是指为旅程、定价单位和票价组成部分的票价构建规则以及票价构建检查（如HIP）建立标准。如果商业上认为有必要，成员航空公司可以偏离这些标准。

（四）统一货币应用

统一货币应用（Common Currency Application）是指建立通用货币标准，如货币代码、舍入规则等，以方便票价构建应用和联运。

（五）转机行李托运规则

转机行李托运规则（Interline Baggage Acceptance Rules）是指为接收的联运行李提供标准条件。包括免费行李限额标准和规定，如果商业上认为有必要，会员可能会偏离这些标准和规定。

二、ATPCO国际运价发布

国际航空运价信息繁杂多变，世界上各销售代理人在给旅客订票时，多以CRS、GDS系统里的运价信息为准，而CRS、GDS的运价信息大多来自航空运价发布公司（Airline Tariff Publishing Company，ATPCO），航空公司将票价、规则、税费和路线直接编码到ATPCO数据库中。

ATPCO从全球440家以上的航空公司那里收集票价信息，然后为Amadeus、Sabre、Travelport、Travelsky等GDS提供运价数据服务。各大GDS购买ATPCO运价数据，基于搜索系统（Shopping）对国际运价进行精确的计算和规则校验，发挥GDS下游庞大数量的销售代理人的渠道优势，最终将旅客行程对应的一组最低运价处理结果展现给代理人使用的GDS销售终端、各大航空公司的官方B2C网站，或者是OTA代理人的分销平台上售出客票。

票价和规则共同构成了ATPCO用于自动定价（以电子方式识别票价）的基础架构。ATPCO票价数据包含市场（城市对）、规则编号、票价等级、单程/往返指示符、MPM或路线编号、脚注（可选）、货币、票价金额、生效日期、截止日期和里程。以上是ATPCO运价规则内容的简要介绍，具体细节说明需要到相关内容中查询。

三、运价的选择原则

直达公布运价（Published Through Fare，PTF）是指承运人公布的两点之间的直达运价，分为普通运价和特殊运价两种。

（一）直达公布运价的基本内容

销售代理人通过CRS、CDS终端查询承运人两点之间公布直达运价。

例如，在中国航信订座系统中输入指令 XS FSD PEKLON/MU，得到北京到伦敦国航价格查询内容示例（按照从高到低的顺序排列）（见图8-4）：

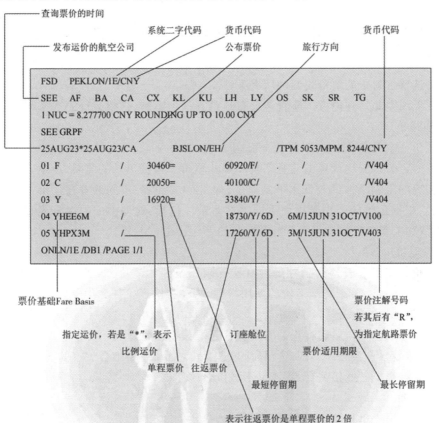

图8-4 国际直达公布运价查询实例

（二）运价的选择原则

在承运人发布的运价表中，相同两点之间经常有多种不同的运价，应根据具体航程和运价规则选取适用的运价。运价分为普通运价和特殊运价两种：普通运价水平较高，一般没有限制或者限制较少；特殊运价水平较低，使用更为广泛，但限制较多，旅客的行程必须满足特定的条件才能使用。在实际国际客票的销售工作中，应优先考虑特殊运价，同时必须注意相关条件是否满足要求，否则只能使用较高水平的普通运价。

一般在运价选择时，应遵循以下规则。

❶ 票价类别的确定

按照旅行的等级确定票价种类，旅行的舱位等级和票价基础代码相匹配。

❷ 航程方向性代号的确定

根据实际航程，确定该航程的方向性代号。

❸ 航程类别的确定

确定航程类别，航程为单程的使用单程运价，航程为环程与来回程的，使用1/2 RT运价。

❹ 承运人的选择

判断航程是否可以使用指定承运人运价，应优先选择承运人运价。

❺ 票价规则的确定

遵守所选票价附带的票价规则的所有条件。

下面以上图中北京到伦敦国航直达公布运价查询为案例，介绍运价的选择和使用。

1）普通运价

普通运价一般是指无任何限制的全额票价，包括头等舱、公务舱和经济舱等级的全额价格以及按一定的百分比计算的儿童票价和婴儿票价。根据市场的需要，承运人还制定了一些附有相应的限制条件的较低水平的票价，如Y2、C2、F2。不同的普通运价中也有不同的某些限制，根据运价的类别不同而不同。这些条件包括：航程中的中途分程和转机次数的限制、季节和工作日（周末/平日）的限制、航班承运人的限制等。

2）特殊运价

特殊运价是指除了普通运价外的附有特殊限制条件的运价，如04号YHEE6M运价、05号YHPX3M运价。关于特殊运价的使用规则，将在特殊运价任务中予以详细介绍。

3）旅客票价

旅客票价必须选择与旅客行程的方向性代号一致的票价。同一个航程，始发地与目的地完全相同，但是票价会出现不同。究竟应该选择哪一个，需要结合旅客的实际行程，这些在方向性代号内容中已做相关介绍，这里不多作赘述。

4）单程运价

单程运价适用于单程航程，如上图中第三列显示的"16920"，表示北京到伦敦的Y舱单程运价。

5）来回程运价

上图中第四列为公布的来回程运价。1/2 RT 运价是由 RT 运价除以 2 得到，适合于来回程、环程和缺口程。当在运价表中无 RT 运价时，可以使用 OW 运价代替 1/2 RT 运价。

6）承运人运价

根据民航计算机订座系统中的订座信息，判断该航程可以使用第一个国际段承运人运价还是第一个跨区承运人运价，或者是第一个跨洋段承运人运价，承担运输距离最远的承运人运价。

7）运价的限制条件

普通票价 Y 的限制条件为规则代号 V404，不同特殊运价的限制条件各不相同，YHEE6M 的限制条件为规则代号 V100，YHPX3M 的限制条件为规则代号 V403。关于上述运价规则代号详细内容的查阅，在 CRS、GDS 中使用的指令是 XS FSN，详细内容将在特殊运价任务中予以介绍。

任务二　两点之间运价计算

两点之间的航程又称为直达航程，即旅客的旅程仅在两地之间，无任何的中途分程点。此类航程是单程中最简单的。要计算两点之间航程的运价，首先要考虑使用 IATA 制定的运价计算步骤表在理论上进行计算，然后再利用民航计算机系统来计算和说明，如果结果一致，则可以印证理论计算的可靠性与准确性。

一、直达公布运价相关术语

我们先了解直达公布运价（Published Through Fare）相关术语，然后再开始学习两点之间运价的计算。

航程（Journey）：指所有票面点组成的完整旅行路线，它由客票上的始发地经若干中间点到达目的地，由若干航段共同组成。

始发地（Origin）：指旅行的出发点，也是第一个票面点。

目的地（Destinatton）：指旅行的终止点。

国际航线始发国（COC）：指国际航线开始的国家或地区。

客票点（Ticketed Point）：指所有开列在旅客客票航程栏（Good for Passage）中的城市，包括航程中的始发地、目的地以及中途分程点和中转点。

票价计算点（Fare Construction Point，FCP）：指票价计算组的端点，标志着票价计算的开始和结束，也称为票价断开点或票价组合点。

中转点（Transfer Point）：又名中间点（Intermidieat Point），指旅客乘坐航班到达某地后转乘其他航班继续旅行。中转发生地为中转点。

中途分程点（Stopover Point）：是中转点的一种，指旅客在到达航程中一点后计划在24小时之后继续其旅行，此点就叫作中途分程点。表示中途分程点时，在三字代码前加"O"。如 O/HNL，"O"可省略。

非中途分程点（Non-stopover Point）：又名中途转机点（Connecting Point），是中转的另一种情况，指旅客在到达某地后打算在24小时之内继续其旅行。表示非中途分程点时，在三字代码前加"X"，如 X/HNL，"X"不可省略。

中转点与中途分程点、非中途分程点的关系如下：

（1）一个中途分程点将占用一个中转点的数额，即像英文中所描述的那样：When you count the number of transfers, you are counting the number of intermediate points including stopover points. Each stopover point uses one of the transfers permitted.（当您计算中转点次数时，您正在计算包括中途分程点在内的中间点的数量。每个中途分程点都占用一个允许的中转点。）

（2）在计算中途分程点和非中途分程点的个数时，不包括航程中的FCP点和折返点。

下面举例说明中途分程点和非中途分程点的计数。

例如：

     SN BA AM AF AF
   BRU—X/AMS—LON—MEX—PAR—BRU

根据此航程的 Rule 的规定 X0762：

Stopovers: 2 permitted in each direction

Transfers: 4 permitted in each direction

由上面例子可知，该航程是环程，FCP点是BRU，折返点是MEX，所以这两点不计算中转点和中途分程点。该航程的中途分程点是LON和PAR，共2点。该航程的中转点是AMS、LON和PAR，共3点。该航程的非中途分程点是AMS。

例如：

   BOM—CMB—BKK—KUL—X/SIN—SYD—AKL
      FCP: BOM, AKL

① 全航程有多少个客票点？

② 全航程有多少个中间点？

③ 全航程有多少个非中途分程点？

④ 全航程多少个中途分程点？

二、IATA两点之间运价计算步骤表

表8-1为IATA两点之间运价计算步骤表。

表 8-1　IATA 两点之间运价计算步骤表

FCP	运价计算点。确认运价计算区的始发地和目的地。FCP点即FBP点,是决定运价区的关键。当FCP点被确定后,该航程的运价区即被确定
NUC	中间计算单位。NUC价格,在计算航程的运价时,主要以NUC计算价格为准,NUC的正确计算受以下因素影响。 (1) OW 或 1/2 RT 运价,由航程的类别决定。 (2) Class of Service(航程等级),由旅客乘坐的等级决定。 (3) GI(方向性代号),由旅客的航程决定。 (4) Carrier(承运人),不同的航空公司可以设定不同的价格,该价格只适用于本公司。 (5) Restrictions(限制条件),例如中途分程点、转机点、季节等
RULE	运价适用规则/限制条件。该运价所适用的规则规定了运价的限制条件,包括季节限制、工作日限制、适用人群限制、最长和最短停留时间的限制、转机点的限制等。在这一步,我们必须确保行程满足以上这些限制条件,否则需要选择其他的运价。 (1) 例如,东京至莫斯科的运价表包含 RU、TS、FE、EH、AP 五个方向的运价和MPM。 (2) 根据旅客的航程选择 TS 的运价和MPM,并且该运价为 Y2,其限制条件为 Y086。 (3) 通过查阅Y086得知该运价限制中途分程点,而此处无中途分程点,符合该运价限制条件,因此可以使用 Y2 价格
AF	适用的运价。根据上述步骤,决定该计算区适用的NUC运价
IROE	IATA货币兑换率。根据航程运价计算区的COC(运输始发国)决定计算区的货币兑换率
LCF	当地货币运价。通过计算求出COC(运输始发国)的当地货币,并根据进位规定和显示规则正确计算并显示当地货币价格(LCF＝NUC×IROE)

例如航程 BJS—SYD,在北京付款、出票。

运价类别:NORMAL Y

Y 舱 OW 价格:NUC5029.61

方向:EH

币种、货币兑换率及进位规则:CNY,IROE7.284845,H10(0)

按照IATA运价计算步骤表,计算如表8-2所示。

表 8-2　BJS—SYD 运价计算

FCP	BJSSYD
NUC	Y OW EH5029.61
RULE	Y277
AF	NUC5029.61
IROE	7.284845
LCF	NUC×IROE＝5029.61×7.284845＝CNY36639.9,根据 H10(0)取 CNY36640
TAT(FC项票价计算横式)	BJS YY SYD 5029.61 NUC5029.61 END IROE7.284845

通过计算,我们发现该航程计算时选择了单程、东半球方向的中间计算单位NUC,价格是5029.61,折算成始发国货币CNY时,使用了始发国货币的兑换率IROE,计算后的结

果应按照始发国货币规则进行进位,因此,最终给旅客报价的票价不含税为人民币36640元。

三、两点之间运价在民航计算机订座系统中的计算与表达

民航计算机订座系统中可以随时查看运价,为航空公司和机票销售代理人给国际旅客提供票价相关服务提供了极大的便利。

我们这里仍以国航的运价为例。利用XS FSD指令在民航计算机订座系统中查询北京到悉尼的价格,显示如下:

```
▶xs fsd bjssyd/11dec/ca/nuc
FSD BJSSYD/11DEC23/CA/NUC
SEE BF
1 NUC = 7.284845 CNY
11DEC23*11DEC23/CA    BJSSYD/EH/ADT    /TPM 5571/MPM   6685/NUC
01 FFFOBB9    /  12711.32            /F/    .    /            /THB9R
02 FFFOBB     /  12670.13            /F/    .12M/             /CNA4R
03 FFFBB9     /              19561.15/F/    .    /            /THB9R
04 FFFBB      /              19492.52/F/    .12M/             /CNA4R
05 JFFOBB9    /   8160.77            /J/    .    /            /THB9R
06 JFFBB9     /              12560.32/J/    .    /            /THB9R
07 JKFFOBB    /   5888.93            /C/    .12M/11DEC 31DEC/CNA4R
08 JKFFBB     /               9059.90/C/    .12M/11DEC 31DEC/CNA4R
09 YFFOBB9    /   5029.61            /Y/    .    /            /THB9R
10 YFFBB9     /               7742.10/Y/    .    /            /THB9R
11 RRCOBB     /   1935.52            /R/    .12M/             /CNA4R
12 RRCBB      /               2580.70/R/    .12M/             /CNA4R
13 GFFOBB9    /   5662.44            /G/    .    /            /THB9R
FSKY/1E/PLBD3SVTBNTH555/FCC=D/PAGE 1/7
```

下面我们选择第9个价格,即单程的普通舱运价为例进行计算。假设某旅客预订了12月11日国航北京到悉尼的机票。

北京到悉尼两点之间经济舱运价计算一:

```
1. CA173  Y   M011DEC  PEKSYD DK1   0120 1530           77W   0  R E T31
2. SHA/T SHA/T 13917125070/SHANGHAI JOYOU BUSINESS TOUR CO LTD/CHENXUJIA
3. PIDOP 1205 0159 YUYA025
4. SHA424
▶qte:/ca
FSI/CA
S CA    173Y11DEC PEK0120 1530SYD0S    77W        #DJCDZRYBMUHQVWSTL#CPNK
01 YFFOBB9               37734 CNY             INCL TAX
02 YFFOBB8               23194 CNY             INCL TAX
*SYSTEM DEFAULT-CHECK OPERATING CARRIER
*02*BRAND:LATITUDE
*ATTN PRICED ON 05DEC23*0246
FSKY/1E/AHZO4CVTBOLO511/FCC=T/
```

北京到悉尼两点之间经济舱运价计算二:

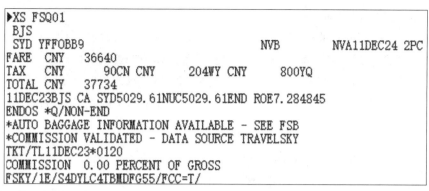

由此可知,旅客预订了国航CA173航班的座位,凌晨01:20从北京首都机场出发,到达悉尼时间为15:30,旅客预订的是普通舱Y舱座位,旅客应支付的机票款为36640元。可见,该价格与上例中理论计算的结果一致,从而印证了理论计算的可靠性和准确性。

北京到悉尼两点之间运价计算明细如下:

```
FSU01
FARE  CNY    36640
TAX   CNY       90CN CNY    204WY CNY    800YQ
TOTAL CNY    37734
11DEC23BJS CA SYD5029.61NUC5029.61END ROE7.284845
-------------- SOLD IN SHA / TICKETED IN SHA --------------
PU FARE BASIS    CUR  NUC AMT ELEMENT DESCRIPTION        GI
01 YFFOBB9       CNY  5029.61 BJS-SYD CA /OW RTG         EH
                      5029.61   -    TOTAL NUC
CNY TAX     LST CUR CODES TYP DESCRIPTION ----------------
    204         AUD AU WY+002 PASSENGER SERVICES CHARGE ARRIVAL INTERNATIONAL
TAX 43.03WY*0218458
    90          CNY CN CN+001 AIRPORT FEE
TAX 90CN*0025000
    800         CNY    YQ    *CA CARRIER IMPOSED MISC FEE
TAX 800YQ*4002390*01
----- IATA RATES OF EXCHANGE USED IN FARE CALCULATION ------
    7.284845    CNY-ROE EFF 05DEC23*05DEC23
FSKY/1E/16VHXKVTBOTCQ77/FCC=T/PAGE 1/1
```

图中详细显示了运价和税费的类别。由此得知运价为东半球价格,票面价是36640元,税费总计应该是90元CN、204元WY和800元YQ,应付含税价格为37734元。

任务三　指定航程运价计算

指定航程(Specified Routing,S/R)是一种特定的非直达航程,当旅客的旅行线路符合指定航程的特定条件时,该旅客的航程可以使用始发地至目的地两点之间公布的直达运价,只用考虑路线的限制,不需要按里程制的规定进行超里程附加EMS和较高点检查HIP。

一、指定航程运价的使用条件

第一,FCP点和指定航程中的始发地和目的地相符合,即航程的区间与S/R相同。
第二,航程只允许经过指定的地点,即指定航程所规定的地点,并且该航程中的中间点可以省略,但是不可以增加。

第三,用斜线"/"分开的城市,表示只允许选择其中一点作为始发地、经停地或目的地。

第四,用横线"—"连接的城市,表示这些点均可以作为航程的经停地。

第五,如果该指定航程有特殊的注释,则需要遵守该注释的规定。

第六,指定航程表可以正、反两个方向阅读理解,表中的中间点必须按顺序经过,不可以折返或者迂回运输。

二、指定航程的表达形式

指定航程的表达形式主要有两种情况:表格式和编号式。

(一)表格式

表格式(Table)主要有三列,即 Between、And、Via。

Between 和 And 分别表示指定航程的始发地和目的地,用于判断该旅客的航程是否符合指定航程区间的要求。Via 主要判断旅客航程的中间点是否符合指定航程的中间点的要求。大多数指定航程都可以用表格来判断,IATA 三区的指定航程也大多为该种类型。IATA 三区的指定航程如表 8-3 所示。

表 8-3　IATA 三区的指定航程

Between	And	Via
ADL	JKT	SYD
BJS	FUK	SHA
BJS	NGS	SHA
BJS	OSA	SHA—NGS(NOTE 2)
BJS	TYO	SHA—NGS—OSA(NOTE 1)
BJS	SDJ	SHA—OSA(NOTE 3)
CMB	LHE	KHI
DEL	NGO/OSA/TYO	BKK
HKG	SIN	MNL
KHI	SEL	BKK/MNL—TYO
KTM	HKG	BKK
SPK	SEL	NGO/TYO
TYO	LYP/KHI/ISB/LHE/MUX	MNL—BKK

Notes:

Note 1:Only one stopover permitted at SHA/NGS/OSA.

Note 2:Only one stopover permitted at SHA/NGS.

Note 3:Only one stopover permitted at SHA.

注意：上述表8-3中的"—"为"和"或者"或"，"／"为"或"，Between、And、Via的地点顺序必须正确，绝对不能调换顺序，但是正、反方向均可以按顺序阅读和执行。Note 2表示如果航程的始发地或目的地是北京或者东京，则航程的中间经停站可以选择上海或者长崎，但是在上海或者长崎两者之间，只允许有一个站的中途分程。

例如，在KHI和SEL之间经BKK/MNL—TYO可以表达为下列指定航程，如表8-4所示。所以，以下航程均满足指定航程的规定，可以直接选用KHI—SEL的直达公布运价作为全程运价，不用再进行任何计算。

表8-4　KHI—SEL指定航程实例

KHI	KHI	KHI	KHI	KHI	KHI
BKK	BKK	TYO	MNL	MNL	SEL
TYO	SEL	SEL	TYO	SEL	
SEL			SEL		

例如，根据表8-4判断下列航程是否符合指定航程的要求。

（1）BJS—SHA—OSA—TYO。

（2）BJS—OSA—SHA—TYO。

（3）BJS—SHA—X/OSA—TYO。

（4）BJS—SHA—OSA。

（5）OSA—SHA—BJS。

（6）OSA—BIS—SHA。

（7）OSA—X/NGS—X/SHA—BJS。

（8）KHI—MNL—BKK—TYO。

以下为民航计算机订座系统CRS、GDS中的计算和说明。

例如，PEK—SHA—OSA，北京—上海—大阪里程表显示如下：

```
▶XS FSM PEKSHATYO
FSM    BJS .YY. SHA .YY. TYO
CTY    TPM    CUM    MPM  LVL  <HGL  >LWL  25M  XTRA  EXC  GI
BJS
SHA    676    676    **MPM NOT AVAILABLE**
TYO    1111   1787   1575    *SPECIFIED ROUTING APPLIES*        EH
FSKY/1E/2RJ2BHKEBVDDA44/FCC=D/PAGE 1/1
```

由于始发地和目的地符合指定航程的要求，在系统计算时虽然实际里程大于最大允许里程，但由于指定航程计算方法的运用，该航程仍然可以采用公布直达运价。

例如，PEK—NGS—OSA，北京—长崎—大阪里程表显示如下：

```
▶XS FSM PEKNGSOSA
FSM    BJS .YY. NGS .YY. OSA
CTY    TPM    CUM    MPM  LVL  <HGL  >LWL  25M  XTRA  EXC  GI
BJS
NGS    890    890    1706   0M   816    0   2132    0         EH
OSA    330    1220   1310    *SPECIFIED ROUTING APPLIES*       EH
FSKY/1E/RXNIDI1EBX2J044/FCC=D/PAGE 1/1
```

本例的说明同上面北京—上海—大阪里程表，航程的路线完全符合指定航程的规则，虽然实际里程小于最大允许里程,但是旅行路线符合指定航程规则,该航程的运价计算方法仍然采用公布直达运价。

例如,PEK—SHA—NGS—OSA,北京—上海—长崎—大阪里程表显示如下:

```
▶XS FSM PEKSHANGSOSA
FSM   BJS .YY. SHA .YY. NGS .YY. OSA
CTY   TPM   CUM   MPM  LVL  <HGL >LWL   25M   XTRA  EXC  GI
BJS
SHA   676   676      **MPM NOT AVAILABLE**
NGS   505  1181  1706      *SPECIFIED ROUTING APPLIES*           EH
OSA   330  1511  1310   20M    61     5   1637          0        EH
FSKY/1E/NFPFFJCEBXDC322/FCC=D/PAGE 1/1
```

该航程的路线与指定航程完全相符,但是由于航程中所有的中间经停站是中途分程,所以该航程的路线虽然与指定航程完全一致,由于未符合注释限制条件 Note 2,该航程的全程只能按照里程制的原则计算,在上例的计算式中可看到超里程 20%。

例如,PEK—SHA—X/NGS—OSA,北京—上海—长崎—大阪指定航程显示如下:

```
▶XS FSM PEKSHANGS-OSA
FSM   BJS .YY. SHA .YY. NGS- .YY. OSA
CTY   TPM   CUM   MPM  LVL  <HGL >LWL   25M   XTRA  EXC  GI
BJS
SHA   676   676      **MPM NOT AVAILABLE**
XNGS  505  1181  1706      *SPECIFIED ROUTING APPLIES*           EH
OSA   330  1511  1310      *SPECIFIED ROUTING APPLIES*           EH
FSKY/1E/DJAU6KCEBWTJA66/FCC=D/PAGE 1/1
```

本例中的航程与北京—上海—长崎—大阪里程表相同,但是航程中特别注明了长崎的非中途分程的限制,这样就符合了指定航程规则。因此,虽然路线与北京—上海—长崎—大阪里程表一致,但是运价计算可采用指定航程的方法而不是里程制的方法,这种计算方法最终结果将比里程制减少 20% 的运价附加值。

■ 知识链接

其他与IATA三区有关的指定航程表

IATA二、三区内:

Between	And	Via
Tehran	Lahore	Karachi
Tehran	Peshawar	Karachi
Tehran	Guangzhou, Taipei, Bangkok, Hongkong SAR	Karachi
Japan/Korea/China(excluding Hongkong SAR,Ma-cao SAR)	Mashad	Tehran(EH)
Cairo	Tokyo	Bangkok—Manila
Cairo/ Sanaa	Beijing	Bangkok
Kuwait	Tokyo	bangkok/Manila

IATA 一、三区 Via Pacific：

Between	And	Via
Seattle	Japan	Los Angeles/San Francisco

资料来源：https://www.iata.org/

(二) 编号式

如果运价表有指定航程的要求，需要查阅指定航程的编号，以确定该航程是否符合指定航程的要求。编号式（Linear Map）大多数为数字加字母或数字组成，可以在民航订座系统中查到。因编号式方便管理，故编号式的指定航程被大多数的航空公司采用，但我国的航空公司大多数采用表格式。

下面以民航订座系统中编号式指定航程举例，BJS—LAX，31DEC23，UA，北京—洛杉矶指定航程图显示如下：

```
▶XS FSD BJSLAX/31DEC/UA/X
FSD BJSLAX/31DEC23/UA/X
SEE BF
1 NUC = 7.284845 CNY
1 NUC = 1.000000 USD
31DEC23*31DEC23/UA     BJSLAX/PA/ADT    /TPM 6237/MPM  7484/CNY
01 GLX40IB8 /                   4860/G/....12M/05DEC 31DEC/2BNER
    D 12345
02 GLW40IB8 /                   5360/G/....12M/05DEC 31DEC/2BNER
    D 67
03 GLX00IB8 /                   5460/G/....12M/05DEC 31DEC/2BNER
    D 12345
04 GLW00IB8 /                   5960/G/....12M/05DEC 31DEC/2BNER
    D 67
05 GLX40IT2 /ADVP 14D/          6020/G/.... 6M/05DEC 31DEC/2SNER
    D 12345
06 GLW40IT2 /ADVP 14D/          6520/G/.... 6M/05DEC 31DEC/2SNER
    D 67
07 GLX00IT2 /                   6620/G/.... 6M/05DEC 31DEC/2SNER
    D 12345
08 GLW00IT2 /                   7120/G/.... 6M/05DEC 31DEC/2SNER
    D 67
FSKY/1E/3VA3OIKFBVTCY22/FCC=D/PAGE 1/19
▶XS FSL05
FSL  1BJSLAX/UA/-/3-501/-                E15NOV23 D INDEF
31DEC23*31DEC23/UA    BJSLAX/PA/ADT    /TPM 6237/MPM  7484/CNY
01 GLX40IB8 /                   4860/G/....12M/05DEC 31DEC/2BNER
    D 12345
  1*BJS-LAX
  2*BJS-BR/CA/UA-TPE-LAX
  3*BJS-CZ/OZ/UA-SEL-LAX
  4*BJS-CA/UA-HKG/SEL-LAX
  5*BJS-CA/CX/HX/UA-HKG-LAX
  6*BJS-CA/HO/NH/UA-SHA-LAX
  7*BJS-CZ/UA-OSA/SEL/TYO-LAX
  8*BJS-CA/NH/UA-OSA/SHA/TYO-LAX
  9*BJS-CHI/EWR/NYC/SFO/WAS-LAX
 10*BJS-BR/CA/UA-TPE-NH/UA-OSA/TYO-LAX
 11*BJS-CA/CX/HX/UA-HKG-NH/UA-OSA/TYO-LAX
 12*BJS-CA/HO/NH/UA-SHA-CA/NH/UA-OSA/TYO-LAX
 13*BJS-CA/CZ/OZ/UA-SEL-7C/NH/OZ/UA-OSA/TYO-LAX
 14*BJS-BR/CA/UA-TPE-CHI/EWR/LAX/NYC/SFO/WAS-LAX
 15*BJS-CZ/OZ/UA-SEL-CHI/EWR/LAX/NYC/SFO/WAS-LAX
 16*BJS-CA/UA-HKG/SEL-CHI/EWR/LAX/NYC/SFO/WAS-LAX
```

1 指定航线中特定符号说明

(1) 斜线"/"连接表示两个城市中只能选择其中之一作为航程的经停站。

(2) 斜线"/"分开的城市,表示只允许选择其中一点作为始发地、经停地或目的地。

(3) 横线"—"连接的城市,表示这些点均可以作为航程的经停地。

(4) 每个星号"*"表示一个航程的开始或者结束。

2 美国联合航空指定航线图说明

上面显示的是美国联合航空公司的指定航线图,查询指定航路的指令是XS FSL,加上需要查询的号码,如上例查询5号价格的航路,则为XS FSL5。在系统显示的结果中有多条航路可供选择。

以第16条航路的路线为例。始发城市是北京,经停城市可以是香港、首尔、芝加哥等,目的地应该是洛杉矶,可选择的承运人是UA/CA,注意横线"—"连接的城市可以同时在航程中出现,斜线"/"连接的城市则只可选择其一。如香港和首尔因为是斜线"/"连接,则只允许选择其一作为中途分程点。如旅客的航程符合以上指定航程的路线,则该航程的运价按照指定航程的价格计算,即不用考虑航程中的实际里程,而直接以两点之间的直达公布价格执行,即采用北京—洛杉矶直达公布运价:

```
16*BJS-CA/UA-HKG/SEL-CHI/EWR/LAX/NYC/SFO/WAS-LAX
```

3 指定航程的计算和表达

例如,北京—上海—长崎—东京,BJS—SHA—X/NGS—TYO,Y舱。

首先判断该航程是否为指定航程,通过里程计算查询,得到肯定答案,如下所示:

```
▶xs fsm pekshangs-tyo
FSM    BJS .YY. SHA .YY. NGS- .YY. TYO
CTY    TPM   CUM   MPM   LVL  <HGL  >LWL  25M   XTRA  EXC   GI
BJS
SHA    676   676
XNGS   505   1181  1124  10M   55         1     1405  0     EH
TYO    610   1791  1575        *SPECIFIED ROUTING APPLIES*  EH
RFSONLN/1E /EFEP_15/FCC=D/PAGE 1/1
```

由于本例中,旅客在长崎做非中途分程,则航程符合指定航程要求,不用考虑实际里程。如果依据里程计算原则,超里程比值为1.1371,则超里程附加计算为15%,即运价应附加15%。

通过查询两点之间直达公布运价,该价格为计算区价格,适合于全航程,如下所示:

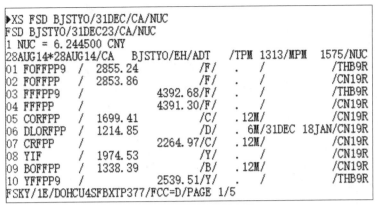

从以上国际航协规则中得知,该航程符合指定航程的计算要素,可按指定航程计算全程运价。按照IATA运价计算步骤表,计算如下(见表8-5)。

表8-5 北京—上海—长崎—东京运价计算

FCP	BJSTYO
NUC	Y OW EH 1974.53
RULE	CN19 S/R
AF	NUC1974.53
IROE	6.2445
LCF	NUC×IROE=1974.53×6.2445=CNY12329.9,根据 H10(0) 取 CNY12330
TAT(FC项票价计算横式)	BJS CA SHA CA X/NGS JP TYO1974.53 NUC1974.53 END IROE6.2445

以上航程的运价计算点为北京和东京,该计算区的运价为1974.53NUC,由于在计算区结尾未发现有里程制的标志英文代号"M",为此可以确定该计算区所采用的计算原则是指定航程。

下面是民航订座系统计算结果,可对比参照。

(1) 选择与旅客舱位一致的运价,并进行运价计算,使用的指令为 XS FSQ3,此处数字"3"表示第三个运价。

(2) 查询该价格的详细计算结果,使用指令 XS FSU3,此处数字"3"也表示第三个运价。

北京—上海—长崎—东京指定航程运价一:

```
FSI/
U*YY         28AUG PEK           SHAOS
U*YY               SHA           NGSOX
U*YY               NGS           TYOOS
01 FIF                21510 CNY       RB        INCL TAX
02 CIF                16860 CNY       RB        INCL TAX
03 YIF                12470 CNY       RB        INCL TAX
*SYSTEM DEFAULT-CHECK EQUIPMENT/OPERATING CARRIER
*ATTN PRICED ON 28AUG14*1609
RFSONLN/1E /EFEP 13/FCC=D/PAGE 1/1
```

北京—上海—长崎—东京指定航程运价二：

```
▶xs fsq3
 BJS
 SHA  YIF              NVB        NVA
 XNGS YIF              NVB        NVA
 TYO  YIF              NVB        NVA
 FARE   CNY   12330
 TAX    CNY     140CN
 TOTAL  CNY   12470
 28AUG14BJS YY SHA YY X/NGS YY TYO1974.53NUC1974.53END ROE6.2
 44500
 *AUTO NO BAGGAGE INFORMATION AVAILABLE
 RFSONLN/1E /EFEP_13/FCC=D/
```

北京—上海—长崎—东京指定航程运价计算详情：

```
▶xs fsu3
FSU3
FARE   CNY   12330
TAX    CNY     140CN
TOTAL  CNY   12470
28AUG14BJS YY SHA YY X/NGS YY TYO1974.53NUC1974.53END ROE6.2
44500
--------------- SOLD IN SHA / TICKETED IN SHA ---------------
PU FARE BASIS    CUR  NUC AMT ELEMENT DESCRIPTION         GI
01 YIF           CNY  1974.53 BJS-TYO YY /OW              EH
                      1974.53    -   TOTAL NUC
CNY TAX        LST CUR CODES DESCRIPTION ------------------
    140           CNY CN/AE AIRPORT FEE
TAX 50CN/90CN
----- IATA RATES OF EXCHANGE USED IN FARE CALCULATION ------
      6.244500  CNY-ROE EFF 01AUG14*31AUG14
RFSONLN/1E /EFEP_13/FCC=D/PAGE 1/1
```

从以上计算结果可知，该航程采用的是指定航程的计算方法，最终计算的结果与理论上的计算方法完全相同，再次印证了理论计算方法的准确性。

由于是指定航程的计算方法，虽然旅客的航程有多个航段，但是计算结果中仍未发现有里程制的英文代号"M"，这也从另一方面证明了系统在运用指定航程计算方法上的可靠性与准确性。

任务四　里程制运价计算

一、IATA里程原则运价计算步骤表

按照IATA里程原则运价计算规则，每一个运价区间或计价单元都包含以下一些基本的计算步骤，可以用缩略语表示，如表8-6所示。

表 8-6　里程原则运价计算步骤表

缩略语	英文/中文含义及说明
FCP	Fare Construction Point,运价构成点 说明:确定运价区间及其端点(运价构成点)
NUC	Neutral Unit of Construction,中间计算单位 说明:确定上述运价构成点之间的用NUC表示的直达运价(直达公布运价或比例运价)
RULE	Rules or Conditions,运价适用规则/限制条件 说明:检查上述运价是否满足适用条件,或是否为指定航程运价
MPM	Maximum Permitted Mileage,最大允许里程 说明:确定上述运价构成点之间的最大允许里程
TPM	Ticketed Point Mileage,客票点里程 说明:计算该运价区间各段实际航行里程之和
EMA	Excess Mileage Allowance,额外里程优惠 说明:检查该运价区间是否有额外里程优惠(如有,则应从TPM中减去EMA)
EMS	Excess Mileage Surcharge,超里程附加费 说明:当TPM<MPM时,计算超里程附加费的百分比
HIP	Higher Intermediate Point,中间较高点 说明:按照运价规则指定的范围,检查该运价区间是否有较高点
RULE	Rules or Conditions,运价适用规则/限制条件 说明:检查上述较高点运价是否满足其适用条件
AF	Applicable Fare,适用的运价 说明:考虑里程和较高点,构成该运价区间的里程原则NUC运价
TTL	Total Fare,运价总额 说明:单运价区间时(单程OW),根据上面步骤,计算全航程的NUC运价总额;多运价计算区间时(来回程RT/环程CT等),根据上面步骤得出的各自适用的运价,加总得到全航程NUC运价
IROE	Rate of Exchange,IATA兑换率 说明:确定该航程的始发国货币的IATA兑换率
LCF	Local Currency Fare,当地货币运价 说明:计算全航程的始发国货币运价(LCF=NUC×IROE)

下面将具体讲述里程原则运价的基本概念和基本步骤。

二、里程原则运价计算的主要概念

对于非直达航程,即联程运输,在计算全程票价时,除按联运航空公司协议定价外,还可以按里程原则计算全程运价。里程原则的主要概念有以下几个:最大允许里程(MPM)、客票点里程(TPM)、额外里程优惠(EMA)、超里程附加费(EMS)。

(一) 最大允许里程(MPM)

最大允许里程(Maximum Permitted Mileage, MPM)是指非直达航程使用航程始发地到目的地之间的直达运价时所允许旅行的最大里程，也就是运价计算区所允许旅行的最大航行里程。该里程用英里数(Mile)表示。旅行的航程方向不同，公布的运价和所适用的最大允许里程也不同。

最大允许里程随票价一起公布，并且大多附有旅行的航程方向性代码，它是在票价区间的两个端点之间旅客航程中所能旅行的最大距离。旅客在旅途中所经过的客票点里程不能超过这个限额，否则就属于超里程，须附加运价。有时候，相同始发地、目的地的航程由于旅行方向不同，会有好几种不同的运价，同时也会有几种不同的最大允许里程。为了选定所适用的最大允许里程，一定要确定正确的航程种类或者旅行的方向性代码。最大允许里程可以在IATA发行的MPM手册或民航计算机订座系统CRS、GDS中查到。

以下为民航计算机订座系统中有关最大允许里程的查询说明。通过使用XS FSM指令，查询广州—首尔的最大允许里程数是1522英里，如下所示：

```
▶XS FSM CANSEL
FSM    CAN .YY. SEL
CTY    TPM   CUM   MPM   LVL   <HGL   >LWL   25M    XTRA   EXC   GI
CAN
SEL    1269  1269  1522  0M    253    0      1902          0           EH
FSKY/1E/31P626ULBWDFO77/FCC=D/PAGE 1/1
```

查询到首尔—纽约的最大允许里程数是8256英里，如下所示：

```
▶XS FSM SELNYC
FSM    SEL .YY. NYC
CTY    TPM   CUM   MPM   LVL   <HGL   >LWL   25M    XTRA   EXC   GI
SEL
NYC    6880  6880  8256  0M    1376   0      10320         0           PA
*ALTERNATIVE GLOBAL ROUTE AT EXISTS FOR SEL-NYC
FSKY/1E/KLARSAEMBX2I166/FCC=D/PAGE 1/1
```

(二) 客票点里程(TPM)

客票点里程(Ticketed Point Mileage, TPM)也称为实际里程，是指在客票的航程栏中填列的所有连续的两个客票点(包括始发地、目的地、转机点)之间的实际航行里程。最大允许里程是有方向性的，而客票点里程是没有方向性的。该里程用英里数表示。客票点里程可以在IATA发行的TPM手册或民航计算机订座系统CRS、GDS中查到。

以下为民航计算机订座系统中有关客票点里程的查询说明。通过使用XS FSM指令，查询广州—纽约的实际里程数是8000英里，最大允许里程数是9600英里，如下所示：

```
▶XS FSM CANNYC
FSM    CAN .YY. NYC
CTY    TPM   CUM   MPM   LVL   <HGL   >LWL   25M    XTRA   EXC   GI
CAN
NYC    8000  8000  9600  0M    1600   0      12000         0           PA
*ALTERNATIVE GLOBAL ROUTE AT EXISTS FOR CAN-NYC
FSKY/1E/BH6RAC3MBVDB511/FCC=D/PAGE 1/1
```

广州是航程始发地,纽约是航程目的地,对于这样一个非直达航程,我们把广州和纽约作为计算区的计算点,因此广州经首尔至纽约为同一个运价计算区,广州—首尔—纽约的最大允许里程数是9600英里,和广州—纽约相比,最大允许里程数未发生变化。因实际里程采用的是累加算法,第一段实际里程为1269英里,第二段实际里程为6880英里,所以广州—首尔—纽约的实际里程总数为8149英里,如下所示:

```
▶XS FSM CANSELNYC
FSM   CAN .YY. SEL .YY. NYC
CTY   TPM   CUM   MPM   LVL  <HGL  >LWL  25M   XTRA  EXC  GI
CAN
SEL   1269  1269  1522  0M   253    0    1902   0         EH
NYC   6880  8149  9600  0M   1451   0    12000  0         PA
*ALTERNATIVE GLOBAL ROUTE AT EXISTS FOR SEL-NYC
FSKY/1E/DFDZ1AEMBWLFS33/FCC=D/PAGE 1/1
```

因此,我们可以更加深刻地理解什么是MPM,什么是TPM。MPM指的是在一个运价计算区内,在始发地和目的地之间被允许的最大的飞行距离。TPM是两点之间最短的、直达的实际飞行的里程,就算两点之间没有航班实际飞行,IATA仍然会公布TPM的里程数。

(三) 额外里程优惠(EMA)

额外里程优惠(Excess Mileage Allowance,EMA)又称客票点里程附减(TPM Deduction),是指非直达航程经由某一特定路线或特定区域、特定地点、特定承运人的航班,可以将优惠的里程数额从TPM总和之中减去,然后再将减去之后的TPM拿去和MPM比较,进行超里程附加的检查与计算。这种方法可以降低超里程附加额。该附减取决于航程的种类和所涉及的票价区间的始发地和目的地。

在运价计算过程中,要将TPM总数和MPM相比较。假如TPM>MPM,则可以查一下里程优惠表,因为如果航程满足表中的条件,便可得到额外里程优惠,减少原来已超出的里程数,甚至不超过MPM,使运价降低。

注意:一个运价区间内,只能享受一次额外里程优惠。EMA在票价计算横式中的代码是"E",后面紧接着指定经过点的城市代码。

承运人会对外公布适用的额外里程优惠表,并按IATA分区进行分类,按运价区间的起讫点所在区域查找。额外里程优惠表实例如表8-7、表8-8所示。

表8-7 EMA表——IATA三区内　　　　　　　　　　　　　　　　　　　单位:英里

Between	And	Via	TPM Deduction
Area 3(Except when travel is wholly within the South Asian subcontinent)	A point in Area 3	Via both BOM and DEL; Via both ISB and KHI	700

表8-8　EMA表——IATA二、三区之间　　　　　　　　　　　　　单位：英里

Between	And	Via	TPM Deduction
Europe	Japan/Korea	Via both BOM and DEL; Via both ISB and KHI	700
Europe	Australia	Via HRE—JNB	518
Europe	Mumbai	Via DEL	700
Europe	Delhi	Via BOM	700
Europe	South Asian Subcontinent	Via both BOM and DEL	700
Middle East	Area 3 Except SWP	Via both BOM and DEL; Via both ISB and KHI	700
Middle East	Mumbai	Via DEL	700
Middle East	Delhi	Via BOM	700
Middle East	Karachi	Via ISB	700
Middle East	Islamabad	Via KHI	700

额外里程优惠表的使用说明如下。

（1）起讫地（或区域）（Between/And）：运价区间的始发地和目的地（运价构成点FCP），或其所在区域。该表仅公布一个方向的情况，但对相反方向也适用。

（2）经由地（Via）：运价区间必须经过的地点/区域/路线，有时还包括指定的承运人二字代码；当公布有多个指定经由点时，对其顺序一般没有限制。也就是说，航程必须经过EMA表中所列出的Via点（包括始发地点、中间点、目的地）。

（3）客票点里程附减（TPM Deduction）：当航程的运价构成点满足EMA表中对起讫点的要求，并且满足Via点的要求时，可以从该航程的TPM总和中减去的英里数。

（4）旅客实际航程的中间点可以增加，这是EMA与S/R辨别和运用的最大区别。

（5）上述EMA表中的"—"为"和"或者"或"，"/"为"或"，当两个城市用"both/and"连接时，表明航程必须同时经由上述两个城市。

例如，判断下列航程是否符合EMA递减的条件。

① KWI—DXB—ISB—KHI—BKK—KUL—HAN—HKG，根据EMA表，TPM递减700英里。

② SHA—HKG—BOM—DEL—CAI—LON，根据EMA表，TPM不变。

③ SHA—HKG—BOM—DEL—CAI，根据EMA表，TPM递减700英里。

④ TYO—SHA—HKG—BOM—DEL—CAI—LON，根据EMA表，TPM递减700英里。

例如，EMA表中IATA三区内查询实例，CAN—BOM—DEL里程递减如下所示：

```
▶XS FSM CANBOMDEL
FSM    CAN .YY. BOM .YY. DEL
CTY   TPM    CUM   MPM  LVL  <HGL  >LWL   25M   XTRA   EXC  GI
CAN
BOM   2611   2611  3156  0M   545    0   3945     0          EH
DEL    708  2619* 2725  0M   106    0   3406   700*         EH
*TPM DEDUCTION APPLIED*
FSKY/1E/D56N4E3VBVDIE44/FCC=D/PAGE 1/1
```

全程经过印度的孟买和德里,均在 IATA 三区内,所以实际里程可递减 700 英里,递减后的里程是 2619 英里,使得原来需要有超里程附加的计算改变为可采用 CAN—DEL 公布直达运价的计算。当前的实际总和已经是递减后的里程,小于最大里程。递减的里程数也出现在里程表中,后面带有星号注明里程递减。

例如,EMA 表中 IATA 二、三区之间查询实例,CAN—KHI—ISB—LON 里程递减如下所示:

```
▶XS FSM CANKHIISBLON
FSM    CAN .YY. KHI .YY. ISB .YY. LON
CTY   TPM    CUM   MPM  LVL  <HGL  >LWL   25M   XTRA   EXC  GI
CAN
KHI  3077*  3077  3692  0M   615    0   4615     0          EH
ISB    689 3066* 3121  0M    55    0   3901   700*         EH
LON  3747  7513  8091  0M   578    0  10113     0          EH
*CONSTRUCTED TPM
*TPM DEDUCTION APPLIED*
FSKY/1E/AE1SRY3VBVDJA77/FCC=D/PAGE 1/1
```

此例为 CAN—KHI—ISB—LON 里程递减(IATA 二、三区之间),同时经过 KHI 和 ISB 时,整个航程的 TPM 可以递减 700 英里,使得原来需要有超里程附加的计算改变为可采用 CAN—LON 公布直达运价的计算。

例如,EMA 表中 IATA 二、三区之间查询实例,MEL—HRE—JNB—LON 里程递减如下所示。

```
▶XS FSM MELHREJNBLON
FSM    MEL .YY. HRE .YY. JNB .YY. LON
CTY   TPM    CUM    MPM  LVL  <HGL  >LWL   25M    XTRA   EXC  GI
MEL
HRE  7440*  7440   8928  0M  1488    0  11160      0          EH
JNB   593   8033   8216  0M   183    0  10270      0          EH
LON  5631 13146* 12915  5M   414  231  16143    518*         EH
*CONSTRUCTED TPM
*TPM DEDUCTION APPLIED*
*ALTERNATIVE GLOBAL ROUTE AP EXISTS FOR MEL-HRE
FSKY/1E/CCE6H6MVBV20188/FCC=D/PAGE 1/1
```

全程在 IATA 二、三区之间,经过津巴布韦的哈拉雷和南非的约翰内斯堡,所以实际里程可递减 518 英里,但是递减后的实际里程仍然大于最大允许里程。因此,本例仍然需要计算超里程附加 5%。

(四)超里程附加费(EMS)

当非直达航程的各客票点之间的里程之和超过该运价区间的最大允许里程时,该航程称为超里程航程。按 IATA 里程原则运价计算规则,可以在 FCP 对应的直达运价基础上,根据里程超额的比例加收超里程附加费,允许超出的最大限度为25%。如超过25%,则采用分段相加最低组合的方法计算票价。超里程附加费的百分比,按下列步骤计算,如表8-9所示。

表8-9 超里程计算原则表

TPM与MPM的比值大于	TPM与MPM的比值小于或等于	EMS
1.00000	1.05000	5%,5M
1.05000	1.10000	10%,10M
1.10000	1.15000	15%,15M
1.15000	1.20000	20%,20M
1.20000	1.25000	25%,25M
1.25000	—	采用分段相加最低组合运价

三、里程原则运价计算应用举例

(一)航程:上海—香港—开罗—罗马

例如,航程为上海—香港—开罗—罗马,在上海付款、出票。请计算全程运价。

TPM	航程	承运人	运价	NUC	MPM
	SHA		SHAROM	1732.63	EH8571
754	HKG	MU	Fare Type: Y		
6111	CAI	CX	ROE:	7.54508	
1329	ROM	CX	LCF:	CNY(H10 D0)	

按照IATA运价计算步骤表,计算如下(见表8-10)。

表8-10 上海—香港—开罗—罗马运价计算

FCP	SHAROM
NUC	Y OW EH 1732.63
RULE	NIL
MPM	EH 8571
TPM	754+6111+1329=8194
EMA	NIL
EMS	TPM<MPM,M
HIP	NIL
RULE	NIL
AF	NUC1732.63
TTL	NUC1732.63
IROE	7.54508
LCF	NUC×IROE=1732.63×7.54508=CNY13072.8,根据H10(0)取CNY13080

说明：

（1）本例运价构成点为SHAROM，运输始发国为中国。

（2）航程经过香港和开罗，没有额外里程优惠。

（3）TPM与MPM的比值小于1，意味着整个行程没有超里程。所以，按照IATA运价计算规则，当航程不超里程，并且没有中间较高点时，可以使用从该航程（SHA—HKG—CAI—ROM）的始发地（SHA）到目的地（ROM）的直达运价。

（4）由此例可见，上海经停香港、开罗至罗马的价格与上海直达罗马的价格一致，因为即使旅客经停香港、开罗，该航程的实际里程总和未超出最大允许里程，所以可以使用公布直达运价。而区别在于，上海经停香港、开罗至罗马的运价计算中，在运价计算点后和价格之前多出一个里程代号"M"，表示本航程的计算按照里程原则进行。

结论：SHA—HKG—CAI—ROM 可以使用 SHA—ROM 的公布直达价格。

（二）航程：上海—曼谷—开罗

例如，航程为上海—曼谷—开罗，在上海付款、出票。请计算全程运价。

```
TPM    航程   承运人    运价            NUC        MPM
       SHA             SHACAI         1690.22    EH6280
1786   BKK    CA       Fare Type:  Y
4509   CAI    TG       ROE:           6.500000
                       LCF:           CNY(H10 D0)
```

按照IATA运价计算步骤表，计算如下（见表8-11）。

表8-11 上海—曼谷—开罗运价计算

FCP	SHACAI
NUC	Y OW EH 1690.22
RULE	NIL
MPM	EH 6280
TPM	1786＋4509＝6295
EMA	NIL
EMS	TPM÷MPM＝6295÷6280＝1.0023，5M
HIP	NIL
RULE	NIL
AF	NUC1690.22×1.05＝NUC1774.73
TTL	NUC1774.73
IROE	6.500000
LCF	NUC×IROE＝1774.73×6.5＝CNY11535.7，根据H10(0)取CNY11540
TAT(FC项票价计算横式)	SHA CA BKK TG CAI 5M 1774.73 NUC1774.73 END IROE6.500000

说明:

(1) TPM与MPM的比值(1.0023)大于1,意味着整个行程超里程。

(2) TPM与MPM的比值(1.0023)小于1.25,即使超里程了,还是可以使用直达航程(SHA—CAI)的运价,但是需要加上运价超里程附加费。

(3) TPM与MPM的比值(1.0023)在1—1.05,超里程附加费按直达行程运价(SHA—CAI 1690.22)的5%计算超里程附加费,运价的5%等于84.511,保留两位小数,运价为84.51。

(4) 当航程超里程时,应在直达运价(SHA—CAI 1690.22)的基础上按一定的百分比加收超里程附加费,本例中为5%,附加费为84.51,则全程SHA—BKK—CAI的运价为1774.73。

(5) 在运价计算点后和价格之前多出一个超里程代号"5M"。

(三) 航程:墨尔本—哈拉雷—约翰内斯堡—伦敦

例如,旅客航程为墨尔本—哈拉雷—约翰内斯堡—伦敦,里程原则运价系统计算结果、里程原则运价计算明细分别如下所示:

```
>XS FSP MEL #CEK #DY HRE #CEK #DY JNB #CEK #DY LON
FSI/
U*EK        Y29DEC MEL           HRE0U
U*EK        Y      HRE           JNB0U
U*EK        Y      JNB           LON0S
01 FOWAU7              112803 CNY            INCL TAX
02 JOWAU7               99843 CNY            INCL TAX
03 WOWAU7               50143 CNY            INCL TAX
04 YOWAU7               30453 CNY            INCL TAX
*CITY CODES FOR DEPARTURE AND/OR ARRIVAL
*SYSTEM DEFAULT-CHECK EQUIPMENT/OPERATING CARRIER
*UM VAT INCLUDED
*ATTN PRICED ON 29DEC23*0246
FSKY/1E/2BCPYU3WBWLJK88/FCC=D/PAGE 1/1
▶


>XS FSQ04
 MEL
 HRE YOWAU7                         NVB      NVA29DEC24 35K
 JNB YOWAU7                         NVB      NVA29DEC24 35K
 LON YOWAU7                         NVB      NVA29DEC24 35K
FARE   AUD 5991.00 EQUIV  CNY    29270
TAX    CNY      293AU CNY    28WG CNY     862XT
TOTAL CNY    30453
29DEC23MEL EK E/HRE EK E/JNB EK LON5M3866.31NUC3866.31END RO
E1.549345
XT CNY 126WY CNY 250CB CNY 108XI CNY 12EV CNY 10UM
XT CNY 74WC CNY 103ZA CNY 179YR
ENDOS *ENDORSABLE/SKYWARDS FLEX/
RATE USED 1AUD=4.88482721CNY
*AUTO BAGGAGE INFORMATION AVAILABLE - SEE FSB
*COMMISSION VALIDATED - DATA SOURCE TRAVELSKY FOR REFERENCE ONLY
TKT/TL28DEC23*2101
COMMISSION  0.00 PERCENT OF GROSS
FSKY/1E/MQEYIVEWBUTL144/FCC=D/
```

```
▶XS FSU04
FSU04
FARE   AUD 5991.00 EQUIV   CNY   29270
TAX  CNY         293AU  CNY        28WG  CNY       862XT
TOTAL CNY       30453
29DEC23MEL EK E/HRE EK E/JNB EK LON5M3866.31NUC3866.31END RO
E1.549345
XT CNY 126WY CNY 250CB CNY 108XI CNY 12EV CNY 10UM
XT CNY 74WC CNY 103ZA CNY 179YR
RATE USED 1AUD=4.88482721CNY
---------------- SOLD IN SHA / TICKETED IN SHA --------------
PU FARE BASIS    CUR  NUC AMT  ELEMENT DESCRIPTION         GI
01 YOWAU7        AUD  3866.31  MEL-LON EK /OW  5M          EH
                      3866.31  -       TOTAL NUC
CNY TAX       LST CUR CODES TYP DESCRIPTION -----------------
    103           ZAR ZA ZA+001 PASSENGER SERVICE CHARGE
TAX 266.05ZA*0394509
    74            ZAR ZA WC+001 AIR PASSENGER TAX
TAX 190.00WC*0145000
    126           AUD AU WY+001 PASSENGER SERVICES CHARGE DEPARTURE INTERNATIONAL
TAX 25.66WY*0157459
    293           AUD AU AU+001 PASSENGER MOVEMENT CHARGE  PMC
TAX 60.00AU*0021250
FSKY/1E/3KQAB13WBX2E311/FCC=D/PAGE 1/2
```

通过系统查询和计算运价,系统给出的结果显示有里程递减,在哈拉雷和约翰内斯堡前有里程递减的符号字母"E",同时由于超里程5%,所以最后的运价计算中出现了"5M"的超里程标志。

查询该运价的详细计算结果,使用指令XS FSU04,此处数字"4"表示第4个运价。根据分析可知,该航程为单一计算单元01,运价基础为普通经济舱,运价为单程经济舱,超里程5%,航程方向性代码是EH(东半球),NUC计算结果为3866.31。

```
▶XS FSD MELLON/1JAN/EK/NUC
01JAN24*01JAN24/EK    MELLON/EH/ADT    /TPM10496/MPM 12915/NUC
82 EKXDFAU1 /           3144.55/E/     .12M/24DEC 09JAN/AU10R
   SEE RULE
83 EKWAFAU1 /           2878.63/E/     .12M/24DEC 09JAN/AU10R
   SEE RULE
84 EKXAFAU1 /           2812.15/E/     .12M/24DEC 09JAN/AU10R
   SEE RULE
85 YOWAU7   /  3682.20             /Y/  .  /           /EK2L
86 YRTAU7   /           6114.84/Y/  .  /              /EK2L
87 YKWOFAU1 /  1991.16             /Y/  .  /24DEC 09JAN/AU10R
   SEE RULE
88 YKXOFAU1 /  1956.95             /Y/  .  /24DEC 09JAN/AU10R
   SEE RULE
89 RKWOFAU1 /  1742.02             /R/  .  /24DEC 09JAN/AU10R
   SEE RULE
90 RKXOFAU1 /  1707.81             /R/  .  /24DEC 09JAN/AU10R
   SEE RULE
91 YKWRFAU1 /           3118.09/Y/     .12M/24DEC 09JAN/AU10R
   SEE RULE
92 YKXRFAU1 /           3065.16/Y/     .12M/24DEC 09JAN/AU10R
   SEE RULE
FSKY/1E/DA314CMWBWLKS33/FCC=D/PAGE 8/11
```

根据以上信息,按照IATA运价计算步骤表,计算如下(见表8-12)。

表 8-12　墨尔本—哈拉雷—约翰内斯堡—伦敦运价计算

FCP	MELLON
NUC	Y OW EH 3682.20
RULE	EK2L
MPM	EH 12915
TPM	7440＋593＋5631＝13664,13664－518＝13146
EMA	E/HREJNB－518
EMS	13146÷12915＝1.01788＜1.05,5M
HIP	NIL
RULE	NIL
AF	NUC3682.20×1.05＝3866.31
TTL	NUC3866.31
IROE	1.549345
LCF	NUC×IROE＝3866.31×1.549345＝AUD5990.2,根据H1(2)取 AUD5991.00
TAT(FC项票价计算横式)	MEL EK E/HRE EK E/JNB EK LON 5M 3866.31 NUC3866.31 END IROE1.549345

从以上计算结果可知,该航程采用的是里程原则的计算方法,软件最终计算结果与采用理论上的计算方法计算的结果完全相同,再次印证了理论计算的可靠性和准确性。

任务五　中间较高点运价计算

在前面所举的例子中,均使用运价构成点之间的直达运价作为非直达航程运价计算的基础。但在实际情况中,有时从始发地到某一中间点,或某一中间点到目的地,或两个中间点之间的运价高于从始发地到目的地(运价构成点FCP)之间的运价,这个较高的运价称为中间较高点运价。也就是说,在旅客的实际航程中,如果出现中间任意两点之间的价格高于运价区的价格,则将该运价称为中间较高点运价。

一、HIP检查的一般规则

(一)中间较高点的定义

中间较高点(Higher Intermediate Point,HIP)规则是里程原则的一部分,它是对运价区间的检查。这种检查保证了从票价区间的始发地到目的地的NUC数额不低于同一票价区间内任一始发地和中途分程点之间、中途分程点和目的地之间或中途分程点之间的

NUC 数额。所要进行比较的 NUC 数额一定是属于同一票价等级或服务等级的。

(二) 中间较高点的检查步骤

无论何种情况,即无论运输凭证是在运输始发国内填开,还是在运输始发国外填开,在选择中间较高点时,我们一般只考虑中途分程点之间的中间较高点运价,而不用考虑非中途分程(中转衔接点)的中间较高点运价。按照运价区间的计算方向检查中间较高点票价。

(1) 从票价区间的始发地到任一中途分程点的直达运价(O-HIP,始发地中间较高点运价)。

(2) 从任一个中途分程点到另一个中途分程点的直达运价(I-HIP,中间点中间较高点运价)。

(3) 从任一个中途分程点到运价区间目的地的直达运价(D-HIP,目的地中间较高点运价)。

例如,下列航程上方的箭头对应的是运价区间的端点(FCP 点,KHI—AKL),下方的 5 个箭头对应的是需要检查 HIP 运价的航段,如图 8-5 所示。

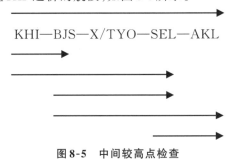

图 8-5 中间较高点检查

如果本例中 KHI—BJS 或 KHI—SEL 的运价高于 FCP 点的运价,称为 O-HIP 运价。
如果本例中 BJS—SEL 的运价高于 FCP 点的运价,称为 I-HIP 运价。
如果本例中 BJS—AKL 或 SEL—AKL 的运价高于 FCP 点的运价,称为 D-HIP 运价。

二、HIP 检查的特殊规则

(一) 中间较高点检查的注意事项

(1) 假如一个运价计算区出现了多个 HIP,中间较高点的计算以较高运价为准。当 FCP 运价低于该价格时,应提高到该运价水平上。

(2) 假如一个运价计算区出现超里程时,那么必须在中间较高点运价基础上再超里程附加,即 EMS 需要附加在 HIP 上。

(二) 中间较高点检查的特殊规则

(1) 当航程中的普通运价有两个及以上的运价时,即 Y1 和 Y2 同时出现,选择较低的价格作为 HIP 检查的标准,但必须遵循该运价的中途分程点和转机点的限制规定。

(2) 在进行中间较高点运价检查时,如果出现多个运价方向的较高点运价,则在选择 HIP 的价格时,按照旅客的实际旅行方向进行。因此,此时的 HIP 方向有可能与全航程的方向不同,需要特别注意。

(3)在进行较高点运价检查时,如果出现多个不同出发日期的较高点运价,在选择此较高点运价时,应按照旅客的实际旅行日期进行。因此,此时较高点的运价日期有可能与实际航程的日期不同,需要引起特别注意。但是运价基础仍然使用全程的运价基础。

(4)在为HIP做正常票价比较时,应在同一服务等级票价中进行比较。例如,P舱票价与P等级票价比较,如果没有P等级票价,则与F等级票价比较。F舱票价与F等级票价比较,如果没有F等级票价,与中间等级票价(C/J)比较;如果也没有中间等级(C/J)票价,则使用下一个低等级票价。C/J舱位票价与C/J等级票价比较,如果没有C/J等级票价,则与Y等级票价比较。但如果有一个以上Y舱票价公布,应与较高的Y舱票价比较。Y舱票价与Y等级票价比较。

三、中间较高点运价计算应用举例

(一)航程:马德里—阿姆斯特丹—东京—香港

例如,航程为马德里—阿姆斯特丹—东京—香港,在马德里付款、出票。请计算全程运价。

TPM	航程	承运人	运价	NUC	RULE	MPM
	MAD		MADHKG	3014.17	Y146	TS10340
909	AMS	IB	AMSHKG	3375.43	Y146	
6007	X/TYO	KL	MADTYO	3858.44	Y146	
1822	HKG	JL	AMSTYO	3955.42	Y146	
			Fare Type: Y			
			ROE:	1.08786		
			LCF:	EUR(H1 D2)		

按照IATA运价计算步骤表,计算如下(见表8-13)。

表8-13 马德里—阿姆斯特丹—东京—香港运价计算

FCP	MADHKG
NUC	Y OW TS 3014.17
RULE	Y146
MPM	TS 10340
TPM	909+6007+1822=8738
EMA	NIL
EMS	TPM÷MPM<1, M
HIP	Y OW TS AMSHKG 3375.43
RULE	Y146
AF	NUC 3375.43
TTL	NUC 3375.43
IROE	1.08786
LCF	NUC×IROE=EUR3671.9,根据H1(2)取EUR3672.00
TAT(FC项票价计算横式)	MAD JB AMS KL X/TYO JL HKG M AMS HKG3375.43 NUC3375.43 END IROE1.08786

(二) 航程：首尔—大阪—莫尔兹比港—悉尼

例如，航程为首尔—大阪—莫尔兹比港—悉尼，在首尔付款、出票。请计算全程运价。

```
TPM     航程    承运人运价          NUC           RULE    MPM
        SEL             SELSYD     Y 1107.93     Y277    EH6212
529     OSA     OZ      OSASYD     Y2 1965.34    Y365    ——
3141    X/POM   PX      No Stopovers Between OSA and SYD
1745    SYD     QF                 Y 2368.23     Y277
                        ROE:       1278.77
                        LCF:       KRW(H100 D0)
```

按照IATA运价计算步骤表，计算如下（见表8-14）。

表8-14 首尔—大阪—莫尔兹比港—悉尼运价计算

FCP	SELSYD
NUC	Y OW EH 1107.93
RULE	Y277
MPM	EH 6212
TPM	529＋3141＋1745＝5415
EMA	NIL
EMS	TPM÷MPM＜1，M
HIP	Y2 OW EH OSASYD 1965.34 Y OSASYD 2368.23
RULE	Y365 No Stopovers Between OSA And SYD
AF	NUC1965.34
TTL	NUC1965.34
IROE	1278.77
LCF	NUC×IROE＝KRW2513217.8，根据H100(0)取 KRW2513300
TAT(FC项票价计算横式)	SEL OZ OSA PX X/POW QF SYD M OSA SYD1965.34 NUC1965.34 END IROE 1278.77

(三) 航程：香港—广州—吉隆坡—伊斯兰堡—卡拉奇—莫斯科—哥德堡

例如，航程为香港—广州—吉隆坡—伊斯兰堡—卡拉奇—莫斯科—哥德堡，在香港付款、出票。请计算全程运价。

```
TPM     航程    承运人   运价              NUC           RULE       MPM
        HKG             HKGGOT    EH 1529.94    Y277       EH8666
74      X/CAN   CZ      KULMOW    EH 2195.59    FE1713.97
1601    KUL     CZ
2817    ISB     PK      ROE:      7.7323
701     KHI     MH      LCF:      HKD(H10 D2)
2593    MOW     SU      Q=NUC4.25
969     GOT     SK
```

按照IATA运价计算步骤表,计算如下(见表8-15)。

表8-15 香港—广州—吉隆坡—伊斯兰堡—卡拉奇—莫斯科—哥德堡运价计算

FCP	HKGGOT
NUC	Y OW EH 1529.94
RULE	Y277
MPM	EH 8666
TPM	74+1601+2817+701+2593+969=8755
EMA	NIL
EMS	TPM÷MPM=1.0102<1.05,5M
HIP	Y OW FE KULMOW 1713.97
RULE	NIL
AF	NUC1713.97×1.05=1799.66+Q4.25=NUC1803.91
TTL	NUC1803.91
IROE	7.7323
LCF	NUC×IROE=HKD13948.3,根据H10(2)取 HKD13950.00
TAT(FC项票价计算横式)	HKG CZ X/CAN Q4.25CZ KUL MH ISB PK KHI SU MOW SK GOT 5M KULMOW1799.66 NUC1803.91 END IROE 7.7323

(四)航程:吉隆坡—北京—马德里

例如,航程为吉隆坡—北京—马德里,在吉隆坡付款、出票。请通过系统查询和计算该航程运价。

吉隆坡—北京—马德里里程计算显示如下:

```
>XS FSM KULBJSMAD
FSM   KUL .YY. BJS .YY. MAD
CTY  TPM   CUM   MPM  LVL  <HGL  >LWL   25M   XTRA  EXC  GI
KUL
BJS  2745  2745  3294  0M   549    0    4117    0         EH
MAD  5721  8466  8334  5M   284   132  10417    0         EH
*ALTERNATIVE GLOBAL ROUTE AP EXISTS FOR BJS-MAD
*ALTERNATIVE GLOBAL ROUTE TS EXISTS FOR BJS-MAD
FSKY/1E/WK4HJP4IBVTAM33/FCC=D/PAGE 1/1
```

从该里程计算中得知,超里程为5%。

从系统运价表中可以查询到 KUL—MAD 的单程、Y舱、EH航线的直达公布运价为 NUC2986.84,而BJS—MAD的单程、Y舱、EH航线的直达公布运价为NUC3157.23。如果使用始发地到目的地的公布直达运价,则 KUL—BJS—MAD 的运价低于 BJS—MAD 的运价,显然不合理。因此,计算非直达航程全程运价时不仅需要考虑里程,也要考虑所谓的中间较高点。

吉隆坡—马德里运价查询显示如下:

```
▶XS FSD KULMAD/10JAN/CA/*Y/NUC
FSD KULMAD/10JAN24/CA/NUC/*Y
1 NUC = 4.687217 MYR
10JAN24*10JAN24/CA    KULMAD/EH/ADT    /TPM 6945/MPM  8334/NUC
01 YOFFAS6  /   2986.84           /Y/   .   /          /8104R
02 YFFAS6   /             4266.92/Y/   .   /           /8104R
FSKY/1E/QPLD5SNIBVLOE33/FCC=D/PAGE 1/1
```

北京—马德里运价查询显示如下：

```
▶XS FSD BJSMAD/10JAN/CA/*Y/NUC
FSD BJSMAD/10JAN24/CA/NUC/*Y
1 NUC = 7.284845 CNY
10JAN24*10JAN24/CA    BJSMAD/EH/ADT    /TPM 5721/MPM  7447/NUC
01 YFFOBB9  /   3157.23           /Y/   .   /          /THB9
02 YFFBB9   /             4510.73/Y/   .   /           /THB9
03 YFFCBB   /             3868.30/Y/   .12M/           /CYCNR
FSKY/1E/UPT4WSNIBXTFY88/FCC=D/PAGE 1/1
```

通过系统查询和计算运价，系统给出的结果显示本例有一个中间较高点：BJS—MAD；应使用最高的中间较高点运价，即BJS—MAD3157.23的直达运价。又因为行程超里程5%，所以HIF 3157.23×1.05=3315.09为全程最终运价。

吉隆坡—北京—马德里系统运价计算结果显示如下：

```
▶XS FSP KUL #CCA #DY BJS #CCA #DY MAD
FSI/
U*CA       Y30DEC KUL       BJSOU
U*CA       Y       BJS       MADOS
01 YOFFAS6                25233 CNY             INCL TAX
*CITY CODES FOR DEPARTURE AND/OR ARRIVAL
*SYSTEM DEFAULT-CHECK EQUIPMENT/OPERATING CARRIER
*ATTN PRICED ON 30DEC23*0010
 KUL
 BJS YFFOBB9                     NVB      NVA30DEC24 1PC
 MAD YFFOBB9                     NVB      NVA30DEC24 1PC
FARE   MYR15539.00 CNY    23910
TAX    CNY       31G1 CNY       2H8 CNY       1290XT
TOTAL  CNY         25233
30DEC23KUL CA BJS CA MAD5M BJSMAD3157.23NUC3315.09END ROE4.687217
XT CNY 113MY CNY 90CN CNY 1087YQ
ENDOS *Q/NON-END/PENALTY APPLS
RATE USED 1MYR=1.53862624CNY
*AUTO BAGGAGE INFORMATION AVAILABLE - SEE FSB
*COMMISSION VALIDATED - DATA SOURCE TRAVELSKY FOR REFERENCE ONLY
TKT/TL30DEC23*0001
COMMISSION  0.00 PERCENT OF GROSS
FSKY/1E/PV5CYRVIBU2E333/FCC=D/PAGE 1/1
```

查询该运价的详细计算结果，使用指令XS FSU01，此处数字"1"表示第一个运价，该航程为单一计算单元01，运价基础为普通经济舱，运价为单程经济舱，超里程5%，航程方向性代码是EH（东半球），NUC计算结果为3315.09。

吉隆坡—北京—马德里系统运价计算明细如下：

```
▶XS FSU01
FSU01
FARE    MYR15539.00 EQUIV    CNY   23910
TAX     CNY     31G1 CNY       2H8 CNY      1290XT
TOTAL CNY    25233
30DEC23KUL CA BJS CA MAD5M BJSMAD3157.23NUC3315.09END ROE4.687217
XT CNY 113MY CNY 90CN CNY 1087YQ
RATE USED 1MYR=1.53862624CNY
--------------- SOLD IN SHA / TICKETED IN SHA ---------------
PU FARE BASIS    CUR   NUC AMT ELEMENT DESCRIPTION        GI
01 YFFOBB9       MYR   3315.09 KUL-MAD CA /OW  5M BJSMAD   EH
                       3315.09    -    TOTAL NUC
CNY TAX     LST CUR CODES TYP DESCRIPTION ---------------------
       2         MYR MY H8+001 REGULATORY CHARGE DOMESTIC AND INTERNATIONAL
TAX 1.00H8*0225000
      31         MYR MY G1+001 DEPARTURE LEVY
TAX 20.00G1*0108750
     113         MYR MY MY+001 PASSENGER SERVICE AND SECURITY CHARGE
TAX 73.00MY*0045000
      90         CNY CN CN+001 AIRPORT FEE
TAX 90CN*0025000
    1087         EUR     YQ    *CA CARRIER IMPOSED MISC FEE
TAX 315YQ*0650140*01/772YQ*0650145*02
FSKY/1E/GF36PFVIBUDMU66/FCC=D/PAGE 1/2
```

根据以上运价信息,按照IATA运价计算步骤表,计算如下(见表8-16)。

表8-16 吉隆坡—北京—马德里运价计算

FCP	KULMAD
NUC	Y OW EH 2986.84
RULE	8104
MPM	EH 8334
TPM	2745+5701=8466
EMA	NIL
EMS	TPM÷MPM=1.01583<1.05,5M
HIP	Y OW EH BJSMAD 3157.23
RULE	THB9
AF	NUC3157.23×1.05=3315.09
TTL	NUC3315.09
IROE	4.687217
LCF	NUC×IROE=3315.09×4.687217=MYR15538.5,根据N1(2)取 MYR15539.00
TAT(FC项票价计算横式)	KUL CA BJS CA MAD 5M BJSMAD3157.23 NUC3315.09 END IROE4.687217

从以上计算结果可知,该航程采用的是里程原则和中间较高点检查的计算方法,最终计算结果与理论上的计算方法完全相同,再次印证了理论计算的可靠性和准确性。

任务六 来回程与环程运价计算

一、来回程概述

(一) 来回程的定义

来回程(Round Trip,RT)是指旅行由一点出发,经某一折返点(Turnaround Point),然后再回到原出发点,并且全程使用航空运输的航程。不论其去程(Outbound)和回程(Inbound)的旅行路线是否相同,它仅含两个运价计算区间并且使用相同的1/2 RT运价。

(二) 来回程的主要特征

(1) 全程仅由两个运价计算区间,即去程和回程组成。

(2) 去程和回程均具有相同的从始发地到折返点方向的同等级1/2 RT运价。

(三) 来回程运价计算的一般规则

(1) 来回程的去程和回程运价计算区间均应使用从始发地到折返点方向计算的1/2 RT运价。

(2) 在每个非直达的运价计算区间内,里程原则运价的计算规则均适用。

(3) 除非另有规定,在一般情况下,当没有公布RT运价时,可以用OW运价乘以2代替RT运价。

二、环程概述

(一) 环程的定义

环程(Circle Trip,CT)是指旅行从一点出发,经一条环形、连续的航空路线,最后又返回原出发点的航程。环程也由两个运价区间组成,但不满足来回程条件的封闭航程。

(二) 环程的主要特征

(1) 环程可以由两个及以上的运价区间组成。

(2) 当环程由两个运价计算区间组成时,去程区间和回程区间有不同的从始发地到折返点方向的1/2 RT运价。

(三) 环程和来回程的不同

(1) 来回程的去程和回程运价计算区间的数额相同,而环程的数额不同。

(2)来回程只有两个运价计算区间,环程可以有两个及以上的运价计算区间。

三、来回程与环程的一般计算原则

(1)一般情况下,选择里程允许最大点为该航程的运价组合点,可以根据航程的MPM来决定。当然,也可以选择其他的地点作为航程的运价组合点。考虑该点可以组合成较低的运价,虽然该点的MPM不是最高,但是组合后的运价较低。初学者可以先选择最高的MPM点作为全程的运价组合点。

(2)在每个计算区使用一般的运价计算原则,如EMS、HIP等,使用RT运价除以2计算求出1/2 RT运价。除非另有规定,在一般情况下,当没有公布RT运价时,可以用OW运价乘以2代替RT运价。

(3)最终进入始发国的计算区,应使用从始发国开始的价格,其他计算区仍应使用与旅行方向相同的价格。

(4)对于HIP检查,必须使用与运价区运价方向相同的运价。也就是说,进入始发国的运价计算区,HIP运价也应与计算区内运价方向保持一致,即和旅行方向相反的价格。

(5)如果在一个运价计算区内有两个及以上的价格,例如Y1和Y2,则可以使用较低级别的运价,即Y2,只要航程符合该运价中的限制条件,如Stopovers、Transfers等。

四、来回程与环程的运价计算应用举例

(一)航程:北京—伦敦—马德里—曼谷—北京

例如,航程为北京—伦敦—马德里—曼谷—北京,在北京付款、出票。请计算全程运价。

TPM:　　　　　5053　　　785　　　6327　　　2052
　　　　　BJS—CA—LON—BA—MAD—TG—BKK—CA—BJS

相关运价信息如表8-17所示。

表8-17　运价信息

运价(Fares)	舱位(Class)	航程(Journey)	中间计算单位(NUC)	规则代号(RULE)	最大允许里程(MPM)
BJSLON	Y	RT运价	4339.78	Y146	7480
BJSMAD			3694.61	Y146	7448
BJSBKK			965.33	Y146	2462
BKKMAD			2256.09	Y146	
BKKLON			2393.55	Y146	

IROE:6.345000,CNY,H10(0)

根据以上运价信息,选择最远的点LON为运价折返点。按照IATA运价计算步骤表,计算如表8-18所示。

表 8-18 北京—伦敦—马德里—曼谷—北京运价计算(一)

FCP:BJSLON	FCP:BJSLON
NUC:Y 1/2 RT EH 2169.89	NUC:Y 1/2 RT EH 2169.89
RULE:Y146	RULE:Y146
MPM:EH 7480	MPM:EH 7480
TPM:5053	TPM:785+6327+2052=9164
EMA:NIL	EMA:NIL
EMS:TPM÷MPM<1, M	EMS:9164÷7480=1.22, 25M
HIP:NIL	HIP:NIL
RULE:NIL	RULE:NIL
AF:NUC 2169.89	AF:NUC2169.89×1.25=2712.36
TTL:NUC2169.89+2712.36=4882.25	
IROE:6.345000	
LCF:NUC×IROE=CNY30977.8,根据H10,0D取CNY30980	
TAT(FC项票价计算横式):BJS CA LON M2169.89BA MAD TG BKK CA BJS 25M 2712.36 NUC4882.25 END IROE6.345000	

通过分析上面案例的运价信息,我们发现BJS—MAD的里程与BJS—LON的里程接近,价格却少了645.17 NUC,这时我们选择MAD作为运价折返点来进行计算,对比一下。

按照IATA运价计算步骤表,计算如下(见表8-19)。

表 8-19 北京—伦敦—马德里—曼谷—北京运价计算(二)

FCP:BJSMAD	FCP:BJSMAD
NUC:Y 1/2 RT EH 1847.30	NUC:Y 1/2 RT EH 1847.30
RULE:Y146	RULE:Y146
MPM:EH 7480	MPM:EH 7480
TPM:5053+785=5838	TPM:6327+2052=8379
EMA:NIL	EMA:NIL
EMS:TPM÷MPM<1, M	EMS:8379÷7448=1.125, 15M
HIP:Y 1/2 RT EH BJSLON 2169.89	HIP:NIL
RULE:Y146	RULE:NIL
AF:NUC 2169.89	AF:NUC1847.30×1.15=2124.39
TTL:NUC2169.89+NUC2124.39=4294.28	
IROE:6.345000	
LCF:NUC×IROE=CNY27247.2,根据H10,0D取CNY27250	
TAT(FC项票价计算横式):BJS CA LON BA MAD M BJSLON 2169.89 TG BKK CA BJS 15M 2124.39 NUC4294.28 END IROE6.345000	

说明：经过对比，选择MAD作为运价折返点来计算的结果比选择LON作为运价折返点来计算的结果少了3730元。所以，我们在来回程或环程运价计算时，选择哪个运价组合点，主要考虑的是，该点是否可以组合成较低的运价，即使该点的MPM不是最高，但是组合后的运价较低。

（二）航程：香港—曼谷—孟买—德里—孟买—香港

例如，航程为香港—曼谷—孟买—德里—孟买—香港，在香港付款、出票。请计算全程运价。

TPM： 1065　　1871　　708　　708　　2673
　　　　HKG—CX—BKK—TG—X/BOM—IC—DEL—AI—BOM—CX—HKG

运价	舱位	航程	中间计算单位	规则代号	最大允许里程
FARES	Y	RT	NUC	RULE	MPM
HKGBKK			528.80	Y146	EH 1278
HKGBOM			1024.22	Y146	EH 3207
HKGDEL			965.18	Y146	EH 2814
BKKBOM			798.00		
BKKDEL			719.94		
BOMDEL			253.00		
IROE：7.732300，HKD，H10(0)，Q=NUC4.25					

选择DEL作为运价折返点，按照IATA运价计算步骤表，计算如下（见表8-20）。

表8-20　香港—曼谷—孟买—德里—孟买—香港运价计算

FCP：HKGDEL	FCP：HKGDEL
NUC：Y 1/2 RT EH 482.59	NUC：Y 1/2 RT EH 482.59
RULE：Y146	RULE：Y146
MPM：EH 2814	MPM：EH 2814
TPM：1065+1871+708=3644−700=2944	TPM：708+2673=3381−700=2681
EMA：E/BOM−700	EMA：E/BOM−700
EMS：TPM/MPM=2944÷2814=1.0461，5M	EMS：TPM÷MPM<1，M
HIP：NIL	HIP：Y 1/2RT EH HKGBOM 512.11
RULE：NIL	RULE：Y146
AF：NUC 482.59×1.05=506.71+Q4.25=510.96	AF：NUC512.11
TTL：NUC510.96+ NUC512.11=NUC1023.07	
IROE：7.732300	
LCF：NUC×IROE=HKG7910.6，根据H10,0D取HKD7920	
TAT（FC项票价计算横式）：HKG CX BKK Q4.25TG X/E/BOM IC DEL 5M 510.96 AI E/BOM CX HKG M HKGBOM 512.11 NUC1023.07 END IROE7.732300	

说明：本例选择 DEL 作为运价折返点，去程有 EMA 优惠了 700 英里的里程，仍然加收 5% 的超里程附加费，又因为是香港出发的，需要缴纳安全附加费 Q 值 4.25 NUC，最后的去程 AF 价格为 510.96 NUC；回程也有 EMA 优惠了 700 英里的里程，没有超里程，但是存在一个 HIP，经过计算，最后的 AF 价格为 512.11 NUC。

（三）航程：吉隆坡—北京—马德里

例如，航程为吉隆坡—北京—马德里，KUL—BJS—MAD—X/BJS—KUL，经济舱来回程，在吉隆坡付款、出票。请通过系统查询和计算该航程运价。

首先检查里程情况，吉隆坡—北京—马德里里程计算如下：

```
▶XS FSM KULBJSMAD
FSM   KUL .YY. BJS .YY. MAD
CTY  TPM   CUM   MPM  LVL  <HGL  >LWL   25M   XTRA  EXC  GI
KUL
BJS  2745  2745  3294  0M   549    0   4117          0        EH
MAD  5721  8466  8334  5M   284   132  10417         0        EH
*ALTERNATIVE GLOBAL ROUTE AP EXISTS FOR BJS-MAD
*ALTERNATIVE GLOBAL ROUTE TS EXISTS FOR BJS-MAD
FSKY/1E/WK4HJP4IBVTAM33/FCC=D/PAGE 1/1
```

从该里程计算中得知，去程和回程的超里程均为 5%。

从系统运价表中可以查询到 KUL—MAD 的 1/2 RT 来回程、Y 舱、EH 航线的直达公布运价为 2133.46 NUC，而 BJS—MAD 的 1/2 RT 来回程、Y 舱、EH 航线的直达公布运价为 2255.36 NUC。

吉隆坡—马德里 RT 运价查询显示如下：

```
▶XS FSD KULMAD/10JAN/CA/*Y/NUC
FSD KULMAD/10JAN24/CA/NUC/*Y
1 NUC = 4.687217 MYR
10JAN24*10JAN24/CA    KULMAD/EH/ADT    /TPM 6945/MPM 8334/NUC
01 YOFFAS6 /    2986.84          /Y/  .  /        /8104R
02 YFFAS6  /            4266.92/Y/  .  /        /8104R
FSKY/1E/QPLD5SNIBVLOE33/FCC=D/PAGE 1/1
```

北京—马德里 RT 运价查询显示如下：

```
▶XS FSD BJSMAD/10JAN/CA/*Y/NUC
FSD BJSMAD/10JAN24/CA/NUC/*Y
1 NUC = 7.284845 CNY
10JAN24*10JAN24/CA    BJSMAD/EH/ADT    /TPM 5721/MPM 7447/NUC
01 YFFOBB9 /    3157.23          /Y/  .  /        /THB9
02 YFFBB9  /            4510.73/Y/  .  /        /THB9
FSKY/1E/FLVKKQNZBU2NO88/FCC=D/PAGE 1/1
```

通过系统查询和计算运价，系统给出的结果显示本例运价折返点是 MAD。本例去程有一个中间较高点（为 BJS—MAD），去程应使用最高的中间较高点运价，即 BJS—MAD 的 1/2 RT 来回程运价 2255.36。又因为行程超里程 5%，所以 HIF 2255.36×1.05=2368.12 为去程最终运价。本例回程因 BJS 是非中途分程点，不符合中间较高点运价计算条件，因此不用进行中间较高点运价计算。又因为行程超里程 5%，所以 2133.46×1.05=2240.13 为回程最终运价。

KUL—BJS—MAD—X/BJS—KUL 系统运价计算结果显示如下：

```
▶XS FSQ01
  KUL
    BJS YFFAS6                              NVB       NVA30DEC24 1PC
    MAD YFFAS6                              NVB       NVA30DEC24 1PC
  X/BJS YFFAS6                              NVB       NVA30DEC24 1PC
    KUL YFFAS6                              NVB       NVA30DEC24 1PC
FARE   MYR21600.00 EQUIV   CNY    33240
TAX  CNY      31G1 CNY       2H8 CNY     2657XT
TOTAL CNY    35930
30DEC23KUL CA BJS CA MAD5M BJSMAD2368.12CA X/BJS CA KUL5M2240.13
NUC4608.25END ROE4.687217
XT CNY 113MY CNY 180CN CNY 159JD CNY 50G CNY 26QV
XT CNY 2174YQ
ENDOS *Q/NON-END/PENALTY APPLS
RATE USED 1MYR=1.53862624CNY
*AUTO BAGGAGE INFORMATION AVAILABLE - SEE FSB
*COMMISSION VALIDATED - DATA SOURCE TRAVELSKY FOR REFERENCE ONLY
TKT/TL30DEC23*0001
COMMISSION  0.00 PERCENT OF GROSS
FSKY/1E/DORASI4ZBWLNQ66/FCC=D/
```

查询该运价的详细计算结果,使用指令XS FSU01,此处数字"1"表示第一个运价,该航程为单一计算单元01,运价基础为普通经济舱,运价为1/2 RT来回程经济舱,去程含一个中间较高计算点BJS—MAD,去程和回程均超里程5%,航程方向性代码均为EH(东半球),NUC计算结果为4608.25。

KUL—BJS—MAD—X/BJS—KUL系统运价计算明细如下:

```
▶XS FSU01
FSU01
FARE   MYR21600.00 EQUIV   CNY    33240
TAX  CNY      31G1 CNY       2H8 CNY     2657XT
TOTAL CNY    35930
30DEC23KUL CA BJS CA MAD5M BJSMAD2368.12CA X/BJS CA KUL5M2240.13
NUC4608.25END ROE4.687217
XT CNY 113MY CNY 180CN CNY 159JD CNY 50G CNY 26QV
XT CNY 2174YQ
RATE USED 1MYR=1.53862624CNY
--------------- SOLD IN SHA / TICKETED IN SHA ---------------
PU FARE BASIS       CUR   NUC AMT ELEMENT DESCRIPTION        GI
01 YFFAS6           MYR  2368.12 KUL-MAD CA /HR  5M BJSMAD   EH
01 YFFAS6           MYR  2240.13 KUL-MAD CA /HR  5M          EH
                         4608.25    -    TOTAL NUC
CNY TAX     LST CUR CODES TYP DESCRIPTION ----------------------
     26          EUR ES QV+003 SECURITY TAX
TAX 3.27QV*0510000
      5          EUR ES OG+001 AVIATION SAFETY AND SECURITY FEE
TAX 0.63OG*0450000
    180          CNY CN CN+001 AIRPORT FEE
TAX 90CN*0025000/90CN*0025000
    113          MYR MY MY+001 PASSENGER SERVICE AND SECURITY CHARGE
FSKY/1E/6XPB1Z4ZBX2C055/FCC=D/PAGE 1/2
▶XS FSPN
TAX 73.00MY*0045000
     31          MYR MY G1+001 DEPARTURE LEVY
TAX 20.00G1*0108750
      2          MYR MY H8+001 REGULATORY CHARGE DOMESTIC AND INTERNATIONAL
TAX 1.00H8*0225000
    159          EUR ES JD+003 DEPARTURE CHARGE
TAX 20.20JD*0312500
   2174          EUR    YQ   *CA CARRIER IMPOSED MISC FEE
TAX 315YQ*0650140*01/772YQ*0650145*02/772YQ*0650145*03/315YQ*0650140*04
----- IATA RATES OF EXCHANGE USED IN FARE CALCULATION ------
         4.687217   MYR-ROE EFF 30DEC23*30DEC23
FSKY/1E/6XPB1Z4ZBX2C055/FCC=D/PAGE 2/2
```

根据以上显示的运价信息,按照IATA运价计算步骤表,计算如下(见表8-21)。

表 8-21　吉隆坡—北京—马德里运价计算

FCP：KULMAD	FCP：KULMAD
NUC：Y 1/2 RT EH 2133.46	NUC：Y 1/2 RT EH 2133.46
RULE：8104	RULE：8104
MPM：EH 8334	MPM：EH 8334
TPM：2745＋5701＝8466	TPM：2745＋5701＝8466
EMA：NIL	EMA：NIL
EMS：TPM÷MPM＝1.01583＜1.05，5M	EMS：TPM÷MPM＝1.01583＜1.05，5M
HIP：Y OW 1/2 RT BJSMAD 2255.36	HIP：NIL
RULE：THB9	RULE：NIL
AF：NUC2255.36×1.05＝2368.12	AF：NUC2133.46×1.05＝2240.13

TTL：NUC2368.12＋2240.13＝4608.25

IROE：4.687217

LCF：NUC×IROE＝4608.25×4.687217＝MYR21599.8，根据 N1(2)取 MYR21600.00

TAT(FC 项票价计算横式)：KUL CA BJS CA MAD 5M BJSMAD2368.12CA X/BJS CA KUL 5M 2240.13 NUC4608.25 END IROE4.687217

从以上计算结果可知，该航程采用的是里程原则和中间较高点检查的计算方法，最终计算结果与理论上的计算方法完全相同，再次印证了理论计算的可靠性和准确性。

任务七　特殊运价的应用

一、特殊运价的定义

特殊运价(Special Fares)是指那些比普通运价具有多种限制条件的、更优惠的促销价格。

这些限制条件主要包括如下几点。

(1) 最短和最长停留时间的要求(Length of stay such as minimum and maximum stay requirements)。

(2) 提前购票的要求(Advance purchase requirements)。

(3) 订座、付款和出票的要求(Reservations, payment and ticketing limits)。

(4) 旅行日期和时间的要求(Day/time of travel)。

(5) 资格限制(Eligibility restrictions)。

(6) 退票和变更的限制(Refundability and changeability)。

大部分的特殊运价都会在PAT运价表中进行公布,以供查阅。

二、特殊运价的类别

特殊运价可以分为五个主要类别。

(一)公众特殊运价

公众特殊运价(Public Special Fares)包括迟订座运价、提前购买旅游运价、购买旅游运价、旅游运价等。

❶ 迟订座运价

迟订座运价(Late Booking Fare)适合于在航班起飞前最后一刻或者起飞前24小时购票的旅客。它属于最低价格。

❷ 提前购买旅游运价

提前购买旅游运价(Advance Purchase Excursion Fare,APEX Fare)适合于提前购票的旅客,需要在航班起飞前最低天数前支付,并且不允许出现不定期航段,更改和取消也要支付相应费用。

❸ 购买旅游运价

购买旅游运价(Purchase Excursion,PEX Fare)与AEX Fare相同,不允许出现不定期航段,区别是不要求提前购票,但是在预订成功后要及时付款,更改和取消也要支付相应费用。

❹ 旅游运价

旅游运价(Excursion Fare)是特殊运价的最高级别,适合于度假旅游的旅客,有最短和最长停留时间的限制,通常允许出现不定期航段,更改和取消不收费。

(二)全包旅游运价

全包旅游运价(Inclusive Tour Fares)包含空中和地面交通的全包价格,通常由旅行社对外销售,以旅行团的形式进行推广。全包旅游运价包括团队全包旅游运价和散客全包旅游运价两种。

(三)公众团队运价

公众团队运价(Public Group Fares)运价适合于没有地接的团队旅游者,有最少团队人数的要求。公众团队运价包括共同兴趣团队运价、奖励旅游团队运价、非亲友团队运价、亲友团队运价等。

① 共同兴趣团队运价

共同兴趣团队运价(Common Interest Group Fares)适合于有共同兴趣乘坐同一航班前往同一目的地的旅客。

② 奖励旅游团队运价

奖励旅游团队运价(Incentive Group Fares)适合于同一商业机构或者代理人的奖励性的团队旅游者。

③ 非亲友团队运价

非亲友团队运价(Non-affinity Group Fares)适合于没有亲属关系或者非同一公司的团队旅客,只是组团来享受团队折扣。

④ 亲友团队运价

亲友团队运价(Affinity Group Fares)适合于同一公司或者协会的团队成员,区别于普通大众。

(四)指定旅客的折扣运价

指定旅客的折扣运价(Reduced Fares for Specific Categories of Persons)通常以正常票价的百分比来表示,适合于特定类别的人。指定旅客的折扣运价包括被放逐/遣返运价Deportee/Repatriation Fare)、外交官/政府公务员运价(Diplomat/Government Fare)、家庭运价(Family Fare)、劳工运价(Labour Fare)、移民运价(Migrant Fare)、军人运价(Military Fare)、难民运价(Refugee Fare)、学生运价(Student Fare)、夫妻运价(Spouse Fare)、教师运价(Teacher Fare)、青年运价(Youth Fare)等。

(五)其他类别运价

其他类别运价(Miscellaneous fares)是指不属于上述类型的其他特殊运价。

三、标准运输条件

(一)标准运输条件的内容

所有运价在使用的时候都应当遵循国际航协的标准运输条件。标准运输条件中的详细内容使用30个标准项来进行描述,从第0项到第29项。标准运输条件分为A和B两部分:A部分是标准运输条件,B部分是约束条件或者对约束条件的注释,可以理解为对A部分的补充说明。大部分情况下,只需要查阅A部分的内容即可,如果某一项内容不够明确时,就需要查阅B部分。其中,特殊运价适用的规则是SC100,如图8-6所示。普通运价适用的规则是SC101。

SC100 - Standard Condition for Special Fares (based on IATA Resolution 100)

Part 1 Standard Condition (Definitions are in General Rule 1.2)

Part 2 the following Governing Conditions and General Rules always apply unless specifically overridden in the fare rule

0) APPLICATION
  A) 1) Application
      see the fare rule
    2) Fares
      a) shown in the fares pages
      b) fares only apply if purchased before departure
         Exception: may be used for enroute upgrading from a lower fare provided all conditions of these fares are met
      c) when fares are expressed as a percentage of a normal fare and more than one level of normal fare exists, the percentage will be applied on the highest normal fare for the class of service used
    3) Passenger Expenses
      not permitted

  B) 1) Types of Trip
      General Rule 2.7
      one way, round trip, circle trip, open jaw
    2) Passenger Expenses
      if permitted, General Rule 8.4

1) ELIGIBILITY
  A) 1) Eligibility
      no requirements
      Exception: unaccompanied infant: not eligible
    2) Documentation
      not required

2) DAY/TIME
  A) no restrictions
    Carrier Fares Rules Exception: midweek and weekend periods
      midweek: Mon, Tue, Wed, Thu
      weekend: Fri, Sat, Sun

  B) Midweek/Weekend Application
    the day of departure on the first international sector in each direction determines the applicable fare
    Carrier Fares Rules Exception: transatlantic/transpacific midweek/weekend fares: the date of departure on each transatlantic/transpacific sector determines the applicable fare

3) SEASONALITY
  A) no restrictions

  B) Seasonal Application
    the date of departure on the first international sector of the pricing unit determines the fare for the entire pricing unit
    Carrier Fares Rules Exception: transatlantic/transpacific seasonal fares: the date of departure on the outbound transatlantic/transpacific sector determines the applicable fare for the entire pricing unit

4) FLIGHT APPLICATION
  A) no restrictions
    Carrier Fares Rules Exception: travel is restricted to services of carriers listed in Paragraph 0) Application

  B) General Rule 2.4

5) RESERVATIONS AND TICKETING
  A) APEX/Super APEX
    1) Reservations
      a) deadline: see the fare rule
      b) must be made for the entire pricing unit in accordance with the deadline
    2) Ticketing
      a) deadline: see the fare rule
      b) tickets must show reservations for the entire pricing unit
    PEX/Super PEX
    1) Reservations
      a) must be made at the same time as ticketing
      b) must be made for the entire pricing unit
    2) Ticketing
      a) must be completed at the same time as reservations
      b) tickets must show reservations for the entire pricing unit
    Other Individual Fares
    1) Reservations
      no restrictions
    2) Ticketing
      no restrictions
    Group Fares
    1) Reservations
      must be made for the entire pricing unit
    2) Ticketing
      no restrictions

  B) inclusive tour fares: General Rule 18

6) MINIMUM STAY
  A) 1) no requirement
    2) Waiver of Minimum Stay
      after ticket issuance: permitted only in the event of death of an immediate family member or an accompanying passenger

  B) 1) Minimum Stay
      the number of days counting from the day after departure, or the number of months counting from the day of departure, on the first international sector of the pricing unit to the earliest day return travel may commence from the last stopover point (including for this purpose the point of turnaround) outside the country of unit origin
      Carrier Fares Rules Exception: transatlantic/transpacific/within western hemisphere carrier fares: General Rule 2.1.8
    2) Waiver of Minimum Stay
      General Rule 15.6

7) MAXIMUM STAY
  A) 12 months

  B) Maximum Stay
    the number of days counting from the day after departure, or the number of months counting from the day of departure, to the last day return travel may commence from the last stopover point (including for this purpose the point of turnaround)
    Carrier Fares Rules Exception: transatlantic/transpacific/within western hemisphere carrier fares: General Rule 2.1.8

8) STOPOVERS
  A) not permitted

  B) General Rule 2.1.9

9) TRANSFERS
  A) unlimited permitted

  B) 1) General Rule 2.1.10
    2) if there are limitations on the number of transfers: each stopover uses one of the transfers permitted

图 8-6　标准运输条件 SC100

SC100 - Standard Condition for Special Fares (based on IATA Resolution 100)

10) **CONSTRUCTIONS AND COMBINATIONS**
    A) 1) **Constructions**
    unspecified through fares may be established by construction with applicable add-ons
    2) **Combinations**
    a) end-on and side trip combinations permitted
    b) in the case of round trip special fares, one half of a fare established under one fare rule may not be combined with
        i) one half of a fare established under another fare rule
        ii) normal fares between the country of unit origin and the country of turnaround
    c) notwithstanding b), half round trip combination permitted with carrier specified fares if the carrier fare authorises such combination, provided
        i) combination only permitted within the same conference area
        ii) combination only permitted with the same fare type
        iii) the most restrictive conditions apply

    B) 1) **Constructions**
    General Rule 2.5.6.1
    2) **Combinations**
    when combining fares within a pricing unit, the more restrictive conditions apply; this requirement shall apply to all paragraphs except Paragraphs 2) Day/Time, 3) Seasonality, 4) Flight Application, 9) Transfers, 11) Blackout Dates, 12) Surcharges, 17) Higher Intermediate Point and Mileage Exceptions, 19) Children and Infant Discounts
    3) except as otherwise specified in a fare rule
    a) where end-on combination is permitted the conditions of the special fare (including Paragraph 0) Application) apply only to the use of the special fare and not to any combined fares
    b) any end-on combination restriction applies to the entire journey
    Exception: notwithstanding any other rule, end-on combinations to/from USA

11) **BLACKOUT DATES**
    A) no restrictions

12) **SURCHARGES**
    A) no requirements

13) **ACCOMPANIED TRAVEL**
    A) no requirements

14) **TRAVEL RESTRICTIONS**
    A) no restrictions

15) **SALES RESTRICTIONS**
    A) 1) Advertising and Sales
    no restrictions
    2) Extension of Validity
    as provided in General Rule

    B) 1) Advertising and Sales
    a) sales shall include the issuance of tickets, miscellaneous charges orders (MCOs), multiple purpose documents (MPDs) and prepaid ticket advices (PTAs)
    b) advertising: any limitations on advertising shall not preclude the quoting of such fares in company tariffs, system timetables and air guides
    2) Extension of Validity
    General Rules 15.5.1 and 15.5.2

16) **PENALTIES**
    A) 1) Cancellation, No-Show, Upgrading
    no restrictions
    2) Rebooking and Rerouting
    Individual Fares
    a) voluntary: permitted
    b) involuntary: permitted
    Group Fares
    a) voluntary: not permitted
    b) involuntary: permitted

    B) 1) Cancellation, No-Show, Upgrading
    a) General Rule 9.3
    b) inclusive tour fares: General Rule 18
    2) Rebooking and Rerouting
    a) voluntary: General Rule 15.11, 15.7, 15.8 and provisions for rebooking and rerouting in case of illness
    b) involuntary: General Rule 15.11 and 15.9
    3) Multiple Penalties
    a) for half round trip combination if a penalty applies to each half round trip fare, then the highest penalty charge applies for the pricing unit
    b) when 2 or more pricing units are combined on one ticket and each pricing unit has a penalty charge, then the penalty established for each pricing unit applies

17) **HIGHER INTERMEDIATE POINT AND MILEAGE EXCEPTIONS**
    A) specific exceptions are shown in the fare rule
    B) General Rules 2.9 and 2.4.2

18) **TICKET ENDORSEMENTS**
    A) APEX/Super APEX/PEX/Super PEX
    1) tickets must show by insert or sticker in accordance with the Important Notice in the How to Use the Fares Rules, that travel is at a special fare and subject to special conditions
    2) tickets and any subsequent reissue must be annotated NONREF/APEX or NONREF/SAPEX or NONREF/PEX or NONREF/SPEX
    3) tickets and any subsequent reissue must be annotated VOLUNTARY CHNGS RESTRICTED in the Endorsement Box. This will not preclude any carrier from producing its own notice if so desired
    Other Individual Fares
    no restrictions

19) **CHILDREN AND INFANT DISCOUNTS**
    A) 1) Children
    a) accompanied children aged 2-11 years: charge 75% of applicable adult fare
    b) unaccompanied children aged 2-11 years: charge 100% of applicable adult fare
    2) Infant
    a) accompanied infant
        i) no seat: charge 10% of applicable adult fare
        ii) booked seat: charge 75% of applicable adult fare
    b) unaccompanied infant: not permitted

    B) General Rule 6.2

20) **TOUR CONDUCTOR DISCOUNTS**
    A) not permitted
    B) if permitted, General Rule 6.6

21) **AGENT DISCOUNTS**
    A) not permitted

22) **OTHER DISCOUNTS/SECONDARY FARE APPLICATIONS**
    A) 1) Fares
    specific requirements are shown in the fare rule
    2) Eligibility
    specific requirements are shown in the fare rule
    3) Documentation
    specific requirements are shown in the fare rule
    4) Accompanied Travel
    specific requirements are shown in the fare rule

23) not used
24) not used
25) not used

续图 8-6

```
SC100 - Standard Condition for Special Fares (based on IATA Resolution 100)

26) GROUPS                                                B) 1) Minimum Group Size
    A) 1) Eligibility                                           General Rule 2.1.11.1
        Affinity, Incentive Fares                         2) Accompanied Travel
        requirements as shown in General Rule                  for groups of 20 or more passengers, if lack of space prevents the group
        Exception: unaccompanied infant: not eligible          from travelling together, some members of the group may travel on the next
        Other Fares                                             preceding and/or succeeding flight with available space
        no requirements                                    3) Affinity, Incentive Fares
        Exception: unaccompanied infant: not eligible          General Rule 10
    2) Minimum Group Size
        see the fare rule
        contracted seat fares: the minimum number of contracted seats shown in
        the fare rule
    3) Accompanied Travel
        group required to travel together for the entire pricing unit
    4) Documentation
        Affinity, Incentive Fares
        required
        Other Fares
        no requirements
    5) Name Changes and Additions
        specific requirements are shown in the fare rule

27) TOURS                                                 B) General Rule 18
    A) 1) Minimum Tour Price
        specific requirements are shown in the fare rule
    2) Tour Features
        specific requirements are shown in the fare rule
    3) Tour Literature
        specific requirements are shown in the fare rule
    4) Modifications of Itinerary
        specific requirements are shown in the fare rule

28) not used

29) DEPOSITS
    A) no requirements
```

续图 8-6

(二) 标准运输条件的使用

特殊运价在使用时,首先要查阅特殊运价规则,当某项规则未列明时,需要再查阅标准运输条件 SC100。当某项规则的内容不同于标准运输条件时,特殊运价规则优先于标准运输条件。

例如,特殊运价规则 Y301 如图 8-7 所示。

```
Example:

    Y301 EXCURSION FARES                              ⇒ SC100
    FROM PAKISTAN TO JAPAN

    0)  APPLICATION
        A) 1) Application
            economy class round, circle trip excursion fares
            from Pakistan to Japan
        2) Fares
            a) 80% of applicable normal round trip economy class fare
               specified under Rule Y277 Part 4 or unspecified through
               fare created by the use of add-on amounts
    6)  MINIMUM STAY
        A) 1) 7 days
    7)  MAXIMUM STAY
        A) 4 months
    8)  STOPOVERS
        A) one permitted in each direction
    9)  TRANSFERS
        A) 2 permitted in each direction
    10) CONSTRUCTIONS AND COMBINATIONS
        A) 1) Constructions
            constructions only permitted with add-on amounts in Pakistan
```

图 8-7 特殊运价规则 Y301

(1) 以上规则中第6项关于最短停留时间的限制中,文中列明A部分条件为7天,B部分未列明,此处仍要参考标准运输条件中B部分的注释,即天数的计算方法和豁免条件。

(2) 以上规则中1—5项、11—29项都没有列明,意味着我们需要去查阅标准运输条件中的这些项目的内容。

(3) 以上规则中第10项关于运价组合点的限制中,文中列明add-on运价只允许在巴基斯坦使用,但是标准运输条件中第10项并没有这种限制,此时运价使用时由于特殊运价规则优先于标准运输条件,应该遵循Y301的限制条款。

四、运价规则的说明

(一) 有效期的确定

1 有效期可以用日、月、年来表示

(1) 日表示完整的日历日,包括星期日和法定假日。

(2) 月表示从一个月的给定日期到下一个月的相应日期。

例如,1个月有效期——1月1日至2月1日(包含2月1日);2个月有效期——1月14日至3月14日(包含3月14日)。

如果后面的月份中没有对应日期的情况,截止到此月份的最后一天。

例如,1个月有效期——1月30日至2月28/29日(包含最后一天)。

如果开始的日期是某个月的最后一天,则截止日期也是后面月份的最后一天。

例如,1个月有效期——1月31日至2月28/29日(包含最后一天);2个月有效期——2月28/29日至4月30日(包含4月30日);3个月有效期——4月30日至7月31日(包含7月31日)。

(3) 年表示从出票之日或者旅客开始之日到下一年的相应日期。

例如,1年有效期——2023年1月1日至2024年1月1日。

2 最短停留时间

最短停留时间是指在某地最少停留的期限,由此确定旅客最早于哪天可以回程,并在客票"NOT VALID BEFORE"栏中列明。计算时,要根据规则确定三项内容:一是停留几天;二是从何时开始计算停留时间;三是从何地开始限制。

如图8-8所示,为最短停留时间。

以上航程中,所适用的特殊运价规则Y059中规定的最短停留时间,需要同时参考标准运输条件SC100中第6项B部分的注释来进行计算。

(1) 停留几天:6天。

(2) 从何时开始计算停留时间:从出发之日7月3日开始计算,加上6天,等于7月9日。

(3) 从何地开始限制:返回始发国前的最后一个中途分程点(包括折返点),即NBO。

这意味着旅客在内罗毕最短停留6天,返程日期不得早于7月9日,7月9日当天或者之后可以返程。

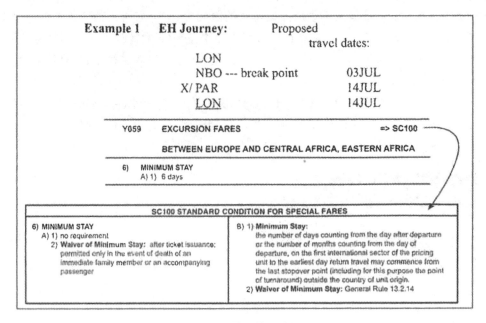

图 8-8 最短停留时间

3 最长停留时间

最长停留时间也就是客票的有效期,一般客票的有效期为一年,这种情况不需要特别列明。特殊运价的有效期可能较短,则需要计算出有效期的截止日期,并在客票"NOT VALID AFTER"栏中列明。计算时,用旅行出发之日加上最长停留时间即可。

例如,旅客 3 月 16 日开始旅行,最长停留时间为一个月,则旅客最晚于 4 月 16 日要完成旅行,4 月 16 日之后客票无效。

(二)季节和星期的确定

特殊运价中,很多同类运价还有使用季节和星期的差异,在运价名称中用不同的符号来进行区分。根据规则,季节和星期一般是通过运价计算区中的第一个国际段的出发之日来确定的。

1 季节的代号

H:旺季(High or Peak Season)。

K:平季(Middle/Shoulder Season)。

L:淡季(Low/Basic Season)。

2 星期的代号

W:周末(Weekend),包括周五、周六、周日。

X:周中(Weekday),包括周一至周四。

例如,特殊运价 YHXEE90。其中,"Y"表示运价类别为 Y 舱价格,"H"表示运价在旺季使用,"X"表示运价在周中使用,"EE"表示游览运价,"90"表示运价的有效期为 90 天。

(三)转机和中途分程点

运价规则中,往往对航程中的转机点和中途分程点的数量有明确的要求。需要注意的是,在计算转机点的数量时,是包含中途分程点在内的,即航程中所有的中间点。但是不包含运价组合点,也就是运价计算区的始发地、目的地和折返点除外。

如图8-9所示,为运价规则X0762。

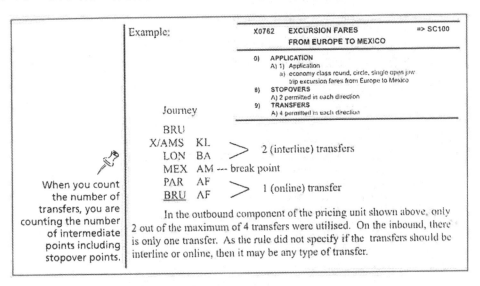

图8-9 运价规则X0762

1 转机点的数量

以上航程中,MEX为折返点,去程中出现了2个转机点:AMS和LON。回程中出现了1个转机点:PAR。对照运价规则X0762,文中规定每个运价计算区允许出现4个转机点,符合要求。

2 中途分程点的数量

以上航程中,MEX为折返点,去程中出现了1个中途分程点:LON。回程中出现了1个中途分程点:PAR。对照运价规则X0762,文中规定每个运价计算区允许出现2个中途分程点,符合要求。

(四)特殊运价的选择

在为旅客的航程选择运价时,按照以下步骤进行。

首先,确定运价组合点,即每一个运价计算区的始发地、目的地和折返点。

其次,查找运价计算区适用的特殊运价。

最后,根据特殊运价对应的规则编号查看规则中的各项限制条件。同时对照旅客的行程,选择适合旅客最优惠的特殊运价。查阅规则时,应该特别注意以下要素。

(1)适用性:选择适合的航程类型和航空公司。

(2)日期和时间:查看旅行开始的日期和时间。

(3)季节性:查看国际航线中跨洋航段出发时的季节,如果没有跨洋航段,则根据第一个国际航段出发的日期来确定季节,并且适用于整个航程。

(4)订票:查看航程中是否有不定期航段,如有则排除PEX和APEX运价,因为它们都需要全程订妥座位。

(5)最短停留时间:查看最早的回程日期。

(6)最长停留时间:查看最晚的回程日期。

(7)中途分程点:查看允许出现的中途分程点的数量。

(8)转机点:查看允许出现的转机点的数量(包含中途分程点在内)。

(9)费用:查看是否有取消订座、更改线路的手续费。

(10)客票改签:在旅客购票前查看是否有其他限制条件。

如图8-10所示,为特殊运价选择案例。

图8-10 特殊运价选择案例

FARE BASIS	Y_PX3M (Rule Y148)	Y_EE6M (Rule Y151)
APPLICATION	Y RT/CT/OJ via EH/FE. Note: OOJ must be in COC	Y RT/CT/OJ via EH/FE. Note: OOJ must be in COC
DAY/TIME	NA	NA
SEASONALITY	INTL DEP: 01JUL (FROM NETHERLANDS 15JUN-31AUG is PEAK - H)	INTL DEP: 01JUL (FROM NETHERLANDS 15JUN-31AUG is PEAK - H)
RESERVATIONS & TICKETING	SC100: PEX - MUST SHOW CONFIRMED RESV.	NO RESTRICTONS
MINIMUM STAY	7 DAYS	6 DAYS
MAXIMUM STAY	3 MONTHS	6 MONTHS
STOPOVERS	NETHERLANDS: ONE AT EUR69 X	2 IN TC3 + 2 ADDITIONAL IN TC 3 AT EUR69 EACH
TRANSFERS		PERMITTED ✓
PENALTIES		NO PENALTY FEES
TICKET ENDORSEMENTS		NO RESTRICTIONS

The given journey has two stops so you cannot apply the YHPX3M.

Choose the fare that matches the passenger's travel requirements. In this case, the best fare is the YHEE6M.

续图 8-10

项目小结

本项目主要介绍了国际客票销售过程中国际航空运价信息发布、两点之间运价的计算、指定航程运价计算、里程制运价计算、中间较高点运价计算、来回程与环程运价计算、特殊运价计算等。通过本项目的学习,学生能够为国际旅客正确、高效地选择运价和计算各类运价,并且能够根据运价计算的表达式判断运价计算所采用的原理和方法,能够利用民航计算机系统来计算和表达上述运价。

项目训练

一、简答题

1. 里程制的计算方法适用于什么航程类别?
2. 里程制的计算方法中包含哪些具体的计算原则?
3. 何时需要采用指定航程的计算方法?
4. 特殊运价一般在哪些方面有使用限制?
5. 什么是最短停留时间?

二、案例分析题

1. 请根据图片显示的内容回答下列问题:

(1) 应该在GDS系统中使用什么指令来输入,才能显示图中所示运价信息?

(2) 图中所示是哪两个航段的直达公布运价?

(3) 图中01号票价中的票价基础Z2LSRYQK的"L"代表什么含义?

(4) 图中01号票价中的票价基础Z2LSRYQK的"Z"是什么意思?

(5) 图中02号运价最长停留时间为多少天?

(6) 图中 02 号运价最短停留时间为多少天?

(7) 图中 02 号运价最后的代码 QKZAR 中的"R"代表什么含义?在民航订座系统中使用什么指令来查询?

(8) 图中 17 号运价的订座舱位是什么舱?

(9) 图中显示,来回程最低折扣的票价是多少?

(10) 图中 10 号票价的票价规则代号是什么?

```
▶XS FSD CANSEL/10JAN/CZ/X
FSD CANSEL/10JAN24/CZ/X/CNY
SEE BF
1 NUC = 7.284845 CNY
10JAN24*10JAN24/CZ     CANSEL/EH/ADT    /TPM 1269/MPM  1522/CNY
01 Z2LSRYQK  /                1400/Z/   .  1M/01JAN 25JAN/QKSRR
02 V2AZAYQK  /                1480/V/  2D. 14D/        /QKZAR
03 Z2LSRSQK  /       850       /Z/     .       /01JAN 25JAN/QKSRR
04 V2AZASQK  /       900       /V/     .       /        /QKZAR
05 V2LSRYQK  /                1800/V/   .  1M/01JAN 25JAN/QKSRR
06 Z2LSFYQK  /                1900/V/   .  1M/01JAN 25JAN/QKSFR
07 V2AYAYQK  /                1980/V/  2D. 14D/        /QKYAR
08 E2LSRYQK  /                2100/E/   .  3M/01JAN 25JAN/QKSRR
09 V2LSRSQK  /      1100       /V/     .       /01JAN 25JAN/QKSRR
10 V2LSFYQK  /                2300/V/   .  1M/01JAN 25JAN/QKSFR
11 Q2LSRYQK  /                2400/Q/   .  3M/01JAN 25JAN/QKSRR
12 V2LSFSQK  /                2600/V/   .  3M/01JAN 25JAN/QKSFR
13 E2LSRSQK  /      1300       /E/     .       /01JAN 25JAN/QKSRR
14 L2LSRYQK  /                2600/L/   .  6M/01JAN 25JAN/QKSRR
15 Z2LSFSQK  /      1350       /Z/     .       /01JAN 25JAN/QKSFR
16 V2AYASQK  /      1400       /V/     .       /        /QKYAR
17 Q2LSFYQK  /                2900/Q/   .  3M/01JAN 25JAN/QKSFR
FSKY/1E/B5FXTEV1BXTJ044/FCC=D/PAGE 1/4
```

2. 请根据图片显示的内容回答下列问题:

(1) 应该在 GDS 系统中使用什么指令来输入,才能显示图中所示运价信息?

(2) 图中 09 票价中的票价基础 YPXIF6M 中的"X"表示什么含义?

(3) 图中 09 票价的最短停留期为多少天?

(4) 图中 05 票价的票价规则代号是什么?使用什么指令可以查询到该规则的目录信息?

(5) 图中 09 票价在伦敦的最长停留时间是多少?

(6) 图中头等舱的来回程公布运价是多少?

(7) 图中是航程哪里到哪里的公布直达运价?其最大允许里程是多少?

(8) 图中商务舱的单程公布运价是多少?

```
FSD PEKLON/YY/CNY
SEE 3U  8L  8U  9F  9W  A7  AA  AB  AC  AD  AF  AI  AM  AR

1 NUC = 6.514200 CNY ROUNDING UP TO 10.00 CNY
20JUN16*20JUN16/YY    BJSLON/EH/     /TPM 5048/MPM  7468/CNY
01 FIF    /       84630          /F/    .  /            /ESEA
02 FIF    /                    120900/F/  .  /          /ESEA
03 CIF    /       47660          /C/    .  /            /ESEA
04 CIF    /                     68080/C/   .  /          /ESEA
05 WIF    /       25920          /W/    .  /            /ESPE
06 WIF    /                     37020/W/   .  /          /ESPE
07 YIF    /       23620          /Y/    .  /            /ESEA
08 YIF    /                     33730/Y/   .  /          /ESEA
09 YPXIF6M /                    19700/Y/ 6D. 6M/          /EUSE
RFSONLN/1E /EFEP_39/FCC=D/PAGE 1/1
```

3.请根据图片显示的内容回答下列问题:

(1)该航程的类别是什么?运价类别是什么?

(2)该航程的运价基础是什么?

(3)旅客可享受的免费行李额是多少?

(4)不含税的运价是多少?燃油附加费标准是多少?

(5)航程中的斜线"/"与横线"—"表达的是什么含义?

(6)旅客退票需要支付多少费用?

```
▶qte:/mu
 FSI/MU
 S MU    527L23JUN PVG1750 2030OKJOS      319
 S MU    294L26JUN HIJ0920 0945PVGOS      320
 01 LSFCJ                 4700 CNY                INCL TAX
*SYSTEM DEFAULT-CHECK OPERATING CARRIER
*ATTN PRICED ON 04JUN15*1244
  SHA
  OKJ LSFCJ                          NVB    NVA23DEC15 2PCS
  HIJ       S U R F A C E
  SHA LSFCJ                          NVB    NVA23DEC15 2PCS
  FARE  CNY    4000
  TAX   CNY     90CN CNY   610YQ
  TOTAL CNY    4700
  23JUN15SHA MU OKJ311.25/-HIJ MU SHA327.21NUC638.46END ROE6.2
  65030
  ENDOS *NON-END/REF FEE CNY300.
```

4.请根据图片显示的内容回答下列问题:

(1)旅客的航程类别是什么?与之对应的运价类别是什么?

(2)该航程划分为几个运价计算区及多少个运价计算单元?

(3)该航程的旅客属性是什么?可以得出此结论的依据是什么?

(4)旅客支付的燃油附加费是多少?

```
▶xs fsu1
 FSU1
 FARE   CNY     2370
 TAX    EXEMPT CN    CNY     160I CNY     330XT
 TOTAL CNY     2716
 15AUG15SHA JL TYO239.42/-OSA JL SHA137.66NUC377.08END ROE6.2
 65030
 XT CNY 68SW CNY 262YQ
------------- SOLD IN SHA / TICKETED IN SHA ----------------
 PU FARE BASIS    CUR  NUC AMT ELEMENT DESCRIPTION            GI
 01 VL7JP    CH   CNY   239.42 SHA-TYO JL /HR  RTG            EH
 01 SL42JPD  CH   CNY   137.66 SHA-OSA JL /HR  RTG            EH
                         377.08   -    TOTAL NUC
 CNY TAX     LST CUR CODES DESCRIPTION --------------------
   EXEMPT        CNY CN/AE AIRPORT FEE
      16        JPY JP/OI PASSENGER SECURITY SERVICE CHARGE
      68        JPY JP/SW PASSENGER SERVICE FACILITIES CHARG
      40        USD  /YQ*YQ JL CARRIER IMPOSED MISC FEE
 TAX 20YQ*9040100/20YQ*9040100
     222        USD  /YQ*YQ JL FUEL SERVICE FEE
 TAX 111YQ*8126800/111YQ*8126800
 ----- IATA RATES OF EXCHANGE USED IN FARE CALCULATION ------
```

5.请根据图片显示的内容回答下列问题:

(1)根据图中规则,航班起飞前取消行程,成人退票需收费多少?

(2)根据图中规则,航班起飞前婴儿取消行程,退票需收费多少?

(3)根据图中规则,航班起飞当天取消行程,成人退票需收费多少?

(4)根据图中规则,NO-SHOW旅客是否可以退票?

```
XS FSN9//16
16. PENALTIES-CHANGES/CANCEL
    CANCELLATION
        BEFORE DEPARTURE
            CHARGE CNY300 FOR CANCEL/REFUND
                NOTE -
                    PROVIDED THAT CANCELLATION MUST BE MADE AT LEAST
                    ONE DAY PRIOR TO THE 1ST FLIGHT DEPARTURE DAY

                CHARGE CNY230 FOR CHILD
                NO PENALTY APPLIES FOR INFANT NOT OCCUPYING SEAT

            CHARGE CNY 1000 FOR CANCEL/REFUND
                NOTE -
                    PROVIDED THAT CANCELLATION MADE ON DEPARTURE DAY
    RESERVATION MUST BE CANCELLED PRIOR TO THE SCHEDULE TIME OF DEPARTURE

                CHARGE CNY750 FOR CHILD
                NO PENALTY APPLIES FOR INFANT NOT OCCUPYING SEAT

            TICKET IS NON-REFUNDABLE IN CASE OF NO-SHOW
                NOTE -
                    FARE UPGRADING IS NOT PERMITTED BEFORE DEPARTURE
                ******** END ********
```

6.请根据图片显示的内容回答下列问题:

(1)根据图中规则,该运价是属于什么季节运价?

(2)根据图中规则,如果旅客航程为CPH—NYC—CPH,7月1日出发时是否可以使用该运价?

(3)根据图中规则,要求根据去程跨什么洋航段来确定季节?

(4)根据图中显示可知,该运价的票价基础是什么?

```
XS FSN1//3
FSN 001/18JUN14        W9E/AC/001/IPRA/ATP
18JUN14*18JUN14/AC CPHNYC/AT/ADT  /TPM 3849/MPM 4618/DKK
01 LLNNDKW /        2725/L/ SU.12M/01MAR 20JUN/W9E1R

03.SEASONALITY
    PERMITTED 12AUG THROUGH 31OCT OR 17DEC THROUGH 06JAN OR
    01MAR THROUGH 20JUN ON THE OUTBOUND TRANSATLANTIC SECTOR.
        ******** END ********
```

项目九　国际客票的使用

项目目标

○ 职业知识目标

　　1.掌握国际客票票面知识。
　　2.掌握国际客票使用的一般规定。
　　3.掌握国际客票销售的税费知识。
　　4.掌握国际客票销售模式的变化。
　　5.掌握低成本航空公司的发展状况。

○ 职业能力目标

　　1.能够识别、填开国际客票凭证。
　　2.能够说明国际客票销售时涉及的税费情况。
　　3.能够分析国际客票销售模式的变化。
　　4.能够分析低成本航空公司的全球发展状况。

○ 职业素质目标

　　1.学习民航国际客票使用的相关规定,培养敬业精神。
　　2.学习全球航空销售模式的变化情况,激发学生的创新思维。

知识框架

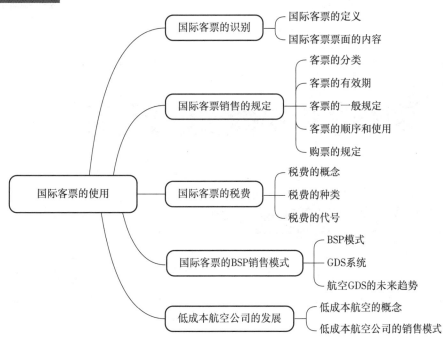

 **项目引入**

航空公司国际航线复航

国际航空运输协会(IATA)的近期报告显示,2022年全球国际航线旅客运输量比2021年增长152.7%,相当于2019年的62.2%。2022年12月,全球国际航线旅客运输量比2021年同期增长80.2%,相当于2019年12月水平的75.1%。其中,亚太地区呈现快速复苏,2022年12月和2023年1月旅客运输量均恢复到2019年同期的79%,超过行业均值。从IATA发布的2022年区域市场情况看:北美引领市场快速恢复,盈利和运力恢复情况均接近2019年的90%,其次是拉丁美洲加勒比地区和欧洲,恢复程度也接近80%。亚太地区在运力和航班效益方面都恢复最为缓慢,客公里收入(RPKs)仅为2019年的44.4%,可用座位公里(ASKs)仅恢复50%左右,客座率(PLF)也处于最低的水平,仅为71.8%。然而疫情前,亚太地区航空公司旅客运输量超过全球航空客运量的1/3。究其原因,主要是亚太地区一些国家边境管控措施放松缓慢,导致国际航班恢复迟缓,同时也反映出亚太地区还有更大的恢复空间。在亚太航空市场复苏进程中,中国扮演着重要角色。在IATA 2023年3月发布的市场报告中发现,伴随着1月8日以来中国解除出入境限制,带动了亚太地区航空市场的快速恢复。作为世界第二大经济体,中国的航空运输业在疫情前得到了迅速发展,中国航企通过合作不断拓展国际市场,国外航企不断新开中国航线,这些都加快了中国出入境旅游市场和商贸往来的快速发展。

 ## 任务一 国际客票的识别

 ### 一、国际客票的定义

国际客票是由承运人或代理人填开的客票及行李票,它是旅客进行国际旅行的运输凭证。国际客票是旅客和承运人之间签订的运输契约,也是承运人之间进行运费结算的依据(见图9-1至图9-3)。

国际(I) 航空运输电子客票行程单 ITINERARY/RECEIPT OF E-TICKET FOR AIR TRANSPORT 印刷序号: SERIAL NUMBER 2950356126 4

旅客姓名 ZHANG/YUQI WEB23G01X142479 Q/BE00/MA00/NONEND RFD HKD10

JMMN73

承运人 CARRIER 航班号 FLIGHT 座位等级 CLASS 日期 DATE 时间 TIME 客票级别/客票类别 FARE BASIS

自 FROM 香港-HKG HX HX238 S 2023-07-17 15:35 SA2MO 17JUL 17JUL OK

至 TO 上海-虹桥 VOID

至 TO VOID

CNY 723.00G3 90.00HK 120.00XT 220.00CNY 合计 TOTAL 1153.00

8512304297690 6126 XXX

电子客票号码 E-TICKET NO. HKG455 验证码 CK. 提示信息 INFORMATION 保险费 INSURANCE 2023-08-16

销售单位代号 AGENT CODE 13393096 填开单位 ISSUED BY 行程单自助打印柜机 填开日期 DATE OF ISSUE

验真网址:WWW.TRAVELSKY.COM.CN 服务热线:400-815-8888 短信验真:发送JP至10669018

图 9-1 航空运输电子客票行程单

```
▶DETR:TN/160-9751559775,AIR/1A
ISSUED BY: CATHAY PACIFIC AIRWAYS    ORG/DST: HGH/HGH                BSP-I
E/R: NONENDORSEABLEFARE RESTRICTIONS APPLY
TOUR CODE: ST100FF531
PASSENGER: ZHANG/SAN MR
EXCH:                               CONJ TKT:
O FM:1HGH CX     961  B 10AUG 1555 OK BS31RRTA/S 10AUG3/10AUG3 3PC USED/FLOWN
        RL:JOD14Q  /BDQF9Q1A
X TO:2HKG CX     872  B 11AUG 0050 OK BS31RRTA/S 11AUG3/11AUG3 3PC USED/FLOWN
        RL:JOD14Q  /BDQF9Q1A
O TO:3SFO CX     873  N 28DEC 2255 OK NS31RRTA/S 28DEC3/28DEC3 3PC OPEN FOR USE
     I 1  RL:JOD14Q  /BDQF9Q1A
X TO:4HKG CX     960  N 30DEC 1215 OK NS31RRTA/S 30DEC3/30DEC3 3PC OPEN FOR USE
     1 4  RL:JOD14Q  /BDQF9Q1A
  TO: HGH
FC:'A' 10AUG23HGH CX X/HKG CX SFO M/IT CX X/HKG CX HGH M/IT END ROE6.915052
XFSFO4.5
FARE:                      IT|FOP:MS
TAX:            CNY     90CN|OI:
TAX:            CNY    210G3|
TAX:            CNY    100I5|FOR ALL TAXES: ▶DETR:TN/160-9751559775,X
TOTAL:                     IT|TKTN: 160-9751559775
```

图 9-2 电子客票系统票面

IATA

Tel: Fax: Agent:

Itinerary

Dear traveller,thank you for booking with us.Please kindly find the flight schedule as well as other information:

Itinerary for : ZHANG/SAN MR

Booking Reference : JOD14Q

Date	Route	Flight No.	Aerocraft	Dep.-Arr.	Duration	Class	Status
28Dec,2023(Thu)	San Francisco(International) - Hong Kong(International)	CX873	359	22:55 - 06:15[+2days]	15hr.20min.	N	Confirmed
30Dec,2023(Sat)	Hong Kong(International) - HANGZHOU(Xiaoshan Intl)	CX960	333	12:15 - 14:30	2hr.15min.	N	Confirmed

Air Fare(Include tax) :

Remark: -

Ticket No: ZHANG/SAN MR:160-9751559775;

Note : Please go to the check-in desk 90minutes/2hours before departure for domestic/international flight.

Liability Disclaimer : The flight, cabin, models, departure time, arrival time, the luggage, the price information is for reference only, in the event of changes before the vote.
On the other, flights may be affected because of weather and other reasons, resulting in delayed or canceled, please pay close attention to changes in real time flight, in close communication with the airline.

Should you have any further information, please feel free to contact us at ......

Have a nice trip!

图 9-3 电子客票行程表

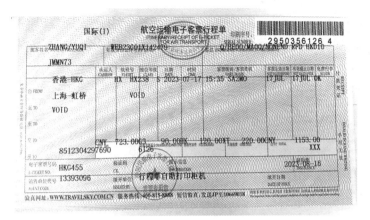

二、国际客票票面的内容

(一) NAME OF PASSENGER(旅客姓名)

"NAME OF PASSENGER"栏填写旅客的英文姓名,格式为"姓/名＋称呼"。如果名字较长,可以进行缩写。常见的缩写如下。

MR:先生。

MS:女士。

MISS:小姐。

如果旅客类型属于特殊旅客,则应该把特殊旅客代码写在最后面,例如,WANG/XIAOMING MR VIP。常见的特殊旅客代码如下。

VIP:重要旅客。

UM:无人陪伴儿童。

CHD:儿童。

INF:婴儿。

EXST:多占座位。

CBBG:客舱行李。

DIPL:外交信使。

DEPA:遣返旅客(有人押送)。

DEPU:遣返旅客(无人押送)。

STCR:担架旅客。

(二) FROM/TO(航程自……至……)

"FROM/TO"栏填写航程中相应的城市的英文名称。当一个城市有多个机场时,应在城市名后标明机场的名称或代码。如果旅客在某一个机场到达,而在另一个机场出发,则应在城市名后先标明到达城市的三字代码,再写上出发机场的三字代码,中间用斜线"/"隔开。

航程栏前面的"X/O"栏表示此地是否为中途分程点,用"X"表示非中途分程点,即在此地停留时间不能超过24小时,中途分程点不需要特别表示。

如果客票含有多余的票联,在没有使用的航程栏内填写"VOID"字样。

(三) CARRIER(承运人)

"CARRIER"栏填写预订航班的承运人的二字代码。如果没有指定承运人,此栏可以空着不填。如果是代码共享航班,则只需要填入首先出现的承运人代码。

(四) FLIGHT/CLASS(航班号/舱位等级)

"FLIGHT/CLASS"栏填写已订航班的航班号以及舱位等级代号。

(五) DATE(日期)

"DATE"栏填写乘机日期。按照IATA的规定,日期用2位数字表示,月份用英文三字代码缩写,如15JUN。

(六) TIME(时间)

"TIME"栏填写航班起飞时刻。时间采用24小时制,用4位数字表示,如0810、1925。

(七) STATUS(订座情况)

"STATUS"栏根据实际情况填写订座情况代号。

OK:座位已经订妥。

RQ(Requested):座位已经申请,但未获证实,或已经列入候补。

SA(Space Availability):利用空余座位,通常用于某些不允许预先订座的航班。

NS(No Seat):不允许单独占座,常用于婴儿客票。

如果是不定期客票,填写"OPEN"字样。

(八) FARE BASIC(票价类别)

"FARE BASIC"栏填写对应航段的票价类别。票价类别代号包括服务等级、季节性、票价及旅客类别、运价水平、有效期等内容。

❶ 服务等级代号

F(First Class):头等舱。

P(First Class Premium):豪华头等舱。

C(Business Class):公务舱/商务舱。

J(Business Class Premium):豪华公务舱。

Y(Economy Class):经济舱。

K(Thrift Class):节俭舱。

❷ 季节性代号

季节性代号很多,常见的如下。

H:旺季。

K:平季。

L:淡季。

此外还有:

W:周末运价,适用于周末的旅行。

X:平日运价,适用于平日的旅行。

N:夜间运价。

❸ 票价及旅客类别代号

EE:游览票价。

AP:预付游览票价。

BB:保本票价。

CG:导游票价。

DG:政府官员。

DP:外交官及家属。

CH:儿童。

IN:婴儿。

IT:综合旅游票价。

UU:候补票价。

GS:海员团体。

SD:学生折扣。

ZZ:青年折扣。

MM:军人票价。

DT:教师折扣。

ID:航空公司雇员折扣。

4 运价水平代号

当同一等级的票价有不同水平时,"1"表示最高级水平,"2"表示第二最高级水平,"3"表示第三最高级水平。

5 有效期代号

客票的有效期,可以用数字表示天数,也可以用1个数字加上"M"表示月数。

例如,YHEE3M2表示Y舱旺季游览二等票价,有效期为3个月。

(九) NOT VALID BEFORE(在……之前无效)

"NOT VALID BEFORE"栏填写客票生效日期。不允许旅行在某一日期前开始或完成。

(十) NOT VALID AFTER(在……之后无效)

"NOT VALID AFTER"栏填写客票有效截止日期。有效期为一年的普通客票此栏可以不填,通常是对某些特殊客票的最晚旅行日期的限制。

(十一) ALLOW(免费行李额)

"ALLOW"栏填写的是旅客所购客票对应的免费行李额。使用计重概念时,通常用"KG"表示;使用计件概念时,用"PC"表示。如果婴儿没有免费行李额,应填写"NIL"或"XX"。

(十二) TOUR CODE(旅游代号)

在使用综合旅游票价的客票中,"TOUR CODE"栏填写航空公司认可的旅游代号,如IT6BA2ABC0123。

(十三) FARE CALCULATION(票价计算)

"FARE CALCULATION"栏填写旅行全航程的票价构成。机打票通常用横式表达式,而航空公司本票用竖式表示。

(十四) FARE(票价)

"FARE"栏填写除税款以外的全航程总票价。票价使用运输始发国货币表示,由货币代号和金额组成,如 CNY12340 或 USD1234.00。如果使用免票,用"FREE"或"货币代码+0.00"表示。

(十五) EQUIV.FARE.PD(实付等值货币)

"EQUIV.FARE.PD"栏只在使用非始发国货币付款时,用银行比价折算后再用实付等值货币和具体金额表示。

(十六) TAX(税费)

"TAX"栏分别填写有关国家规定的在客票填开时收取的、与国际运输有关的税费,包括货币代号、税额和税费代号。

如果旅客用运输始发国货币支付票价,税费用运输始发国货币表示;如果旅客用非运输始发国货币支付票价,税费用实付货币表示。

每一项税费应该分别表示,如果应收税费的项目超过三项,可以将无法分别填写的税费合并后填入"TAX"栏的最后一列,并在后面加注"XT",并将XT部分所表示的税费明细部分填入签注栏或运价计算栏。

如果旅客可以享受免税,要在"TAX"栏的"EXEMPT"后面加注相应的国家代号,如 TAX CNY 50 CN 或 TAX USD 120 XT。

(十七) TOTAL(总额)

"TOTAL"栏填写实际支付货币的票价和税费的总金额。

(十八) FORM OF PAYMENT(付款方式)

"FORM OF PAYMENT"栏填写旅客实际付款的方式。

CASH:现金或旅行支票付款。

CHECK 或 CHEQUE:支票付款。

PTA:预付票款通知支付。

MCO:旅费证付款。

如果旅客用信用卡付款,应该填写信用卡代码和号码。例如 VI12345678901 表示使用 VISA 卡付款。

如果旅客改变航程,用旧客票换开新客票,应该填写"TKT"。

(十九) ORIGIIN/DESTINATION(始发地/目的地)

"ORIGIIN/DESTINATION"栏填写整个航程的始发地/目的地的城市或机场的三字代码,中间用斜线"/"隔开,如BJS/LON或BJS/BJS。

(二十) BOOKING REF(订座记录)

"BOOKING REF"栏填写旅客订座记录编号。通常可以在其前面加注订座航空公司的二字代码,中间用斜线"/"隔开。旅客订座记录编号由数字和英文字母随机确定,如CA/HF2Q5。

(二十一) ENDORSEMENT/RESTRICTIONS(签转/限制)

"ENDORSEMENT/RESTRICTIONS"栏填写客票使用时的注意事项,包括签转的限制、有关特殊运价的使用限制、退款的限制、合并税费的明细项目、银行兑换率等。例如,NON-ENDORSABLE表示不得签转,NON-REFUNDABLE表示不得退票。

(二十二) ISSUED IN EXCHANGE FOR(换开客票)

当客票是由其他运输凭证换开时,"ISSUED IN EXCHANGE FOR"栏需要填入相关凭证号码,如客票、旅费证(MCO)、预付票款通知(PTA)等。

(二十三) CONJUNCTION TICKET(连续票证)

当需要多本客票表示旅客旅行全航程时,或者客票与其他票证一起使用,在"CONJUNCTION TICKET"栏填入第一本客票的完整票号以及后续客票的最后两位票号或其他票证号码,如7841234567890/91/92。

(二十四) ORIGINAL ISSUE(原始出票)

当客票换开时,在"ORIGINAL ISSUE"栏填入原始出票的票证号码、出票地点、出票人的代号等信息。当涉及多次换开时,第二次或以后的换开都填入第一本客票的出票信息。

(二十五) DATE AND PLACE OF ISSUE(出票日期和地点)

"DATE AND PLACE OF ISSUE"栏填写出票人的名称、数字代码、出票地点和国家。

(二十六) TICKET NO.(票号)

"TICKET NO."栏填写完整的客票号码,如999-5969529492。

国际客票票面的内容如下所示:

```
ISSUED BY: 1B                ORG/DST: HKG/HKG      ISI: SITI      ARL - I
E/R: NON - END/RER/REF/*HKG6FL720
TOUR CODE: ARRCC
PASSENGER: CHEN/FENG MR
EXCH:                              CONJ TKT:
O FM:1HKG CA      OPEN    K OPEN       Y1RT    20APR/20APR   20K REFUNDED
       RL:              /PCDTQO1B
O TO:2 CKG CA     OPEN    K OPEN       Y1RT    22APR/22APR   20K REFUNDED
       RL:              /PCDTQO1B
FC: HKG CA CKG Q4.23 279.32CA HKG279.32NUC562.87END ROE7.78676*O/B VLD
5FEB- 30JUN8 EXCEPT 19MAR-23MAR8*TKT VLDTY 2-14DAYS*VLD ON FLT/DTE SH
FARE:    HKD4390       |FOP:MS3/INVAGT
TAX:     120HK         |OI:
TAX:     101CN         |
TAX:     250YR         |
TOTAL: HKD4861         |TKTN: 999 - 9991694849922
```

■ 行动指南

1. 请同学们上网收集材料，把不同航空公司的国际客票信息进行对比分析，找出异同。
2. 国际客票中旅客姓名较长的时候如何缩写呢？

■ 知识链接

国际航班运力恢复

以国航、东航、南航三大航为例。放眼2023年6个月以来的运营数据，国航的国际航线客运运力投入（按可用座位公里计）从7.21亿人公里增长至42.9亿人公里，旅客周转量（按客公里收入计）从4.20亿人公里增长至28.2亿人公里；东航的国际航线客运运力投入则从6.56亿人公里增长至31.38亿人公里，旅客周转量从4.37亿人公里增长至23.22亿人公里；南航的国际航线客运运力投入从11.65亿人公里增长至39.48亿人公里，旅客周转量从8.43亿人公里增长至32.38亿人公里。

根据以上数据计算可知，国航的客运运力投入共增长35.69亿人公里，旅客周转量增长24亿人公里；东航的客运运力投入增长24.82亿人公里，旅客周转量增长18.85亿人公里；南航的客运运力投入增长27.83亿人公里，旅客周转量增长23.95亿人公里。

据了解，客运运力投入和旅客周转量分别代表了航空公司供给与市场需求，是反映航空公司运营情况的重要指标。三大航的运营状况也对应着其半年业绩。在三大航发布的2023年半年业绩预报中，国航、东航、南航分别减亏超八成、超六成、超七成，总计减亏355亿—384亿元。尽管减亏卓有成效，但三大航均表示半年业绩仍未实现盈利，国际航班恢复不及预期、人民币兑美元汇率贬值等是预亏的主要原因。

2023年，部分外航的国际运力已恢复至2019年的八九成。据阿联酋航空提供的数据，目前阿联酋航空全球通航目的地总数（包括迪拜在内）共143个，全球航班运营情况已恢复至疫情前的90％以上水平。而截至2023年7月，大韩航空国际线运力也已恢复至2019年的80％以上。从新加坡航空的数据来看，截至2023年8月1日，新航集团全球航线网络覆

微课

国际航线
密集上新

盖至36个国家和地区的118个目的地。国际民航市场出入境需求的爆发式增长是在2022年3月,国际航班随之进入快速复苏阶段。

资料来源:https://baijiahao.baidu.com/s?id=17736748160901777764&wfr=spider&for=pc

任务二　国际客票销售的规定

一、客票的分类

（一）按照航程分类

客票按照航程,可以分为单程客票、来回程客票、联程客票。

（二）按照使用期限分类

客票按照使用期限,可以分为定期客票、不定期客票。

1 定期客票

定期客票是指列明航班、乘机日期、订妥座位的客票。

2 不定期客票

不定期客票是指在首次销售时未列明航班、乘机日期、未订妥座位的客票,也叫OPEN票。

（三）按照销售类型分类

客票按照销售类型,可以分为航空公司客票、BSP中性客票。

1 航空公司客票

航空公司客票是指航空公司专用客票,客票上印有航空公司名称和数字代码,由航空公司售票部门和指定代理人出票。

2 BSP 中性客票

BSP(Billing & Settlement Plan)中性客票,即开账与结算计划,一般由代理人出票。BSP中性客票是根据航空运输销售代理业发展的需要,由国际航空运输协会建立的一套高效、可靠、统一、规范的专业化销售结算系统。其基本含义是使用统一规格的运输凭证和承运人识别标牌进行销售,按照统一标准的计算机程序填制销售报告。通过清算银行,以"直接借记"的方式集中转账付款,这是一套完全不同于传统的航空公司与销售代理人之间一对一进行管理、结算的系统。1971年,IATA会员航空公司在日本建立了第一个BSP系统,到1998年已有60多个BSP系统,结算的销售额已达1170亿美元,占全世界航空客运销售收入的80%。中国BSP于1995年6月建立了BSP系统,1995年7月正式运行。BSP的管理是按地区来划分的,全球已有140多个国家和地区建立了这一系统,有400多家航空公司和6.4万家销售代理人加入了该系统。

BSP中性客票既无地域差别的划分,又无公司个性的彰显。它具有统一格式、统一填开方法,只有从票面的内容上才能将承运人体现出来,且票据一旦开出,即被BSP的会员们接收,是会员与会员之间进行结算的统一凭证。BSP中性客票一般由航空公司销售代理出票。例如,在开账与结算计划中使用的标准运输凭证(Standard Traffic Documents,STD)。在此类客票上,没有预先印刷的航空公司名称和数字代码。当手工填开客票时,由销售代理在出票时使用刷卡机将指定承运人标识牌上的航空公司名称和数字代码压印在客票上,该航空公司即为出票承运人(Issuing Carrier)。机打票则由计算机自动打印上面的内容。

二、客票的有效期

(一)客票的一般有效期

除客票上或者适用的客票使用条件另有规定外,客票的一般有效期如下。

(1)客票部分使用时,客票有效期将自首次旅行次日零时(含)起开始计算,一年内有效。无论后续该客票是否变更,有效期不变。

(2)客票全部未使用时,客票有效期将自购票次日零时(含)起开始计算,一年内有效。如客票变更,且产生新的客票号,客票有效期将从新客票出票次日零时(含)起开始计算,一年内有效。

(二)客票有效期的计算

客票有效期的计算,是从首次旅行开始、购票或重新出票次日零时(含)起至有效期满之日的24时(不含)为止。在客票上列明或在销售时已告知优惠票价有效期的客票,旅客应在运价有效期内完成旅行。超过运价有效期的客票,需要在客票有效期内重新计算票价或在客票退票期限内退票。

三、客票的一般规定

(1)客票为记名式,只限客票上所列旅客姓名与身份证件信息一致的旅客本人使用。

(2)客票不得转让。转让的客票无效,票款不退。如客票不是由有权乘机或退票的人出示,而航空公司非故意、非过失向出示该客票的人提供了运输或退款,航空公司对原客票有权乘机或退票的人不承担责任。

(3)未经航空公司允许,客票不得涂改。涂改的客票无效,票款不退。

(4)每一位旅客应单独持有客票。

(5)旅客要求乘机时,应出示与购票时一致的有效身份证件,并遵守以下规定。

①持纸质客票的旅客未能出示根据按规定填开的并包括所乘航班的乘机联和所有其

他未使用的乘机联及旅客联的有效客票,无权要求乘机。旅客出示残缺客票或非航空公司、非其销售代理企业更改的客票,也无权要求乘机。

② 电子客票经航空公司或其地面服务代理人验证其电子客票状态有效后,方可要求乘机。航空运输电子客票行程单仅作为旅客购买电子客票的报销凭证,具备提示旅客行程的作用,不作为机场办理乘机手续和安全检查的必要凭证。

(6) 每一航段必须列明舱位等级,并在航班上订妥座位和日期后方可由航空公司接收运输。对未订妥座位的航段,航空公司应按旅客的申请,根据适用的票价和所申请航班的座位可利用情况为旅客预订座位。

(7) 旅客应在客票有效期内,完成客票上列明的全部航程或办理客票变更、签转及在退票期限内办理退票手续。过期客票票价及税费均不能退。

(8) 旅客应按客票列明的航程旅行,未经航空公司同意,不得在经停地提前终止旅行。

(9) 定期客票只适用于客票上列明的承运人、乘机日期、航班和舱位等级;不定期客票只有在订妥座位后方能使用;定期客票取消订座后再次使用,也需要订妥座位后方能使用。

四、客票的顺序和使用

(1) 旅客购买的客票,仅适用于客票上所列明的自出发地、约定的经停地至目的地的运输。旅客所支付的票价,是以航空公司的运价规则和客票上所列明的运输为依据的。票价是航空公司与旅客之间运输合同的基本内容。旅客需要按照客票上列明的航程,从出发地开始,按顺序使用。

(2) 未按顺序使用的客票,如旅客于中途分程点或约定经停地要求开始旅行,航空公司有权拒绝运输。

(3) 如果旅客要改变运输的任何一项内容,应当事先与航空公司联系。运输一经改变,票价将重新计算。旅客可自行选择接受新票价还是维持客票上原来的运输。如果因为不可抗力,旅客要改变运输的任何一项内容,旅客需要尽早与航空公司联系,航空公司将在合理的范围内尽力将旅客运送至下一个中途分程点或者最终目的地,而不用重新计算票价。

(4) 如果旅客未经同意而改变运输,航空公司将按照实际的行程确定票价。基于实际行程所要求支付的票价,是指旅客就该实际行程进行客票预订所应产生的票价。如果该票价高于旅客目前客票所支付的金额,旅客需要支付原票价与运输变更后适用票价之间的差额与变更费,航空公司将基于旅客对额外费用的后续支付,向旅客提供后续运输服务,且客票未使用的航段将不能再使用。

(5) 每一张客票上应当列明舱位等级,并在航班上订妥座位和日期后方可由航空公司接收运输。如果客票上没有列明订座情况,则应按照有关的票价条件和航班座位可利用情况办理订座。

(6) 如果旅客不搭乘已订妥座位的航班,且未预先通知,航空公司可以取消客票上列明的续程或回程航班订座。但是，如果旅客预先通知，航空公司将根据旅客的需要保留后续航班的订座。

五、购票的规定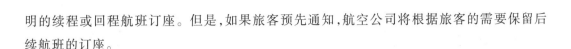

（1）旅客可以通过航空公司或者销售代理人的网络平台购票，也可以在航空公司或销售代理人的售票处进行购票。

（2）旅客应在航空公司或者航空公司的授权销售服务代理人规定的购票时限内支付票款。否则，将取消旅客的订座。在旅客订座时，客票销售工作人员应该告知旅客购票时限。

（3）旅客应向航空公司或者销售代理人提供国家规定的必要个人信息以及旅客真实有效的联系方式，并对其提供的证件及信息的真实性、准确性负责，确保其购票与办理乘机登记手续时使用的证件相同，否则由此产生的损失由旅客自行承担。旅客通过网络途径或者电话方式购买客票时，应提供包括但不限于旅客有效身份证件号码、联系电话、儿童、婴儿出生日期等信息；旅客在售票处购票须凭本人有效身份证件或公安机关出具的其他有效身份证件，并填写旅客订座单。

（4）旅客认可向航空公司提供的个人资料，旨在用于订座和安排相关的运输服务，以及办理移民和入境手续。为此，旅客授权航空公司保留其个人资料并可将资料传递给政府机构、有关部门、其他相关承运人或相关服务的提供者。

（5）航空公司、机场管理机构、地面服务代理人、销售代理人、航空销售网络平台经营者、航空信息企业按照国家关于个人信息保护规定，不泄露、出售、非法使用或者向他人提供旅客个人信息。

（6）婴儿、孕妇、无成人陪伴儿童、重病患者等特殊旅客购票应符合航空公司运输标准。

（7）为方便旅客更好地了解所选航班的服务信息，航空公司或销售代理人通过网络途径销售客票时，应以显著的方式告知旅客所选航班的主要服务信息，包括但不限于以下内容。旅客应仔细阅读，确保信息准确。

① 承运人名称，包括缔约承运人和实际承运人。
② 航班始发地、经停地、目的地的机场及其航站楼。
③ 航班号、航班日期、舱位等级、计划出港和到港时间。
④ 同时预订两个及以上航班时，应当明确是否为联程航班。
⑤ 该航班适用的票价以及客票使用条件，包括客票变更规则和退票规则等。
⑥ 该航班是否提供餐食。
⑦ 按照国家规定收取的税、费。
⑧ 该航班适用的行李运输规定，包括行李尺寸、重量、免费行李额等。

（8）为提示旅客所选航班信息及乘机注意事项，航空公司或者销售代理人出票后，应以电子或者纸质等书面方式告知旅客涉及行程的重要内容，包括但不限于以下内容。旅客需仔细核对，确保信息真实准确。

① 航班主要服务信息。
② 旅客姓名。
③ 票号或者合同号以及客票有效期。
④ 出行提示信息,包括航班始发地停止办理乘机登记手续的时间要求、禁止或者限制携带的物品等。

(9) 旅客购买航空公司为市场合作方代码共享航班客票时,应告知旅客代码共享航班的实际承运人和缔约承运人名称。

(10) 代码共享航班客票退改规则、行李、空地及不正常航班等服务标准,按照缔约承运人与实际承运人的代码共享合作协议及相关规定进行办理。

■ 知识链接

东航升级"空铁联运"

民航资源网2022年9月1日消息:2022年8月,中国东航与中国铁路携手的"空铁联运"产品迎来新升级。升级之前,旅客通过12306App能买到的主要是"基于不同舱位等级的机票",例如全价机票、折扣机票等,还不属于"航空产品"的范围;升级后,好比12306 App的"空铁联运"实现了"货架上新",旅客通过铁路12306 App就可以直接购买到"青年特惠""老年特惠""小团特惠"等特定机票出行产品,扩大了广大旅客的选择面,旅客能够进一步畅享飞机票高铁票一站式购买的便捷与实惠。

中国东航与中国铁路的合作起于2019年,双方于2020年8月携手实现了东方航空App和铁路12306 App的全面系统对接,"飞机+高铁一站式联订""一个订单一次支付"开创了中国民航和高铁销售平台全国首次互联互通,开启了铁路车次、航班信息的数据共享。目前,旅客可以通过铁路12306App购买"空铁联运"产品,通过上海、北京、西安、昆明等41个枢纽城市进行中转,可以通达600多个火车站点,实现航空段与1000余个火车段的双向联运。

此次产品升级的背后,是东航大力提升信息化技术,通过NDC模式与铁路12306合作上的又一次进步。据悉,NDC(New Distribution Capability,新分销能力)是航空零售转型的行业数据传输新标准,可以让航空公司在更广泛的分销渠道上,实时精准地为客户提供产品和服务。

目前,东航已通过NDC实现了与铁路12306、银联云闪付、分贝通等多业态伙伴的合作。东航不仅与合作伙伴携手探索"空铁联运"、旅客全流程服务等跨业融合范式,还着力丰富产品内涵,增加选座、预付费行李优惠等附加服务,提升贵宾室等辅营产品的销售能力,为旅客打造更具吸引力的航空产品。据悉,中国东航与中国铁路的合作还在继续深化拓展,后续东航还将通过NDC灵活打包的技术能力,向铁路12306输出Wi-Fi优享、里程优享等附加服务产品,推动精准营销、精细服务再上新台阶,为旅客带来更好的出行体验。

资料来源:http://news.carnoc.com/list/591/591039.html

■ 行动指南

1. 请同学们上网查询，对比不同航空公司的国际票价。
2. 客票的有效期一般是多久？

任务三　国际客票的税费

一、税费的概念

国际航空旅行客票中的总费用，除运费（Fares）外，还有各种税费（Taxes、Fees、Charges），缩写为TFCs，下面将介绍在销售客票时应收取的有关税费。

客票销售中的各种税费由各国政府征收，用于补偿政府机构在旅程中为旅客提供各种服务的费用，例如海关检查、移民检查、安全检查、健康检查、动植物检疫、机场设施的使用等。在为旅客填开客票前，除了计算票价，还要计算该航程所需支付的税款。所收取的税款应该在机票上标示出来，写明收取的是哪一种税、金额是多少。当发售旅行票证时，各国政府无法直接向旅客征收有关税费，因此必须由出票航空公司代表政府当局征收。为避免受到惩罚，航空公司及其销售代理应对旅客经由的所有国家（包括始发国和到达国）的应税项目进行检查。

此处介绍的税费是由政府立法规定在销售客票时应征收的与航空运输相关的各种税费，其他与销售客票无关的航空运输税费不包括在本范围内。

按百分比征收的税费应在客票运价的基础上计收。在计算税款时，应根据当天的银行卖出价转换成付款国的货币。

税款的进位与机票票价的进位单位略有不同，可查阅PAT上货币兑换率表中的其他收费栏的规定。

如果旅客属于免税对象，应在税款栏内填写"EXEMPT"，表示该旅客属于免税，而不能让税款栏空着不填。

二、税费的种类

国际航空客票销售的税费通常可以划分为以下几类。

（一）出发税

出发税（Departure TFCs）是指旅客从某一国家或机场出发时需要收取的税费。出发点包括始发点、中途分程点和中转点。但必须注意，出发（Departure）和始发（Origin或Commencement）是有区别的。对于那些仅当旅客从某一国家始发才需征收的税种，若旅客仅仅是经由该国，则不需要征收。出发税具有多种形式，例如机场税、登机税、旅客服务费等。

(二)到达税

到达税(Arrival TFCs)是指旅客到达某一国家或机场时需要收取的税费。达到点包括目的点、中途分程点和中转点。到达税也具有多种形式,例如移民检查费、海关检查费等。

(三)销售税

销售税(Sales Tax)是指付款国为客票销售征收的税费。例如,增值税、营业税、消费税、商品和服务销售税等。销售税通常按客票价值的百分比征收,并且仅当客票在该国销售时才需要征收。

(四)客票税

客票税(Ticket Taxes)是出票时征收的一种税费,通常仅当在该国出票时才需征收。

三、税费的代号

税费在客票中一般是以始发国货币来表示的,格式为"税费二字代号+货币代号+金额"。在客票的税费栏中,可以列出三种税费的明细(见表9-1)。当收取的税费多于三种时,从第三种开始合并计算其后所有的税费金额,用代号"XT"来表示,填在税费栏的第三格中,同时将合并的具体内容列在票价计算栏IROE数值的后面,以便查阅。

表9-1 税费栏

TAX	CNY140CN
TAX	CNY56XY
TAX	CNY760XT

以下是一些常见的税费代号。

YR:航空公司燃油或其他附加费。
G3:中国香港,香港国际机场建设费。
HK:中国香港,航空旅客离境税。
I5:中国香港,旅客保安费。
SW:日本,乘客服务设施费。
OI:日本,乘客保安服务费。
TK:日本,国际观光旅客税。
BP:韩国,旅客服务费及离境税。
CN:中国,民航发展基金。
TW:中国台湾,机场服务费。
TS:泰国,乘客服务费。
E7:泰国,旅客预先处理系统费。

JC：越南，乘客服务费。

C4：越南，旅客及行李保安税。

KX：柬埔寨，乘客服务费。

L5：柬埔寨，民航费。

■ **知识链接**

微课
不同国家的税

不同国家 税种各有差异

离境税、过境税、入境税是较为普遍的税种，个别国家还有其他名目的税费。资料显示，有些国家收的税比较多，有些国家收得少，还有些国家不同城市收取的税费也不同。

例如，美国就属于收取税费较多的国家，除常见的入境税外，还征收联邦运输税、旅客设施费、动植物免疫检查费、海关使用费、移民局使用费等，并且不同州及不同机场的收费标准也不相同。与美国毗邻的加拿大，除机场费、入境税外，还收取导航费、安保费、消费税等。不过，税种多并不意味着税费高。有的国家税种不多，但标准相对较高。例如，英国的税种并不多，但其高额的离境税常被国际旅客吐槽。英国政府规定，飞离英国的旅客，将根据飞行距离缴纳离境税，折合成人民币几百元不等。因此，飞一趟英国动辄缴纳千元的国际机票税费并不稀奇。相比之下，日本的离境税为每人每次1000日元（约合人民币63元），这笔费用自2023年1月7日起开始征收。

这么一比较，大家是不是觉得中国机场的收费并不高？中国内地不收离境税和入境税。而从中国香港始发的航班则会收取香港离境税和燃油费。按照要求，每位年满12周岁的旅客搭乘飞机离开香港，通常需要缴纳120港元（约合人民币105元）的离境税。即便搞清楚了国际机票税费的构成，对很多人来说，买机票依然无从下手，毕竟买国际机票的经验远不如买国内机票多。其实，要想避开高昂的税费，有几点需要留意。

一看航空公司。国际机票的税费虽高，但经营同一航线的不同航空公司的税费可能相差较大。此前就有媒体调查发现，上海往返阿联酋迪拜航线，阿联酋航空收的税费为618元人民币，新加坡航空却要收取2000多元人民币；上海往返法国巴黎航线，国航的税费为2664元人民币，汉莎航空的价格则是3570元人民币。由于国家税是不变的，最大的差异在于燃油附加费。对于哪家航空公司收取的税费少，尤其是燃油附加费少，心里要门儿清。当然，有的"飞行达人"可能发现，即便同一条航线、同一家航企、同一天的航班，机票定价可能也有差异。这与国际机票的国际性挂钩。因为随着国际燃油价格浮动，燃油附加费会上涨或者下调。另外，国家税也会根据汇率有一定的变化。

二看航段。由于国际机票的各税种是分段计算的，直飞航班与经停或中转航班的税费自然不同，可以将国际机票价格与税费相加后进行比较，选择最便宜的航班。一般来说，直飞航班与国内航空公司承运的航班税费会低一些；而中转航班虽然机票价格低，但税费较高。因此，选择哪座城市经停或中转非常重要。一般来说，枢纽机场收取的机场费较高，离境税也较高。如英国伦敦、法国巴黎、美国旧金山、德国法兰克福等都是公认的高离境税地区，选择在英国伦敦转机还不如在税费较低的爱尔兰都柏林转机。

资料来源：https://zhuanlan.zhihu.com/p/420096381

■ **行动指南**

1. 请大家上网查询资料,对比不同国家的税费情况。
2. 国内客票的税费是如何收取的呢?

任务四 国际客票的BSP销售模式

一、BSP模式

BSP模式(Billing and Settlement Plan)是一种航空公司机票销售和结算的模式,旨在简化销售和结算流程,提高效率和准确性。BSP模式通过建立航空公司与代理商之间的合作伙伴关系,实现机票销售和结算的自动化与标准化。

（一）BSP模式的基本原理

首先,航空公司与代理商签署BSP协议,约定双方的销售和结算规则。其次,代理商通过BSP系统预订和销售机票,客户购买机票后支付给代理商。然后,代理商将销售数据和收款信息上传至BSP系统。最后,BSP系统根据协议规定的结算周期,自动结算款项给航空公司,并向代理商提供结算报表和明细。

（二）BSP模式的应用

下面以一个案例来说明BSP模式的应用。

假设5家航空公司与一家代理商签署了BSP协议,约定每月结算一次。该代理商在一个月内通过BSP系统预订和销售了这5家航空公司100张该航空公司的机票,总销售额为10万美元。客户通过代理商预订机票后,直接向代理商支付了款项。

在结算周期结束后,代理商将销售数据和收款信息上传至BSP系统。BSP系统根据协议规定的结算规则,计算出代理商应支付给航空公司的款项。假设协议规定代理商代理费提成为5%,则代理商应支付给航空公司的金额为总销售额的5%,即5000美元。

BSP系统自动从结算的账户中划拨5000美元给机票代理公司,并生成结算报表和明细。航空公司可以通过BSP系统查看结算报表和明细,核对销售数据和收款信息的准确性。

通过BSP模式,航空公司和代理商之间的销售和结算过程变得更加高效与准确。同时,航空公司可以清晰明了地通过BSP系统建立同多家代理商之间的结算,航空公司可以及时收到款项,代理商也可以方便地进行销售多家航空公司的产品和结算管理。同时,BSP系统提供的结算报表和明细也为双方提供了透明和可追溯的销售和结算信息。

综上所述，BSP模式是一种简化航空公司机票销售和结算流程的合作模式。通过BSP系统的应用，销售和结算过程更加高效和准确，为航空公司和代理商提供了便利和透明度。

二、GDS系统

BSP模式的载体往往需要强大的数据库和软件工具进行完成，同时还需要拓展更多的航空公司和代理商加入。通常，将能实现以上功能的这种强大的数据库和软件工具称为全球分销系统（Global Distribution System，GDS）。

全球范围内影响较大GDS系统有Travelsky（中国航信）、Amadeus（艾玛迪斯）、Galileo（伽利略）、Abacus和Sabre，下面将分别介绍这些全球分销系统。

（一）Travelsky（中国航信）系统

Travelsky（中国航信）即中国民航信息集团，是中国领先的全球分销系统供应商，也是中国航空公司和旅行代理商主要使用的系统之一，IATA编码为1E。Travelsky系统由中国航信开发，总部位于北京，在中国每个省区设有分部，另外还有多个海外办事处，提供一系列的技术解决方案，包括机票预订、航班查询、价格比较、座位选择、酒店预订等服务。它连接了众多的航空公司、酒店和旅行服务供应商，为用户提供全面的机票销售和旅行管理服务。

中国航信所运营的计算机信息系统和网络系统扮演着行业神经中枢的角色，是民航业务生产链条的重要组成部分。中国航信也是国资委监管企业中唯一以信息服务为主业的企业。其提供的航空信息技术服务由一系列的产品和解决方案组成，服务对象主要包括：国内外航空公司、机场、销售代理、旅行社、酒店及民航国际组织，并通过互联网进入社会公众服务领域。主要业务包括：航空信息技术服务、结算及清算服务、分销信息技术服务、机场信息技术服务、航空货运物流信息技术服务、旅游产品分销服务、公共信息技术服务等七大板块，以及与上述业务相关的延伸信息技术服务。经过30余年的不断开发和完善，形成了相对完整、丰富、功能强大的信息服务产品线和面向不同对象的多级系统服务产品体系，极大地提高了行业参与者的生产效率。

中国航信GDS主要包含三大组成模块。

① CRS（代理人机票售票系统）

CRS全称是"Computer Reservation System"（代理人机票售票系统），主要功能是为代理人提供航班可利用情况查询、航段销售、订座记录、电子客票预订、旅游产品等服务。

② ICS（航空公司人员使用的航空公司订座系统）

ICS全称是"Inventory Control System"（航空公司人员使用的航空公司订座系统），它是一个集中式、多航空公司的系统。每个航空公司享有自己独立的数据库、独立的用户群、独立的控制和管理方式，各种操作均可以加以个性化，包括航班班期、座位控制、运价及收益管理、航空联盟、销售控制参数等信息和一整套完备的订座功能引擎。

3 DCS(机场人员使用的离港控制系统)

DCS全称是"Departure Control System"(机场人员使用的离港控制系统),它可以为机场提供旅客值机、配载平衡、航班数据控制、登机控制联程值机等信息服务,能够满足值机控制、装载控制、登机控制以及信息交换等机场旅客服务所需的全部功能。

(二) Amadeus(艾玛迪斯)系统

Amadeus(艾玛迪斯)成立于1987年,由法国航空、西班牙航空、德国汉莎航空、北欧航空四家欧洲航空公司联合发起组建,是一家全球领先的旅游和航空业务解决方案提供商,总部位于西班牙马德里,IATA编码为1A。Amadeus的主要产品集中在美洲和欧洲全服务航空公司,提供了全面的旅行预订和管理解决方案,包括机票预订、航班查询、酒店预订、租车服务、旅行保险等。Amadeus系统具有高度的稳定性和可靠性,并提供灵活的自定义选项,以满足不同客户的需求。

Amadeus业务覆盖全球200多个国家,有70多家分公司NMC,雇员4500人以上,欧洲、中东、非洲是主要市场。全球有超过450家航空公司选择加入Amadeus分销系统,其中约140家航空公司为高级别用户,完全使用Amadeus系统处理订座、出票等业务。Amadeus连接代理人65000家、航空公司销售处12000处,终端总数超过29000个。Amadeus支持63000家酒店、50家租车公司、18家铁路公司的业务分销。2002年后,Amadeus的业务量超过Sabre,成为全球航空分销领域最大的民航GDS,主要用途如下。

(1) 全球性的网络,将供应商和用户连接在一起,及时可靠地传输数据,从而保证旅游分销有效而迅速。

(2) 有关全球旅游产品的综合数据,具有一系列便于用户使用的中央系统功能,用户可以用来查询时刻表、机位信息、票价及其他各种相关信息。

(3) 一系列基于个人电脑系统的高科技产品,使旅游代理商和公司客户的旅游服务预订和管理更加便利。

(4) 各种系统连接方案,可以使各旅游相关企业更方便地使用Amadeus系统来进行旅游服务的预订和管理。

(5) 系统一体化、互联网服务和分销新技术的咨询和支持。

(三) Galileo(伽利略)系统

Galileo(伽利略)系统成立于1985年,总部位于美国新泽西州,2001年被TravelPort的母公司Cendent公司收购。在东南亚市场份额较大,主要为航空公司、旅行代理商和企业提供全面的旅行技术解决方案。Galileo系统涵盖了机票预订、航班查询、价格比较、酒店预订、租车服务等功能,IATA编码为1G。Galileo与全球范围内的航空公司和供应商建立了广泛的合作关系,为用户提供了广泛的选择和灵活的预订选项。Galileo系统性能稳定可靠,用户界面友好,方便快捷。

Galileo拥有超过2000名资深专家和员工,为460家航空公司、23家租车公司、58000家酒店、43500家销售代理提供服务,业务范围覆盖全球115个国家和地区。

（四）Abacus系统

Abacus成立于1988年，由11家亚洲航空公司共同组建。1998年，Abacus与Sabre达成战略联盟；Abacus将主机系统从Worldspan转到Sabre，同时Sabre取得Abacus的35%股份，剩余的65%股份由新航、全日空、国泰、华航、长荣、印尼航空、港龙、马航、菲律宾航空、文莱航空、胜安航空11家航空联合持有。Abacus号称亚洲最大的GDS服务商，IATA编码为1B。

Abacus总部位于新加坡，员工超过1000人，其将亚太市场划分为北亚、东南亚、西南亚和印度半岛三个区域，在20多个国家和地区设立了18个分公司NMC。Abacus与超过20家航空公司实现直连（DCA-Direct Connect Availability Seamless Connectivity），与超过70家航空公司实现直卖。有9000多家代理、60000多家酒店、50家租车公司、9家邮轮公司约26000个终端连接Abacus系统。

Abacus于1995年进驻中国，并在北京成立代表处，迈出了打开中国市场的坚实一步。随后，Abacus成功邀请中国各大航空公司加入Abacus预订系统。为迎合中国华东及其他市场需要，Abacus于1999年底在上海设立办事处。它于2000年5月成立广州办事处，2005年成立深圳办事处，2010年成立成都办事处，将业务扩展至中国南部及西南部地区，从而更好地为全中国地区合作伙伴提供服务和支持。

其产品和服务主要如下。

（1）机票预订。
（2）酒店、租车、火车、保险产品和休闲活动预订。
（3）旅行社生产率提升解决方案。
（4）旅行社在线业务及移动应用解决方案。
（5）企业在线业务解决方案。
（6）航空公司生产率提升解决方案。
（7）Abacus专业IT服务解决方案。
（8）旅客服务。

（五）Sabre系统

Sabre系统的历史可以追溯到20世纪60年代，最初是美国航空公司于20世纪60年代末期成立的一个计算机预订系统。Sabre系统不仅用于美国航空公司的内部操作，还开始向其他航空公司和旅行代理提供服务。Sabre系统的预订和分销功能得到了广泛认可，并迅速成为旅行业中的主要技术平台之一，IATA编码为1S。1985年，Sabre建立了easySabre系统，使消费者能够通过互联网或CompuServe服务实现在线预订。1986年，Sabre推出第一套收益管理系统，帮助公司获得最大利润收益。1996年，Sabre的Travelocity网站上线。2000年，Sabre从美国航空公司脱离，成立独立公司，即Sabre控股公司。Sabre系统开始向全球扩展，Sabre系统的国际化发展使其成为全球范围内重要的旅行技术平台。

Sabre已经成为全球最大的综合民航GDS服务商，有440家航空公司、4.7万家饭店、50家汽车租赁、铁路、邮轮服务公司使用其服务。

总而言之,这些全球分销系统通过将航空公司、酒店和旅行供应商的服务整合到一个平台上,为用户提供了便捷的旅行预订和管理服务。它们都在旅游行业发挥着重要的作用,并帮助用户更好地进行机票购买和旅行管理。

全球航空GDS列表如表9-2所示。

表9-2 全球航空GDS列表

IATA编码	GDS	针对市场与核心客户	成立时间
1S	Sabre	美国市场,如美国航空、美联航等	1960年
—	TravelPort	美国、欧洲市场	1971年
1G	Galileo	欧洲市场,如意航、澳航、英航、瑞士航空、加航等	1985年
1E	Travelsky	中国民航,如国航、东航、南航等	1986年
1A	Amadeus	欧洲市场,如法航、汉莎、西班牙航空等	1987年
1B	Abacus	东南亚市场,如长荣、印尼、菲航、新航等	1988年
1P	Worldspan	美国市场,如达美、美西北、环球航空等	1990年
1F	Infini	日本市场,如全日空航空60%与Abacus合资,后由Sabre支持	1990年
1J	Axess	日本市场,如日本航空75%与Sabre合资	1995年
—	Topas	韩国市场,如大韩航空68%与Amadeus合资	1999年
Bi	Fanitasia	澳洲市场,如Australina航空等	—

经过半个世纪的发展,航空GDS系统从无到有逐步强大,整套信息系统演变,伴随着计算机技术进步和航空业务需求的不断提高。航空业的信息化,从机票库存管理的计算机自动化开始,延伸到代理人机票销售领域,再到机场值机服务的离港自动化。库存控制系统ICS、代理人机票分销系统CRS、离港控制系统DCS,这三套系统组成航空GDS最核心模块。GDS为提高机票清算结算效率,研发了统一结算系统;为实现个性化机票运价,研发了航班运价系统;为提高航空公司座公里收益,研发了收益管理系统;为应对互联网时代的急迫需求,研发了电子客票系统、航空电商模块和辅助产品模块。库存控制系统ICS、代理人机票分销系统CRS、离港控制系统DCS、统一结算系统、航空运价系统、电子客票系统、收益管理系统、机票电子商务支持模块、非航辅助产品销售模块,这九大系统模块组合,构成了当今航空GDS的主要功能(见图9-4)。

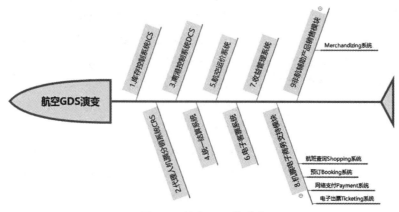

图9-4 航空GDS的演变

三、航空GDS的未来趋势

(一)硬件支持:由大型服务器向低成本服务器集群转换

当今,大部分航空GDS系统的核心数据处理还是在使用大型计算机服务器,大型服务器设备昂贵、维护难度高,相对低成本服务器集群方案性价比低、灵活性不足、可扩展性弱,不利于航空GDS系统长期永续发展。未来,越来越多的航空GDS系统将会注意到这一点,核心系统将逐步迁移到低成本服务器集群的开放平台上。

(二)软件系统支持:由专业封闭向合作开放转变

航空软件系统开发门槛正在降低,为应对市场变化,航空公司会提出大量个性化业务需求。航空GDS供应商有限的开发资源无法面对无限的业务需求,航空GDS供应商应提供对外统一API接口,通过合作、开放的方式,在不增加成本的情况下,让航空公司基于API接口自行实现个性化需求,通过合作开放由第三方来满足航空公司个性化需求,这是大势所趋。

(三)架构模式:由集成架构向分散架构转变

大型主机时代,航空GDS基本都采用集成架构模式,用一套硬件设备、一套软件系统,为多家航空公司提供服务,最大限度地分摊软硬成本。但这种集成模式也导致每次升级与维护都极为谨慎与困难,是否适应未来形势发展值得商榷。令人欣慰的是部分航空GDS供应商已经提出分散架构模式,可以为各航空公司提供独立化、个性化的GDS服务支持。完全按照某一家航空公司业务需要定制产品,极大地方便了航空公司的业务扩展。

(四)服务理念:由统一标准服务向个性化服务转变

航空公司个性化服务要求与GDS标准化服务流程的冲突将愈演愈烈。站在传统航空GDS角度,所有航空公司使用一套标准化服务流程是最经济、最高效的解决方案,但航空公司需要创新,需要赢得市场竞争,就需要为旅客提供个人化、特色化服务。理念的差异,是航空公司与航空GDS诸多问题的根源所在。部分航空GDS供应商已经注意到这一点,调整服务理念,逐步开始为不同航空公司提供自定义、可配置、个性化服务解决方案。

(五)利益分配:航空公司与航空GDS的利益冲突将加剧

航空GDS最早是为航空公司服务的,由此逐步控制了航空公司销售网络与渠道,形成了相对的垄断,而垄断就有利益划分的话语权。近些年来,由于众多原因航空公司盈利能力普遍较弱,日子越来越难过,航空GDS依靠业务垄断地位,赚取稳定分销费用,每年获得高额利润。GDS分销费用已成为航空公司越来越重的成本负担。航空公司期望依托互联网直销,摆脱航空GDS的束缚,降低分销成本。航空公司与航空GDS未来关于利益划分的冲突将进一步加剧。

(六)重要性：航空GDS的重要性将逐步弱化

国际航协推出了NDC标准，机票互联网直销比例逐年提高，航空公司为改善销售状况，提升分销能力，将逐步减少对航空GDS的依赖。

随着时代的进步，航空GDS的技术门槛越来越低，如不考虑特别复杂的业务，航空公司完全有能力借助外力搭建自己的航空GDS系统。航空GDS供应商如果继续依靠现有资源，挤压航空公司的利润空间，将会倒逼越来越多的航空公司自主研发信息系统，航空GDS在航空信息化领域地位将进一步弱化。为航空GDS提供更合理的收费方式，快速满足航空公司个性化需求，与航空公司共同成长，这是对各方都最有利的结果。

■ **知识链接**

航空零售发展现状

2022年12月，国际航空运输协会正式宣布建构"现代航空零售计划"。以旅客为中心，通过现代零售方法提供个性化航空旅行和无缝的数字化体验，成为行业未来的发展方向。

在垂直搜索比价盛行的今天，航空公司一直希望通过差异化产品提升竞争力，但无论是品牌运价，还是菜单式服务，都难以在间接分销渠道推广，也无法依据旅客需求实时地调整产品内容和报价。在新分销能力的支持下，航空公司与旅客建立了直连，这使得基于客户偏好、动态创建个性化旅行产品和报价方案成为可能。营销模式的改变为航空公司提升盈利能力注入新活力，也为传统定价和收益管理模式带来了新的挑战。

零售，通常是指直接将商品或服务销售给个人消费者或最终消费者的商业活动，是一种"以客户为中心"的营销模式。

20世纪70年代，航空公司就开创了电子商务的先河，但航空电子商务并非零售。首先，航空电子商务分为直接分销（如航空公司官网、App）和间接分销（经GDS销售给旅行代理商）。间接分销更接近于批发，因为在这种模式下，航空公司的产品并没有直接销售给个人消费者。其次，在传统航空电子商务模式下，产品并非"以客户为中心"创建，主要体现在：运输服务内容千篇一律，不能满足个性化需求；价格创建基于标准化的框架，对个体支付意愿考虑不足；产品展示基于标准化视图，仅依据产品特性排序（飞行时间或价格），缺乏个性化推荐等。

互联网技术的兴起催生了一大批零售巨头（如亚马逊、阿里巴巴），但航空零售的发展一直滞后于零售行业。近年来，航空公司在"以客户为中心"的产品定制方面做出了很多尝试——例如销售辅营产品，利用一系列静态捆绑销售策略构建差异化产品体系（如品牌运价），辅营收入及其占总收入的比重逐年攀升。但是，受限于传统的数据传输标准和分销模式，复杂的产品信息不能被有效传输，差异化产品很难在间接分销渠道售卖。

为了克服传统分销模式的局限性，确保产品信息在不同渠道的一致性，国际航空运输协会于2012年启动了新分销能力（NDC）计划，使航空公司能够通过NDC标准数据交换格式创建相关报价，并将其直接分发给客户。一方面，基于XML的数据传输标准丰富了信息传输内容,便于航空公司、内容聚合商、第三方伙伴进行更好地通信。国际先进的全服务航空公司(如汉莎集团、法荷航、美国航空)在NDC实施方面已取得了较为成熟的进展;在我国,南方航空、东方航空和厦门航空在此方面发展较为领先。2021年,东航的"贵宾室优享"产品、厦航的"飞要"系列产品通过NDC接口在同程网上线;2022年,东航通过NDC接口与铁路12306进行升级合作,其"青年特惠""老年特惠""小团特惠"等个性化产品在铁路12306客户端上线。另一方面,在航空公司与旅客直接的交互过程中,可以准确地获取旅客的偏好性信息(如购物场景、服务偏好),便于通过海量交易数据分析旅客所需所想,提供实时、动态、个性化的产品组合和报价,实现"以客户为中心"的智能零售模式。

综上,航空零售的基础是NDC在全行业的推广和落实;航空零售的产品范围已从单一的运输服务扩展到运输服务及其辅营服务,甚至第三方服务的产品组合;航空零售场景从航空公司自营的电商平台扩展到了第三方平台;应用数据科学提升产品个性化定制和实时报价能力,助力运营管理效率稳步提升。

资料来源:https://news.carnoc.com/list/604/604121.html

■ **行动指南**

1.请同学们查一查当地某旅行社售票使用的是什么系统。
2.说一说什么是BSP模式?

任务五　低成本航空公司的发展

一、低成本航空的概念

低成本航空有多种不同的称谓。在国际民航组织(ICAO)和国际航空运输协会(IATA)的用语中,低成本航空这一称谓强调低成本航空公司的核心竞争力是通过有效控制各种成本获得成本领先优势。在其他一些场合,低成本航空公司也被称为廉价航空公司,这一称谓强调低成本航空公司票价普遍低于传统航空公司的特点。而"无虚饰"航空公司这一称谓强调低成本航空公司减少或者干脆不提供一些相关的机上服务和地面服务的特点。

低成本航空公司是以较低的价格向社会提供航空运输服务的航空公司,票价低或者服务价格低是低成本航空公司的核心特征,也是低成本航空商业模式的核心特征。

随着低成本航空商业模式的演进,民航业界将低成本航空商业模式分为三种类型:第一种是传统低成本航空,以美国西南航空为代表;第二种是混合型低成本航空,以美国捷蓝航空为代表;第三种是超低成本航空,以欧洲爱尔兰的瑞安航空、美国的精神航空为代表。考察瑞安航空和精神航空的商业模式可知,这两家航空公司都提供"裸票价"服务,即机票价格中只包括座位和极少的随身行李,其他服务都需要另外收费,而且座位间距很窄,舒适度低。由于服务舒适度低、机票价格对应的服务内容少,因此这两家航空公司的机票价格很低,可以称为超低票价。因此,超低成本航空中的"超低",是指机票价格"超低",也就是旅客的成本"超低"。从这个角度看,低成本航空公司中的低成本是指旅客的低成本,也就是票价低。如果将超低成本航空公司的服务还原到与其他航空同样的水平(如座位密度、服务内容相同),超低成本航空公司自身的运营成本是否真的超低还不一定。

在旅客低成本与航空公司低成本之间,存在目的和手段之间的关系。旅客低成本是目的,是低成本航空公司据以提高对传统航空公司竞争力的手段,是旅客识别低成本航空与传统航空的标志。航空公司的低成本是低成本航空公司持续运营的必要条件,如果没有航空公司的低运营成本,即使向旅客推出了低价格的航空运输服务,这些航空运输服务也不会持续提供下去。对旅客来说,他们关心的是服务价格的高低,而不关心航空公司运营成本的高低,而且旅客也难以判断航空公司运营成本的高低。

因此,我们所说的低成本航空公司,应当是以较低的价格向旅客提供服务的航空公司,而不考虑其自身运营成本水平的高低。但是,航空公司自己的运营成本水平低是其持续向旅客提供低价运输的必要条件,也是其持续存在的必要条件。因此,道格尼斯先生所讲的关于"低成本航空公司的运营核心是通过较低的运营成本向市场提供低廉的票价"是比较准确的。

■ 知识链接

低成本航空与全服务航空模式

有人认为,低成本航空公司仅能够向旅客提供部分服务,全服务航空公司能够向旅客提供全面的服务,低成本航空的服务水平低于全服务航空公司。

微课

低成本航空公司的机遇

在低成本航空发展的早期,上述差异是存在的。例如,美国西南航空成立的早期,提供的是简单的服务,服务内容远比传统航空公司少,正如西南航空公司前CEO詹姆斯 F. 派克所说的"西南航空没有头等舱或商务舱,从来不分配座位,也从来不供应午餐、不托运宠物,不和其他的运营商联营"。但是,现在已经是2023年,低成本航空公司的商业模式已经发生了巨大的变化。美国西南航空已经不是单一的统一经济舱,而是经济舱分为Business Select、Anytime、Wanna Get Away三种高低不等的套餐,早已可以托运宠物,虽然不分配座位,但可以付费购买优先登机位置,从而可以自选优质座位,比分配座位走得更远,飞机上提供饮料,可以付费买酒。捷蓝航空的空客A321跨北美大陆航班上已经设置有平躺座位的商务舱,经济舱分为三种套餐,能够托运宠物,跟许多传统航空公司联合经营中转联程航班。因此,低成本航空公司的服务业并非提供单一的、简单的服务,而是拥有比较复杂的服务了。

总体上看,现在的低成本航空实行的是"分项定价、自由选择"的商业模式,由旅客根据自己的支付能力和偏好自由地选择服务,旅客只为自己选择的服务付费。全服务航空实行的是"整体定价、捆绑服务"的商业模式,也可以称为"一价全包""一票全包"的商业模式。

在这种商业模式中,不管旅客是否需要,都需要为这个服务付费。由于旅客为自己不需要的服务也支付了费用,全服务航空模式的相对成本比较高,性价比低。

综上所述,低成本航空是一种相对较新的商业模式,与之对应的是传统商业模式或者称为高成本商业模式。现阶段,低成本航空是自由选择服务内容的商业模式,传统航空是"一价全包"的商业模式;低成本航空是一种低价的商业模式,传统航空是一种高价的商业模式。

资料来源:https://baijiahao.baidu.com/s?id=17639526550348029078&wfr=spider&for=pc

二、低成本航空公司的销售模式

低成本航空公司通常采用直销模式,即通过自己的渠道直接向旅客销售机票,以避免支付代理商的佣金和费用及使用GDS产生系统使用费。然而,一些低成本航空公司也与机票代理商合作,通过分销合作模式来扩大销售渠道和覆盖范围。低成本航空公司与机票代理商合作的分销模式和系统目前主流使用的一般情况如下。

相关知识

白标系统的发展历程

(一)白标系统

低成本航空公司有时会提供白标系统给机票代理商使用。白标系统是一种定制化的预订系统,代理商可以将其集成到自己的网站或应用程序中,以实现在线机票预订和销售。低成本航空公司的航班信息和价格通过白标系统提供给代理商的客户,其优点如下。

(1)品牌展示:白标系统允许代理商使用自己的品牌和界面,为航空公司提供相关的产品和服务。这有助于代理商建立自己的品牌形象,增加用户黏性和忠诚度。

(2)灵活性和定制化:白标系统可以根据代理商的需求进行定制化,包括界面设计、功能定制、价格策略等。代理商能够根据自己的市场定位和用户需求,提供个性化的预订服务。

(3)数据控制:白标系统使代理商能够直接从航空公司的后端系统中获取数据,包括航班信息、票价、座位可用性等。这有助于代理商掌握实时的航班数据,提供准确和实时的预订服务。

白标系统的运行依赖于航空公司的合作和数据提供。代理商需要与航空公司保持良好的合作关系,以确保系统的稳定性和数据的准确性。随着市场竞争的加剧,航空公司的白标系统可能面临来自其他代理商和在线旅行社的竞争。代理商需要通过定制化、个性化等方式,提供与众不同的预订体验,以吸引和留住用户。

总结起来,航空公司的白标系统在航空业务中发挥了重要作用,提供了灵活的、定制化的预订解决方案。然而,随着API直连模式的兴起,白标系统在某些方面逐渐被取代。代理商在选择预订系统时,需要综合考虑自身需求和资源情况,选择最适合的解决方案。

（二）API接口

API全称是"Application Programming Interface"（应用程序编程接口）。低成本航空公司会向机票代理商提供API接口，通过这个接口，代理商可以直接访问航空公司的系统，获取实时的航班信息、价格和可用座位数等数据。代理商可以根据自己的需求，通过API接口进行机票预订和销售。

现在，许多低成本航空公司采用API直连模式进行分销和直销。API直连是一种技术模式，通过航空公司与旅行代理商或在线旅行社之间的直接接口连接，实现数据交换和实时预订。

❶ 优点

采用API直连模式有以下几个优势。

（1）实时数据更新：通过API直连，航空公司可以实时更新航班信息、票价以及座位可用性等数据。这保证了代理商和旅客获得的信息是最准确和最新的，为用户提供了更好的预订体验。

（2）灵活的产品定价和促销：API直连模式使得航空公司能够更灵活地定价和推出促销活动。航空公司可以根据市场需求和竞争情况实时调整票价，并通过API直接向代理商和在线旅行社提供最新的促销信。

（3）更高的分销效率：API直连消除了中间环节，航空公司直接与代理商和在线旅行社进行数据交换和预订。这提高了分销效率，减少与降低了误解和错误的可能性，同时也降低了分销成本。

（4）提供更多的产品和服务：通过API直连，航空公司可以向代理商和在线旅行社提供更多的产品与服务选择。这包括附加服务（如行李托运、餐食等）、套餐和自定义选项等，以满足不同旅客的需求。

❷ 缺点

不得不说，采用API直连模式也存在一些挑战。

（1）技术要求和成本：API直连模式需要航空公司和代理商投入一定的技术资源和成本进行系统集成与接口开发。对于一些中小规模的代理商来说，这可能是一个挑战。

（2）依赖于稳定的网络连接：API直连模式要求航空公司和代理商之间的网络连接稳定可靠，以确保数据交换和预订的顺利进行。网络故障或延迟可能影响预订的实时性和准确性。

总的来说，API直连模式在低成本航空公司的分销和直销中发挥了重要的作用。它提供了实时数据更新、灵活的产品定价和促销、高效的分销渠道等优势，为航空公司、代理商和旅客带来了更好的体验和选择。

（三）NDC模式

NDC全称是"New Distribution Capability"（新分销能力）。随着数字经济的发展，航空GDS的技术面临新的挑战，航空公司为降低系统使用费，都在积极探索建立自己分销数字系统,从而降低自身成本,因此,一项新的技术标准NDC被国际航空运输协会推动,旨在提高航空票务系统的分销能力。

1 NDC的主要特点

(1) 提供更多个性化选择:它可以为旅客提供更多个性化的产品和服务选择。通过与航空公司直接连接并获得更多的数据,旅行代理商可以根据旅客的需求和偏好提供更加定制化的旅行方案。

国际航协推出的NDC标准针对航空公司推广附加产品和服务提供帮助,可以为旅客提供更多产品和服务。传统机票销售只有机票的舱位信息,而在航空公司官网购买一张采用NDC标准的机票,旅客可以清楚地知道自己的座位、餐食和行李等信息。当前市场下,运价与客舱产品的结合,正在形成一种新的市场竞争策略,航空公司打造优质的客舱产品非常重要,而NDC标准让提升客舱品质进入一个全新的概念中。该模式在GDS分销系统中将运价产品和客舱产品同时推出,让旅客对航空公司产品有一个直观了解和对比,从而促进航空市场服务产品更加多样化,形成差异性的竞争。NDC标准为航空公司向旅客提供精准的、丰富的产品组合提供策略,有利于提升航空公司辅助服务业务收入。

(2) 加强航空公司与代理商合作:NDC标准的推广被视为加强航空公司与旅行代理商之间合作关系的机会。通过更紧密的合作与数据交换,航空公司和代理商可以共同开发创新的分销模式与业务模式,实现互利共赢。

NDC标准的目标是实现动态Offer,为旅游产业内全渠道的旅客提供个性化服务。消费者通过NDC搜索时,不仅可以对价格比较,也可以对航空公司提供的服务产品进行比较;不仅能在航空公司自有渠道(如官网、App等)购买,也可以在分销渠道(如OTA、电商平台等)购买。在前端上,NDC也能够帮助航空公司将附加产品像销售机票一样输送给代理。但NDC的动态Offer是建立在对消费者全维度认知的基础上,而航空公司在传统分销模式下缺少与旅客的对接沟通,在这个方面还有较大缺陷。NDC的渠道线路如图9-5所示。

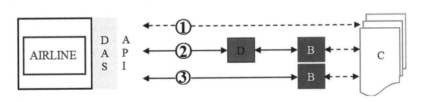

图9-5 NDC的渠道线路

注:其中,DAS为动态航空购物。①航司到消费者(C)的直销渠道(包括公司官网、移动平台、电话直销)。②价格和价值从航司流转至整合并分销至零售商(B)(旅行社、商旅管理公司及在线旅行社)的分销商(D)。③价格和价值从航司流转至航空公司(或部分航司)具备合作关系的零售商(B)。

总的来说,NDC标准的发展历程表明,航空行业正努力通过技术创新来改进分销能力和旅客体验。

2 NDC 面临的挑战

然而,推广和采用 NDC 标准仍然存在一些挑战和障碍。

(1)技术整合和成本:NDC 标准的实施需要航空公司、旅行代理商和技术供应商之间的技术整合与协调。这可能涉及更新和改进现有的系统架构,投入大量的时间、资源和资金。对于一些中小规模的旅行代理商来说,这可能是一个挑战。

(2)数据安全和隐私:NDC 标准涉及更多的数据交换和共享,因此,需要确保数据的安全和隐私保护。航空公司和代理商需要制定和遵守严格的数据安全政策与措施,以保护旅客的个人信息和支付数据。

(3)产业链的合作和协商:NDC 标准的推广需要航空公司、代理商和技术供应商之间的合作与协商。各方需要就标准的具体规范、商业模式和利益分配等问题进行沟通与协商,以达成共识并推动标准的应用和发展。

(4)中小规模代理商的适应能力:NDC 标准的实施可能对一些中小规模的旅行代理商造成一定的困难和压力。他们可能需要投资更多的资源来适应新的技术和流程,并与航空公司建立直接的连接和合作关系。

尽管面临一些挑战,NDC 标准作为改进航空票务分销能力的重要举措,仍然受到广泛的关注和支持。随着技术的不断进步和行业的变化,预计 NDC 标准将继续演化和发展,为航空公司、旅行代理商和旅客带来更好的分销体验和服务选择。

■ 知识链接

中国航信 NDC 产品

近年来,为顺应全球航空业发展趋势、满足旅客日益增长的体验提升诉求,中国航信紧跟国际标准,积极实施"走出去"战略,进一步扩大开放合作,不断增强国际影响力和核心能力。

天驿(AggSky)作为一款 NDC 聚合产品,能聚合不同航空公司多版本的 NDC 接口及其产品,再通过符合 NDC 标准的统一接口或前端方式提供给旅游分销商,高效、便捷地实现航空新零售多渠道分销,支持全流程的航空公司机票销售以及选座、预付费行李、机上 Wi-FI、餐食和休息室等附加服务产品的销售。它大幅度降低了航空公司与旅游分销商的对接复杂度,节省了大量对接成本,有效提升了分销客户体验。

目前,天驿已成功获得国际航协"航空零售成熟度指数"的认证,投产了包括国泰航空、新加坡航空、英国航空、美国航空等多家主流航空公司和携程、同程、东立、美亚、保盛、在路上等数百家旅游分销商,涵盖在线旅游平台、差旅管理服务商、批发混业等多种分销渠道类型。

携程、东立等旅游分销商的相关负责人对天驿产品的便捷性感受颇深:"大大地降低了对接航空公司 NDC 的难度,帮助我们更好地销售多品类服务的机票产品。""可以准确高效地展示更多元化的价格,同时简化了烦琐的过程,减少了代理人的操作成本。""简化销售退改的流程,提高了工作效率;使客户拥有更多样化的选择,提升了客户的使用感受,增加了客户黏性,实现客户的高度自助服务。"

天驿已经在国内市场得到了广泛应用,并成功在海外市场进行了推广。中国航信与澳洲航空等多家航空公司达成合作,目前,海外多个地区的旅游分销商可以通过天驿销售NDC客票。据中国航信相关负责人介绍,中国航信多个产品已经在海外市场落地,并不断在提升市场应用范围,如捷客预订系统(Quick Reservation System)、CDP(Carrier Direct Platform)产品等。

在构建开放协同创新体系方面,中国航信积极与国内技术领先的企业和研究机构开展技术交流,实现技术"引入—融合—创新"的良性循环:与中科曙光签署战略合作协议,与华为创立联合创新实验室,加入PKS体系生态联盟,打造公司关键信息基础设施联合创新基地;承接国家区块链创新应用试点任务,完成了区块链创新应用前期部署项目;与中国联通共同推动国家网络安全技术创新在民航等行业的应用,加强产业链的成果转化及融通创新,打造聚合优势。

资料来源:https://baijiahao.baidu.com/s?id=17743796024025018028wfr=spider&for=pc

■ 行动指南

1.请同学们上网查找资料,找出国内哪些航空公司属于低成本航空公司。
2.请同学们思考低成本航空公司主要从哪些方面控制成本。

 项目小结

国际客票是由承运人或代理人填开的客票及行李票,它是旅客进行国际旅行的运输凭证。国际客票是旅客和承运人之间签订的运输契约,也是承运人之间进行运费结算的依据。旅客可以通过航空公司或者销售代理人的网络平台购票,也可以在航空公司或销售代理人的售票处进行购票。使用客票时,应当遵循航空公司的相关规定。国际航空旅行客票中的总费用,除运费(Fares)外,还有各种税费(Taxes、Fees、Charges、TFCs),主要包括出发税、到达税、销售税和客票税。BSP模式需要强大的数据库和软件工具来完成,同时还需要拓展更多的航空公司和代理商加入。通常,将能实现以上功能这种强大的数据库和软件工具称为全球分销系统(GDS)。全球范围内影响较大的GDS系统有Travelsky(中国航信)、Amadeus(艾玛迪斯)、Galileo(伽利略)、Abacus和Sabre。低成本航空公司通常采用直销模式向旅客销售机票,以避免支付代理商的佣金和费用及使用GDS产生系统使用费。一些低成本航空公司也与机票代理商合作,通过分销合作模式来扩大销售渠道和覆盖范围。

项目训练

一、选择题

1.国际客票中,无人押送的遣返旅客使用(　　)代码。

A.VIP　　　　　　B.EXST　　　　　　C.DEPA　　　　　　D.DEPU

2.国际客票中,航程栏用"X"表示非中途分程点,即在此地停留时间不能超过(   )小时。
  A.8　　　　　　　B.12　　　　　　　C.24　　　　　　　D.48
3.国际客票票价中季节性代号很多,(   )代表淡季。
  A.H　　　　　　　B.K　　　　　　　C.L　　　　　　　D.Q
4.国际客票的付款方式中,(   )表示现金付款。
  A.CASH　　　　　B.CHECK　　　　C.PTA　　　　　D.MCO
5.如果旅客属免税对象,应在客票税款栏内填写(   ),表示该旅客免税。
  A.CASH　　　　　B.EXEMPT　　　C.NONE　　　　D.空白
6.很多航空公司和代理商加入的全球分销系统叫作(   )。
  A.GDS　　　　　　B.BSP　　　　　　C.CRS　　　　　　D.ICS

二、简答题

1.国际客票是如何分类的?
2.国际客票的有效期是怎么确定的?
3.什么是到达税?
4.请说明以下税费代号的含义:YR、G3、HK、OI、CN、TW、TS、JC。
5.什么是GDS?请列举几家影响力较大的GDS系统。
6.什么是低成本航空公司?国内的航空公司有哪些属于低成本航空?
7.低成本航空公司与机票代理商合作的分销模式有哪几种?

三、案例分析题

  据《联合早报》,国泰航空旗下的廉价航空香港快运(HK Express)更新行李制度,被网民指是变相加价。综合《明报》《星岛日报》和香港电台网站报道,香港快运星期三(5月8日)公布,推出全新票价选项,由以往的两种票价选项增至四种,包括轻便飞、经济飞、随心飞、无忧飞。其中,"轻便飞"和"经济飞"不包括寄舱(托运)行李,乘客须另行预订;"随心飞"和"无忧飞"则包括一件寄舱行李。

  香港快运同时更新行李政策,所有寄舱行李费用将改为按件收费,提供20公斤和32公斤两种重量选择。对于行李制度的变化,国泰航空首席执行官出席股东会时说,香港快运属于低成本航空,会参考亚洲同行的做法和客户需要,有关措施是回应客户在没有寄舱行李的情况下对机票价格的期望。

  有网民指,最便宜的"轻便飞"与最贵的"无忧飞"相比,差价超过一倍。另外,以往购买香港快运的寄舱行李,重量可与同行者分享,现在则要求每人都购买寄舱行李。网民指出,香港快运更新后的行李制度是变相加价,以后宁可改搭传统航空公司。

  请根据材料回答问题。

1.你认为香港快运更新行李制度的理由是什么呢?
2.你在选择低成本航空公司的航班时是否愿意支付托运行李的费用呢?
3.香港快运作为低成本航空公司应该如何改进自己的服务才不会导致客户流失?

REFERENCES
参考文献

[1] 綦琦.民航国内国际客票销售[M].北京:电子工业出版社,2020.
[2] 何蕾.民航国内客票销售[M].北京:电子工业出版社,2019.
[3] 张辉.民航国际旅客运价教程[M].北京:中国民航出版社,2006.
[4] 张晓明.民航旅客运输[M].北京:旅游教育出版社,2020.
[5] 于爱慧.民航国际客运销售实务[M].北京:中国民航出版社,2012.

附　　录

附录1　国内机场三字代码

附录2　航空公司二字代码

附录3　国际航空二字代码

附录4　国内航空二字代码

附录5　机场城市代码

教学支持说明

高等职业学校"十四五"规划民航服务类系列教材系华中科技大学出版社"十四五"期间重点规划教材。

为了改善教学效果,提高教材的使用效率,满足高校授课教师的教学需求,本套教材备有与纸质教材配套的教学课件(PPT电子教案)和拓展资源(案例库、习题库等)。

为保证本教学课件及相关教学资料仅为教材使用者所用,我们将向使用本套教材的高校授课教师免费赠送教学课件或相关教学资料,烦请授课教师通过电话、邮件或加入民航专家俱乐部QQ群等方式与我们联系,获取"教学课件资源申请表"文档,准确填写后发给我们,我们的联系方式如下:

地址:湖北省武汉市东湖新技术开发区华工科技园华工园六路

邮编:430223

电话:027-81321911

传真:027-81321917

E-mail:lyzjjlb@163.com

民航专家俱乐部QQ群号:799420527

民航专家俱乐部QQ群二维码:

扫一扫二维码,加入群聊。

教学课件资源申请表

填表时间：_____年___月___日

1. 以下内容请教师按实际情况写，★为必填项。
2. 根据个人情况如实填写，相关内容可以酌情调整提交。

★姓名		★性别	□男 □女	出生年月		★职务	
						★职称	□教授 □副教授 □讲师 □助教

★学校		★院/系	
★教研室		★专业	
★办公电话		家庭电话		★移动电话	
★E-mail（请填写清晰）		★QQ号/微信号	
★联系地址		★邮编	

★现在主授课程情况	学生人数	教材所属出版社	教材满意度
课程一			□满意 □一般 □不满意
课程二			□满意 □一般 □不满意
课程三			□满意 □一般 □不满意
其 他			□满意 □一般 □不满意

教 材 出 版 信 息				
方向一	□准备写	□写作中	□已成稿	□已出版待修订 □有讲义
方向二	□准备写	□写作中	□已成稿	□已出版待修订 □有讲义
方向三	□准备写	□写作中	□已成稿	□已出版待修订 □有讲义

请教师认真填写表格下列内容，提供索取课件配套教材的相关信息，我社根据每位教师填表信息的完整性、授课情况与索取课件的相关性，以及教材使用的情况赠送教材的配套课件及相关教学资源。

ISBN（书号）	书名	作者	索取课件简要说明	学生人数（如选作教材）
			□教学 □参考	
			□教学 □参考	

★您对与课件配套的纸质教材的意见和建议，希望提供哪些配套教学资源：